폭력 계보학

Charles K. Bellinger

The Genealogy of Violence

찰스 벨린저의
폭력 계보학

창조, 자유 그리고 악에 대한 성찰

쇠렌 키르케고르와 르네 지라르 사상을 통한 성찰

찰스 벨린저 지음   이상보 옮김

카리스
아카데미

폭력 계보학

2022년 11월 1일 초판 1쇄 발행

지은이 | 찰스 K. 벨린저
옮긴이 | 이상보

발행인 | 이창우
기획•편집 | 이창우
표지 디자인 | 이형민
본문 디자인 | 이창우
교정·교열 | 나원규, 지혜령

펴낸곳 | 도서출판 카리스 아카데미
주소 | 세종시 대평로 56 515동 1902호
전화 | 대표 (044)868-3551
편집부 | 010-4436-1404
팩스 | (044)868-3551
이메일 | truththeway@naver.com

출판등록 | 2019년 12월 31일 제 569-2019-000052호

책값은 뒤표지에 있습니다.
ISBN 979-11-9238-10-0(93190)

감사의 글

이 책은 완성하기까지 15년이 걸렸다. 그 과정 중에, 많은 친구와 교수님들이 나의 이 지적 여정에 도움을 주었다. 특별히 오리건 대학의 더그 프랭크(Doug Frank), 존 린턴(John Linton), 샘 앨보드(Sam Alvord), 그리고 짐 티투스(Jim Titus)에게 감사를 드린다. 그들은 이 책의 내용을 더욱 깊이 있게 하고, 세밀한 부분에까지 조언을 아끼지 않았다. 오리건 대학 신학부를 아는 사람들은 그들의 영향력을 익히 잘 알고 있을 것이다. 이 교수님들은 내가 어니스트 베커(Ernest Becker)를 접하고, 이해하도록 이끌어주셨는데, 그것이 이 긴 지적 여정의 시작이었다. 1990년대 버지니아 대학에서 만난 친구들, 그리고 박사 논문 심사 위원분들이셨던 제이미 페레이라(Jamie Ferreira), 제임스 헌터(James Hunter), 로버트 샤를맨(Robert Scharlemann), 그리고 대니얼 웨스터버그(Daniel Westberg) 교수님에게도 감사를 전하고 싶다. 또한, 키르케고르 학회와 지라르 학회 회원분들은 항상 따뜻하게 대해주시고, 기꺼이 도움을 주셨다. 끝으로, 이 책을 애정 어린 나의 사랑을 담아 나의 부모님, 프랭크(Frank) & 조시 벨린저(Josi Bellinger) 님께 바친다.

태초에 하나님이 천지를 창조하시니라.
땅이 혼돈하고 공허하며 흑암이 깊음 위에 있고
하나님의 영은 수면 위에 운행하시니라.
창세기1장 1~2절

탈기독교 사회(Post-Christendom)와 시대를 사는 지혜는 어디서 오는 걸까? 칼뱅과 루터, 아우구스티누스는 기독교 왕국 체제의 산물이자 지지자이기에 그들을 경유하여 1세기의 기독교와 신약성서로 귀환의 경로일지언정 초막 셋 짓고 머무를 수 없다. 키르케고르를 디딤돌 삼아 곧바로 1세기의 기독교와 신약 성서로 돌입해야 한다. 그러면 왜 키르케고르이고, 1세기의 교회일까? 그건 우리 시대의 요청이기 때문이다. 그럼 우리 시대의 화두는 무엇일까? 평화다. 폭력을 넘어 평화와 화해로 나아가는 일이다. 하나님과의 평화, 이웃과의 평화, 자신과의 평화, 자연과의 평화에 이르러야 한다. 탈기독교적이면서도 폭력과 평화를 성찰한 이는 역사적으로 아나뱁티스트와 함께 쇠렌 키르케고르이다. 그리고 르네 지라르를 추가할 수 있겠다. 폭력의 뿌리를 계시론에 입각해서, 인간의 존재론을 탐색하는 이 책은 우리를 지혜의 길로 인도하리라 확언한다.
김기현 대표_로고스 서원,《욥, 까닭을 묻다》의 저자

미국 브라이트 신학교(Bright Divinity School)의 기독교 윤리학 교수인 찰스 벨린저(Charles Bellinger)의『폭력 계보학』(The Genealogy of Violence)이 이상보 목사의 명쾌한 번역을 통해 우리에게 다가왔다. 이 책에서 벨린저 교수는 현대 인간론의 난제 중의 하나인 '인간의 폭력성'에 대해 하나의 기독교 인간학적 답변을 시도한다. 이를 위해 앨리스 밀러, 어빈 스타우브, 칼융, 어니스트 베커 등이 제시한, 폭력에 대한 심리학적 문화 인류학적 관점을 비판적으로 고찰하면서, 쇠렌 키르케고르와 르네 지라르의 사상을 중심으로 그 해답을 탐구한다. 과학기술의 비약적 발전과 인간 윤리 및 사회제도의 발전에도 불구하고, 인간 개인의 혹은 집단의 원시적 폭력은 여전히 사라지지 않고 있다는 사실은 지금도 현재 진행형인 전쟁이 생생하게 증명하고 있다. 벨린저 교수는 키르케고르 사상의 재해석을 통해 이러한 인간 폭력의 근원이 하나님으로부터의 소외, 그로 인한 존재론적인 불안, 그리고 그 불안한 상태에서 벗어나 하나님의 새로운 창조와 구원으로 나아오라는 부름에 대한 의지적 거부, 즉 "자신의 영적 성장 가능성에 대한 저항"에 있다는 사실을 밝히고 있다. 더 나아가 르네 지라르의 모방이론과의 비교분석을 바탕으로 키르케고르의 인간 폭력에 대한 이해가 실존적이고 개인적인 측면에만 적용되지 않고 공동체적이고 사회적인 함의가 있다는 점을 설득력 있게 보여준다. 또한 이 책은 이러한 현대의 폭력에 대한 심리학적이고 사회학적이며 동시에 신학적인 분석이 전통적인 속죄

이론에 주는 함의를 심도 있게 논의하고 있다. 이러한 점에서 벨린저 교수의 책은 키르케고르의 사상을 인간의 폭력성이라는 측면에서 재해석하고, 이를 바탕으로 기독교 속죄교리의 발전 방향성을 제시한 탁월한 연구서이다.

김영원 교수_장신대 조직신학 교수

찰스 벨린저의 《폭력 계보학》을 처음 접할 때 받은 솔직한 감정은 상당히 낯선 책이라는 인상이었다. 우선 저자인 찰스 벨린저라는 이름이 다소 낯선 것이 사실이다. 브라이트 신학교의 신학, 윤리학 교수인 벨린저는 아직 그 이름이 널리 알려진 저명한 신학자는 아니다. 《폭력 계보학》이라는 제목도 다분히 낯설게 느껴졌다. 더군다나 '쇠렌 키르케고르와 르네 지라르 사상을 통한 성찰'이라는 부제(副題)는 너무 뜻밖의 조합이라서 생경(生硬)한 느낌의 첫인상을 감출 길이 없었다.

그러나 첫 장을 넘기면서부터 저자는 《폭력 계보학》이라는 이질적인 제목에 독자들이 공감하고 설득당할 수밖에 없는 논리적인 설명을 펼쳐 나간다. 인류에게 만연한 폭력, 특히 20세기 1, 2차 세계대전 등을 통해 최악으로 치달았던 전대미문의 대형폭력사태를 과연 어떻게 설명할 수 있을까? 폭력에 대한 여러 사회과학적 이론을 비판적으로 검토하면서 저자는 폭력의 뿌리에 대한 진정한 대답은 오직 신학적 차원에서 가능할 수 있다고 독자들을 설득한다. 21세기 우리 사회에도 아직 만연하고 있는 다양한 폭력을 강 건너 불처럼 구경만 하고 있던 우리 신학자들과 목회자들의 무뎌진 양심에 경종을 울리는 목소리가 아닐 수 없다.

벨린저 교수는 인간폭력의 뿌리를 키르케고르의 저서들을 독해(讀解)하면서 탐색해 나간다. 잘 알려진 것처럼 키르케고르는 요하네스 클리마쿠스, 하우프니엔시스, 안티 클리마쿠스 등의 익명(匿名)을 통한 저술 활동을 펼쳐서 그 자신의 진의(眞意)를 파악하기 어렵게 만든 사색가였다. 따라서 '우울하고 고독한 덴마크 사상가,' '급진적 개인주의자' 등의 별명이 잘 어울리는 키르케고르는 군중의 폭력 현상에 대한 설명과 아무 관계가 없어 보이는데, 바로 그런 키르케고르의 여러 저서를 천착(穿鑿)하면서 폭력의 진정한 뿌리를 찾아내려는 벨린저 교수의 통찰력이 놀랍다. 계속되는 창조와 열린 미래, 인간의 자유와 책임, 불안과 죄, 절망과 죽음에 이르는 병 등 20세기에 유행했던 실존주의 철학자 키르케고르의 중요 개념들이 벨린저 교수에 의해 다시 소개되고 신선하게 재해석되고 있다. 다음 몇 개의 직접 인용문을 통해 저자의 논증 방향을 미리 짐작해 볼 수 있을 것이다: "불안의 근원을 제거함으로써 불안감을 진정시키려는 인간의 시도가 폭력의 출발점이다."(119쪽), "타인에 대한 악의의 가장 기본적인 뿌리는 새로운 자신이 되어가는 과정에 있는 자신에 대한 악의이다."(123쪽), "키르케고르 사상은 인간의 무질서의 가장 깊은 지층을 발굴하고 밝혀내려는 고고학적 연구의 일종이다."(108쪽).

'신 앞에 선 단독자(單獨者)' 개념으로 유명한 주관주의적 성향의 사상가 키르케고르에게서 폭력의 신학적 죄와 절망의 뿌리를 캐내는 작업도 놀랍지만, 키르케고르를 '모방 욕망과 희생 제의' 개념을 주장한 르네 지라르와 연결하여 고찰하는 것은 더욱더 독창적이고 신선한 발상이다. "군중은 거짓이다. 그래서 그리스도가 십자가에 못 박히셨다."라는 키르케고르의 절규는 진정한 개인화의 실패가 모방 욕망과 희생 제의를 불러온다는 지라르의 사상과 일치한다는 지적이다. 진정한 주체, 신 앞에서 참된 자아로 거듭나지 못한 인간의 비뚤어진 욕망이 폭력이라는 죽음의 굿판을 역사의 현장에 펼쳐놓게 된다고 저자는 주장한다.

벨린저 교수에게 큰 영향을 준 다른 한 사람의 흔적도 행간에서 발견할 수 있는데, 그가 바로 에릭 뵈겔린(Eric Voegelin)이다. 20세기의 중요한, 그렇지만 많이 알려지지 않았던 문명비판가였던 뵈겔린이 저자에게 보이지 않는 멘토의 역할을 담당하고 있음을 읽을 수 있다.

"이 책의 기본적인 전제는 인간의 무질서는 납득 가능한 질서를 가지고 있다는 것이다."(223쪽)라는 저자의 말처럼 《폭력 계보학》은 자칭 이성적이고 합리적인 인간이 왜 광기 어린 폭력에 휩싸이게 되는지를 분석하려는 저서이다. 다양한 사회과학적 이론들, 이른바 '세속적 이론들'로는 도저히 납득할 수 없는 깊은 폭력의 뿌리가 인간에게 내재하여 있음을 강조하는 저서이다. 비폭력주의적 아나뱁티스트 전통의 관점에서 벨린저 교수는 심지어 기독교 역사 자체에도 신의 이름으로 수많은 폭력이 난무했음을 고발하며, "인간 모두가 죄인이자 동시에 의인"이라는 고전적 신학적 명제를 확인한다.

결론적으로 《폭력 계보학》은 오랜만에 만나는 신선한 감동의 저서이다. 그다지 두껍지 않은 책이지만 곳곳에 생각을 자극하는 통찰력과 다양한 학술적인 정보가 숨어있어 큰 도전과 성취감을 주는 훌륭한 저서이다. 21세기 들어서서 새롭게 나타나기 시작한 전 세계의 양극화 현상, 특히 정치적 양극화와 온갖 거짓 뉴스들(fake news), 탈진리(post-truth)의 폭력 현상 속에 사는 우리에게 이 모든 증오와 무질서의 뿌리를 가늠하게 해주는 귀한 저서이다. 책임 있는 학문적 자세로 꼼꼼하고 깔끔하게 번역을 완성한 번역자에게도 감사와 축하를 보낸다.

배국원 교수_전 한국침례신학대 총장

현대 사회에는 폭력이 난무하다. 인종, 젠더, 장애, 정치와 같은 온갖 이슈로 인류는 자신의 폭력을 정당화하고자 노력한다. 무엇보다도 충격적인 사실은 폭력의 정반대 편에 서 있으리라 기대되는 종교마저 때때로 폭력을 정당화한다는 점이다. 종교의 자기모순을 목도하며, 저자 찰스 벨린저는 신학적/종교학적 사유를 통하여 폭력의 뿌리를 파헤치고자 시도한다. 폭력을 심층적으로 해부하기 위해 저자는 키르케고르와 르네 지라르의 이론을 독자에게 친절하게 소개한다. 종교와 폭력의 문제를 고민하는 독자에게 본 도서는 분명 깊은 성찰을 제시해 줄 것이다.

임성욱 교수_ 연세대 신과대학/연합신학대학원 부교수

찰스 벨린저의 책 《폭력 계보학》은 르네 지라르의 사상에 큰 영향을 받은 책이다. '군중은 비진리다'(The Crowd is Untruth)라고 지속적으로 말한 키르케고르는 미묘하고 신학적으로도 심오한 폭력의 심리학 이해를 위한 기초를 제공한다. 지라르의 군중 이해는 키르케고르보다 훨씬 이론적으로 정교하고 방대하다. 군중 심리학에 대한 지라르의 이론은 고대 아즈텍 문명으로부터 현대사회에 이르기까지 방대한 사회과학적 데이터를 고려함으로써 현대의 철학적 인류학과의 대화 속에서 명확히 표현된 방대한 사회이론으로 발전

하게 되었다. 키르케고르의 기독교 실존주의 철학과 그 이후의 독일 하이데거와 프랑스의 사르트르와 시몬 드 보부아르에게서 발견되는 무신론적이고 신이교주의적인 실존주의 철학 사이에는 차이가 존재한다. 영지주의 연구의 대가 한스 요나스는 하이데거의 철학을 허무주의적 실존주의로 파악해서 현대의 새로운 영지주의로 분석한 바 있다. 키르케고르가 말한 신 앞에서의 단독자와 니체와 하이데거가 자신들의 디오니소스적 메시아주의 속에서 선택한 군중의 신 디오니소스는 대조된다. 키르케고르 이후의 실존주의 철학은 집단주의로서의 사회주의적 실존주의로 기울게 된다. 키르케고르의 경우처럼 하나님 앞에서의 단독자가 실존주의 철학의 중심이 아니라, 니체와 하이데거의 허무주의적 실존주의 철학에서는 군중의 신인 디오니소스가 중심에 자리 잡게 된다.

찰스 벨린저는 르네 지라르뿐 아니라, 오스트리아 정치철학자 에릭 뵈겔린(Eric Voegelin)을 이 책에서 상세하게 논의하고 있다. 뵈겔린은 한스 요나스(Hans Jonas)의 고전적인 영지주의 연구를 정치연구에 적용해서 고대 영지주의와 현대 전체주의적 운동들 사이의 유사성을 분석한 바 있다. 뵈겔린에 의하면, 독일 민족사회주의(나치즘)와 국제사회주의(소련 공산주의 운동)는 새로운 영지주의 운동이다. 20세기의 이 두 사회주의적 전체주의 운동은 모두 일종의 대체종교(Ersatz-Religion)' 혹은 '정치종교'(Politische Religion)들로서 "영지주의적 군중 운동"이라는 것이 뵈겔린의 기본적인 분석이다. 르네 지라르와 폭력 계보학에 대한 연구로 이 책을 적극 추천한다.

정일권 교수_전 숭실대 교수•국제 지라르 학회 정회원

제 책 《폭력 계보학》을 한국어로 번역하기 위해 애쓰신 분들께 감사드립니다. 이 책이 한국 독자들에게도 많은 도움이 되기를 바랍니다. 이 책의 핵심 요지는 폭력의 가장 깊은 뿌리는 심리적, 도덕적, 영적 성숙을 향해 성장할 수 있는 가능성에 대한 우리의 저항입니다. 저는 최초의 출판이 있은 지 20년이 지난 지금도 여전히 이 중심 주장을 견지하고 있습니다. 첫 출판 이후, 저는 인간이 살고 있는 현실에는 수직적인 측면(신과 자연, 영적인 것과 물질적인 것), 수평적인 측면(사회적 관계), 그리고 개인적인 영역이라는 세 가지 주요 차원이 있다고 주장함으로써 이 사상을 계속 발전시켜 왔습니다. 인간이라는 존재의 전체 모습은 이 세 차원의 복잡한 교차점입니다. 우리가 성숙을 향한 성장에 대해 저항할 때, 이 세 가지 차원이 균형 잡히고 조화로운 전체를 이루어 참된 자아를 이루는 데에 대해 저항하는 것입니다. 우리는 우리의 의식 전체를 좁히거나, 세 가지 차원 중에 하나만 과도하게 강조하면서 균형을 무너뜨립니다.

예를 들어, 노예제도의 정당화는 수직적 측면만 지나치게 강조합니다. 수평적 측면에 대한 지나친 강조는 인간 집단이 다른 집단에 대해 증오심을 갖고 폭력을 행사할 때 나타납니다. 독립된 개인적 영역에 대한 지나친 강조는 현대 세계에서 인기를 얻고 있는 극단적인 개인주의와 고립의 일부 형태에서 나타납니다. 저는 한국의 독자들이 이 세 가지 차원에 대해 깊이 생각해 보기를 바라며, 예수 그리스도가 웅변적으로 강조한 이상적 지향점을 향해 나아가도록 격려하고 싶습니다.

"당신은 하나님을 사랑하고,
당신의 이웃을 당신 자신처럼 사랑해야 합니다."

찰스 벨린저

어느덧, 러시아-우크라이나 전쟁이 발발한 지 8개월이 흘렀습니다. 차마 말로 담을 수 없는 폭력과 광기가 지구 저편에서 현재 진행 중입니다. 그러나 우리 주위의 일상에서도 폭력은 낯설지 않습니다. '학교 폭력', '데이트 폭력', '가정폭력', 그리고 '언어폭력' 등의 문구를 우리는 종종 접하게 됩니다. 저에게는 연년생 아들 셋이 있습니다. 아이들이 자라면서, 하루가 멀다고 티격태격하고 급기야 서로 치고 때리고 우는 일도 심심치 않게 발생합니다. 처음에는 '폭력은 어떠한 상황에도 정당화될 수 없다'는 말이 제일 먼저 떠올랐습니다. 그러나, 세 아들들의 세계에서는 장난과 가벼운 삐침과 티격태격과 좀 과한 타격이 밀물과 썰물처럼 오고 가고, 포말을 일으키며 사라지기도 하는 듯이 보였습니다. 문명화된 현대인들은 폭력은 어떠한 상황에도 정당화될 수 없는 것이라고 교육받지만, 폭력은 우리 삶 아주 가까이에 상존하는 듯합니다.

저는 학부 시절에, 처음 《폭력과 성스러움》이라는 책 제목에 자석처럼 끌려서, 르네 지라르 사상을 처음 접하게 되었습니다. '폭력'과 '성스러움'의 극명한 대비의 병치는 지적 호기심을 끌 만했고, 아직도 지라르의 통찰력은 내 삶을 휘감고 있습니다. 찰스 벨린저의 책 《폭력 계보학》은 폭력에 대한 지라르의 통찰력에 머물던 저에게도 키르케고르와의 접목 가능성을 보여줌으로써 저의 시야도 넓혀 주었습니다.

키르케고르를 통해서 폭력의 기원과 그 치유의 지점으로 우리가 마주하는 가장 주요한 곳은 실존적 결핍이 아닐까 싶습니다. 이 결핍은 벨린저의 통찰에 따르면 지라르의 모방 욕망의 근거이기도 합니다. 그래서, 실존적 결핍을 어떻게 채워 나가야 할까 하는 문제가 우리에게 주어진 과제 같기도 합니다.

또한, 저자가 그랬듯이, 길리건이 강조하는 "폭력"이 말하는 것을 들을 수 있어야 한다는 주장도 인상적입니다. 그간 우리는 폭력이 아무리 소리쳐도 입을 닫으려고만 할 뿐, 듣지도 못하고, 들으려고도 하지 않았는지도 모릅니다.

아무쪼록, 이 책을 통해서, '폭력에 대처하는 우리의 자세'가 조금이나마 더 지혜롭고, 성숙해지길 소망합니다.

이상보

목차

1 폭력의 뿌리에 대한 현대적 관점들 _37

2 키르케고르의 창조와 불안 _63

3 키르케고르의 자아 보호   _85

4 폭력에 대한 키르케고르의 이해   _107

|일러두기|
- 이 책에 인용된 키르케고르 작품의 서지사항은 19쪽의 약어표를 참고하십시오.
- 본문의 (   )의 내용은 원서의 제목 및 외래어 표기를 위해 병기하였습니다.
- 원서의 '자기(self)'는 키르케고르의 사상의 핵심이 되는 개념어로 '자아(ego)'와 구별하여 '자기'로 옮겼습니다.
- 인용된 성경구절은 개역개정판을 사용하였습니다.

약어

이 약어들은 키르케고르의 작품에 대해 사용된다. 전체 서지사항에 대하여는 아래를 참고하라.

CA	*The Concept of Anxiety: A Simple Psychologically Orienting Deliberation on the Dogmatic Issue of Hereditary Sin*
CD	*Christian Discourses*
Cor	*The Corsair Affair*
EUD	*Eighteen Upbuilding Discourses*
FSE and JFY	*For Self-Examination and Judge for Yourself!*
JP	*Søren Kierkegaard's Journals and Papers, I-VII*
LD	*Letters and Documents*
PC	*Practice in Christainity*
PV	*Point of View*
SUD	*The Sickness unto Death: A Christian Psychological Exposition*

for Upbuilding and Awakening

TA	*Two Ages: A Literary Review*
TM	*The Moment and Late Writings*
UDVS	*Upbuilding Discourses in Various Spirits*
WA	*Without Authority*
WL	*Works of Love*

서론

> 나는 글쓰기를 통해, 기독교가 무엇이고 세상 속에서 기독교는 어떤 모습으로 자리잡아야 하는지를 명확히 드러내기를 희망한다. 그래서 열정적이고 고결한 젊은 세대가 나의 글을 읽고, 참된 기독교가 세상 속에서 맺어가는 관계의 모습을 지형학적 지도에서처럼 명확히 볼 수 있기를 바란다. 나는 이전 세대들로부터 그런 도움을 받지 못했다. 오래 전 교부들은 한 측면을 간과했는데, 그들은 세상에 대해 알지 못했다. – 쇠렌 키르케고르(JP, 6:6283 [1848])

지난 세기는 매우 폭력적이었다. 나치는 가능한 한 많은 유대인을 죽이는 계획을 수립했고 또한 실행했다. 스탈린 정권은 수백만 명의 소련 사람들을 죽였다. 크메르루주는 1970년대 후반 캄보디아에서 약 2백만 명의 사람들을 처형하거나 굶어 죽게 했다. 르완다의 후투족은 최근 기독교 선교가 성공하여 기독교인들이 두 부족 모두에서 주류가 되었음에도 불구하고 투치족을 수십만 명 학살했다. 이와 비슷한 다른 역사적 사례들도 많이 인용될 수 있지만, 이런 사태들은 충분히 제기되었을 것이다. 인류 역사를 통틀어 때때로 발생했던 대규모 폭력은 적게는 수천 명에서 수십만 명, 심지어 수백만 명까지도 죽였다. 이 연구를 시작하면서, 나는 하나의 기본적인 질문을 먼저 던지고자 한다. 그 이유는 과연 무엇인가?

인간은 왜 폭력적일까? 우리는 홀로코스트나 스탈린의 숙청 같은 대규모 정치적 폭력의 근본 동기에 대해, 어떻게 하면 가장 잘 이해할 수 있을까? 차분하고 도덕적으로 성숙한 개인들은 합리적이고 건전한 현실 인식을 지니고 있는데, 이것과 폭력은 조화되지 않는 것은 명백한 사실이다. 인간의 행동이 완전히 중심을 잃고 사악하게 되는, 그 심리적이며 사회적인, 병리학상으로 극단적인 경우를 우리는 고려하고 있다. 다시 말해, 이 글의 과제는 도덕적으로 무질서한 인간의 행동을, 광기마저 꿰뚫어 볼 수 있는 지점에서 살펴보는 것이다. 그렇다면 이 지점은 어디일까?

이런 문제를 다루는 저자들은 폭력의 뿌리에 대해 성찰하고, 폭력적인 행동에 대해 다양한 이론적 모델을 제시한다. 예를 들어, 앨리스 밀러(Alice Miller)는 어른들의 폭력적인 행동은 언제나, 그들이 어렸을 때 겪었던 폭력에 그 뿌리를 두고 있다고 주장한다. 어빈 스타우브(Ervin Staub)는 각 사회집단들이 '어려운 삶의 조건(difficult life conditions)' 때문에 그들의 상황을 개선하기 위해 희생양 몰이를 하는 모습을 묘사하고 있으며, 윌리엄 브루스테인(William Brustein)은 나치가 독일 국민들에게 경제를 발전시킬 것을 약속으로 제시했기 때문에 권력을 얻었다고 주장한다. 나치를 지지하는 것은 비합리적 원시주의에서 비롯된 행위가 아니라 오히려 합리적으로 이익을 추구하는 행동인 셈이다. 어빙 루이스 호로비츠(Irving Louis Horowitz)는 국가의 권력에 초점을 맞추고 20세기 세계의 다양한 국가 관료체제에 존재하는 살인성(murderousness)의 정도를 구별하려고 시도한다. 러셀 하딘(Russell Hardin)은 보스니아와 르완다와 같은 상황에 대해 언급하면서 '대대로 내려온 민족적 증오감정'은 과학적 타당성이 없다고 주장한다. 이런 증오감정은 정치적 전략상 선제 타격이 필요하다고 여기는 정치 지도자들에 의해서 조장된 것일 뿐이다. 지그문트 바우만(Zygmunt Bauman)은 홀로코스트를 원시주의의 한 형태로 볼 것이 아니라 사회 공학과 진보에 대한 계몽주의 사상의 논리적 결과로 보아야 한다고 강력하게 주장한다. 칼 융(Carl Jung)은 인간 정신의 '그림자(shadow)' 측면을 분석하는데, 이것이 낯선 타인에게 투사되고 타인을 공격하게 된다. 어니스트 베커(Ernest Becker)는 인간 행동에 있어 중요한 근원은 죽음에 대한 두려움이며, 인간은 죽음을 상징하는 희생양을 죽임으로써 죽음을 극복하려고 한다고 주장한다. 또한, 르네 지라르는 소유욕에 불타던 모방 욕망이 갈등적인 모방 욕망으로 변모하면서 사회가 혼란에 빠지게 되는데, 이런 위기 상황에서 사회적 만장일치를 만들어내는 것이 바로 폭력이라고 본다. 더 많은 사람들이 거론될 수 있겠지만, 특히 이 아홉 명의 작가들은, 폭력을 이해하고자 했던 20세기의 시도 가운데 나타난 많은 다양성을 우리에게 보여준다.[1] 우리는 그것을 큰 혼란이라고 불러야 마땅하다. 분명한 것은 사회과학이나 역사학 분야를 통틀어서, 인류 폭력의 근간이 된 동기에 대해, 어떤 하나의 이론도 설득력 있고 명확하게 설명하고 있지 못하다는 점이다.

론 로젠바움(Ron Rosenbaum)은 아돌프 히틀러의 성격을 이해하려는 많은 연구들을 검토하면서 이런 점에 대해 매우 적절하게 지적하고 있다.[2] 로젠바움

---

1   이 작가들의 작품들에 대한 설명이 이 한 문장으로 부족하다는 것은 명백하다. 다음의 자료들을 참조하기 바란다. Alice Miller. *For Your Own Good: Hidden Cruelty In Child- Rearing and the Roots of Violence,* trans. Hildegarde and Hunter Hannum (New York: Farrar. Straus, Giroux, 1984): Ervin Staub. *The Roots of Evil: The Origins of Genocide and Other Group Violence* (Cambridge: Cambridge University Press, 1989): William Brustein, *The Logic of Evil: The Social Origins of the Nazi Party. 1925-1933* (New Haven: Yale University Press, 1996): Irving Louis Horowitz , *Taking Lives: Genocide and State Power* (New Brunswick: Transaction, 1997): Russell Hardin, *One for All: The Logic of Group Conflict* (Princeton: Princeton University Press, 1995): Zygmunt Bauman, *Modernity and the Holocaust* (Ithaca: Cornell University Press, 1989); Carl Jung, *Aion: Researches into the Phenomenology of the Self,* trans , R. F. C. Hull (New York: Pantheon , 1959): 융의 그림자 투사의 개념은 다음의 책에서 심화된 모습을 볼 수 있다. Erich Neumann, *Depth Psychology and a New Ethic,* trans. Eugene Rolfe (New York: Harper & Row, 1973): Ernest Becker, *The Denial of Death* (New York: The Free Press, 1973), *Escape from Evil* (New York: The Free Press , 1975): René Girard. *Things Hidden since the Foundation of the World,* trans. Stephen Bano and Michael Metteer (Stanford: Stanford University Press, 1987).

2   "Explaining Hitler," *The New Yorker,* May 1, 1995.50-70. 로젠바움(Rosenbaum)은 이 글을 단행본으로 확장해서 출간했다: *Explaining Hitler : The Search for the Origins of His Evil* (New York: Random

은 히틀러를 연구하기 위한 광범위한 노력에도 불구하고 여전히 "아직 무엇인가를 놓치고 있고, 여전히 무엇인가 설명되지 않은 것들이 있는 느낌"을 지울 수 없다고 말한다. 히틀러의 성격은 한 마디로 종잡을 수 없는 수수께끼로 남아 있다. 로젠바움은 그의 연구 끝에 다음과 같이 결론을 맺는다.

> 심리적 외상, 나쁜 양육 패턴, 정치적 기형, 개인적 기능 장애 등 이 모든 설명들도, 히틀러가 구체화하고 실행했던 어머어마한 악의 근거로는 불충분하다. 단순히 아기 사진을 보는 것에서 아기 살인자로, 더 나아가 백만 명의 아기를 죽인 살인마로 어떻게 변하는지, 그 어떤 설명도 이러한 단계적 전환에 대해 설명할 수 없다. 각 단계 사이의 간격은 단순한 틈이 아니다.…그것은 심연이다.
>   전후 히틀러 문학에 대한 연구와 히틀러에 대한 주요 연구자들과의 대화에서 발견할 수 있는 것은 히틀러 연구자들이 히틀러에 대해서 설명해주는 만큼 히틀러도 그 연구자들에 대해 많은 것을 알려준다는 사실이다. 어떤 의미에서 보면, 히틀러에 대해 말할 때, 우리는 자신을 투사해서 말하기 때문에 우리가 누구인지, 우리가 아닌지에 대해 말하는 것이다. 우리는 우리가 아닌 모습을 로르샤흐 테스트[3]에 투사한다. 히틀러 이론들은 히틀러와 거리를 두고자 하는 부정적인 방식의 문화적 자화상, 우리 자신을 보호하려는 문화적 자화상이다.[4]

히틀러 문학에 대한 로젠바움의 요약은 통찰력 있으면서도 난감한 사실을 전한다. 그가 내린 기본적인 결론은, 인간이 자신을 이해하려는 시도에 실패했다는 것이기 때문이다. 우리가 자신을 이해하는 데 아무런 진전을 이루지 못했다면, 어떻게 히틀러 시대의 반복을 막을 수 있단 말인가?

폭력에 대해 과학적으로 접근하려는 저자들 사이에 합의된 결론이 없다는 현실에 직면하여, 키르케고르의 저서에 익숙한 나는, 키르케고르의 사상에

House, 1998).

3   스위스 정신의학자 헤르만 로르샤흐가 만든 것으로, 좌우 대칭의 불규칙한 잉크 무늬를 보고 어떤 모양으로 보이는지를 말하게 하여 그 사람의 성격, 정신 상태 등을 판단하는 인격 진단 검사법이다.(역주)
4   "Explaining Hitler," 50-52.

서 인간의 폭력을 이해할 수 있는 단초를 찾을 수 있지 않을까 하는 궁금증을 가지게 되었다. 그리고 그것이 실행 가능한 일이라는 것을, 이 책에서 여러분에게 보여주려고 한다. 키르케고르가 폭력에 대해 관심을 가졌다는 말이, 많은 독자들에게 이상하게 여겨질 것이기 때문에, 이런 나의 시도가 엉뚱하게 여겨질 수 있을 것이다. 그가 종교적 내면성, '선을 마주하는 불안', '참된 자기 (self)'가 되는 것 등에 대해 말했지만, 폭력에 대해 말한 적이 있던가? 그러나 사실, 그는 말했다. 예를 들어 키르케고르는 일기에서 "어떻게 그리스도가 사형에 처하게 되었는가?"라고 묻는다. 키르케고르는 그리스도가 동시대인에게 했던 **'이 세상에 대해서는 죽은' 영**(정신, spririt)**이 되라는 요청**의 본질에서 이에 관한 해답을 찾을 수 있다고 제안한다. 그리스도는 청중에게 영적으로 성숙해 가기 위해서 열린 자세를 가질 것을 촉구했다. 그러나 그의 추종자들은 미성숙했기에, 이 말씀을 듣지 않고, 영적으로 미성숙한 상태에 머물기를 좋아했다. 그리스도의 도전적인 메시지는 그들을 크게 동요시켰다. 이로 인해 그들이 너무 심란해 진 나머지, 격분하여 그리스도를 죽이기 위해 달려들었고, 결국 그리스도의 메세지는 침묵을 강요당했다고 키르케고르는 말한다.(JP, 4:4360 [1854])

이 일기는 키르케고르가 쓴 많은 구절 중 하나일 뿐인데, 여기서 키르케고르는 그리스도가 십자가에 못 박혀 죽임을 당한 것과 인류 역사상 있었던 폭력 사태의 다른 예들에 대해 성찰한다. 나는 이런 텍스트들을 많이 살펴보았고, 폭력이 키르케고르의 중요한 관심사였다는 결론에 이르게 되었다. 키르케고르의 출판된 글과 출판되지 않은 글, 곳곳에 흩어져 있는 폭력에 대한 성찰들은 그의 저작물로서 수집될 수 있을 정도이고, 그가 쓴 다른 심리학적 글들과도 맥락이 일치하여, 폭력의 근원에 대한 키르케고르의 신학적 이해를 정립하는 데 충분할 정도이다. 이 책의 주된 목표는 키르케고르의 글에서 이러한 구절들의 기초가 되는 철학적 인간론을 찾아 분명하게 진술하는 것이다. 일부의 주장처럼 키르케고르의 글이 비정치적이기는커녕 실제로는 폭력에 대한 성찰을 풍부하게 담고 있다는 것을 보여주고자 한다.

제1장에서는 앞선 논의에서 언급했던 폭력을 이해하기 위한 네 가지 접근 방법들을 앨리스 밀러(Alice Miller), 어빈 스타우브(Ervin Staub), 칼 융(Carl Jung), 그리고 어니스트 베커(Ernest Becker)를 중심으로 살펴보고 평가한다. 폭력을 이해하기 위한 이런 노력들이 본질적으로 서로 많이 다른 모습으로 나타난다는 사실에 미루어, 우리가 지금 다루고자 하는 문제가 결코 쉬운 것이 아님을 독자들은 납득해 주기를 바란다. 지금까지의 시도들이 시사하는 바가 많은 것은 사실이지만, 나는 그런 시도들이 여러 측면에서 왜 만족스럽지 않은지에 대해 언급하고자 한다. 그것들은 답을 들을 수 없는 질문들을 제시하거나 또는 중요한 문제를 생략하고 있다(다루기 어려운 한 가지 이슈는 **폭력 행위에 대한 도덕적 책임**이다).

제2장에서 나는 키르케고르의 사상 중에서 창조의 교리에 대한 개요를 제시하면서, 계속되는 과정으로서의 창조를 강조하고, 정치적 폭력에 대한 키르케고르식 이해를 발전시키기 위한 토대를 마련했다. 여기서 주로 그가 본명으로 쓴 저작들과 일기들을 살펴보지만, 가명의 작품들《철학의 부스러기》(Philosophical Fragments)과 《불안의 개념》(The Concept of Anxiety) 또한 다루고 있다. 나는 불안이란 인간에게만 나타나는 독특한 감정이며, 그 불안 개념의 토대는 과정으로서의 창조 개념이라고 주장한다. 인간은 영적인 존재로 실존하기 때문에 불안을 경험하는 것이다. 이 주제는 데이비드 흄이 쓴 《종교의 자연사》(Natural History of Religion)와의 대조를 통해 부각된다. 흄은 인간에 대해, 죽음에 대한 두려움에 의해 동기가 부여되는, 고도로 발달된 자각을 가진 동물이라

고 묘사한 반면, 키르케고르는 인간이 하층 동물과는 상당히 다르다고 말한다. 우리 인간은 **동물들이 경험할 수 없는 불안**이라는 감정을 경험하는데, 불안은 우리 삶의 안위와 행복에 대한 외부의 위협에 대한 반응이 아니라 **우리의 영적인 본성의 신비한 심연**에서 생겨난다. 인간은 육체적으로는 이미 존재하지만, 심리적으로는 언제나 존재가 되어가는 과정에 있다. 《불안의 개념》은 죄의 기원이 불안의 감정을 통제하거나 줄이기 위해 사용하는 불법적인 방법에 있다고 시사한다. 불안을 관리하려는 인간의 시도는 하나님이 이루어 가시는 **창조 과정에 대한 우리의 개방성**이 부족하다는 것을 보여준다.

제3장은 《죽음에 이르는 병》(The Sickness unto Death)에 대한 해석을 다룬다. 이 작품은 폭력에 대해 신학적으로 이해할 수 있도록 인간학적 비전을 제공한다. 《불안의 개념》이 주로 죄의 기원에 대한 질문에 초점을 맞추고 있는 반면, 《죽음에 이르는 병》은 계속 진행 중인 상태로서의 죄에 대한 더 자세한 그림을 묘사한다. 더 구체적으로, 이 작품은 **죄를 하나님의 부름에 대한 인간의 반항**이라고 정의한다. 죄는 무지와 같이 소극적인 것이 아니라, 하나님 앞에서 참된 자기가 되는 것을 의도적으로 거부하는 능동적인 태도이다. 《죽음에 이르는 병》은 키르케고르가 그리스도의 십자가 처형을 성찰하면서 마음속에 품었던, 사람들의 심리 상태에 대한 해설로 읽힐 수 있다. 《죽음에 이르는 병》을 요약하는 핵심 표현은 **'자아 보호'**(ego-protection)이다. 영적 성숙의 과정을 회피하고자 하는 개인은, 이 개인이 성장하기를 바라는 신의 요구를 자아에 대한 위협으로 받아들인다. 자아는 굳어진 껍데기가 되어, 자신의 '죽음', 즉 영적 죽음의 가능성으로부터 자신을 보호하고자 안간힘을 쓴다. 영적인 죽음이야말로 더 성숙한 자아가 되는 길인데도 말이다. 자아는 이 영적 죽음을 두려워한다. 그러나 이러한 영적 죽음의 가능성은 자기(self) 그 자체에서 발생하

는 것이기에, 혼란스럽고 모순된 내면을 지니고 있음을 드러낸다.

　제4장은 키르케고르의 저술을 통해 발전시킬 수 있는, 정치적 폭력의 근원에 대한 이론적 이해를 명시적으로 제시한다. "하나님은 사랑이다."라는 기본적인 정의는 키르케고르가 인간의 상태에 대해 신학적으로 해석하는 데 있어 중요한 부분이다. 하나님께서 계속하고 계신 창조 사역은, 다름 아닌 사랑의 작업이다. 인간이 이 창조의 일을 거부하고 하나님을 피해 숨으려고 하는 한, 인간은 자신의 영혼을 하나님의 사랑으로부터 멀어지게 하고 스스로 미움을 향해 돌아서도록 만든다. 이러한 인간 존재의 현상은 어느 곳에서나 일어나는 것임을 키르케고르는 일찍이 알아차리고 **"이 세상에서 사랑은 미움받는다."**라는 구절로 표현했다. 하나님을 향한 인류의 증오와 불신이 그리스도를 십자가에서 죽인 것이다. 그리스도는 모든 인간의 모범으로서, 참된 자기와 이웃사랑의 실천을 보여주시고, 이와 동시에 굳어진 자아를 뒤흔드는 하나님의 부름을 전해 주는 자다. 그러므로 그리스도의 처형은, 인간의 죄에 대한 본성이 인류의 역사에서 중심적인 계시로 나타난 사건이다. 신약성경의 핵심인 이 계시는 철학적 표현으로 다가오는데, 키르케고르의 생각에 따르면, 사람들 사이에 발생하는 외적 갈등이란, 자기의 성장 가능성을 거부하는 자기의 숨겨진 내적 갈등이 극적으로 드러난 것이다. 달리 말하자면, **영적으로 성숙해지는 것을 거부하기 때문에 사람들이 폭력적으로 된다**는 것이다. 그들은 창조주 앞에서 진정한 사람이 되는 것을 피하려고 한다. 여기서 그 기본적인 동기는 자기(self)가 자기 자신에게 낯선 다른 존재가 되고 싶지 않은 것이다. 그래서 자기는 '새로운' 자기를 낳는 **영적 붕괴와 재생의 과정**을 피하려고 하며, 그 수단으로 희생양, 즉 타인을 찾아 공격해야 할 필요가 생기는 것이다.

　제5장에서 나는 키르케고르의 사상을 르네 지라르의 모방 욕망과 희생양

이론에 견주어 보려고 한다. 키르케고르와 지라르는 서로 다른 강조점에도 불구하고, 사회 병리학에 대한 기독교적 이해에 있어서 각자 다른 방식으로 많은 기여를 했다. 모방 욕망, '비진리'로서의 '군중', 스캔들(실족) 현상 등을 고려할 때, 두 사람이 맞닿는 지점을 발견할 수 있다.

제6장에서는 지라르의 사유 중에 모호한 지점에서 발생하는 질문에 대해 살펴보려고 한다. 그의 메시지는 주류 사회과학의 방법론적 무신론이라는 프레임에 더 들어맞을까, 아니면—그가 인류학적 지식의 주요 원천으로 성경을 사용하기 때문에—본질적으로 신학적일까? 나는 후자가 진실에 더 가깝다고 주장하는데, 또한 그래야 한다고 생각한다. 기독교 신학은 단순히 신앙인의 영적, 도덕적 상황에 대해서만 말하는 것이 아니라, 고도로 발달된 사회과학으로 확장되어야 하며, 사상 간의 자유로운 교류 속에서 인간 행동에 대한 세속적 해석과 경쟁할 수 있어야 한다. 실제로 사회를 이해하는 데 있어서의 세속적인 접근은, 인간의 상태를 적절하게 이해하는 데 실패하고 있다. 지라르와 존 밀뱅크(John Milbank)가 내린 결론이 바로 이것이다.

폭력에 대한 기독교적 이해는 평이한 데 머물고 있다. 그런 평이한 안목을 이 책 제7장을 통해 기독교의 역사 자체에서 찾고자 한다. 기독교인들이 십자군 원정에 나섰고, 이단자들을 화형에 처하고 유대인을 죽이는 등의 일을 했는데, 나는 그런 일들이 신약 성경의 핵심적인 신학적, 윤리적 통찰과는 철저히 반대되는 행동이라는 주장을 하고 싶다. 키르케고르와 지라르가 분석한 대로, 죄의 심리적이고 사회적인 영향 아래서 그들은 그렇게 했다. 아나뱁티스트(Anabaptist)들은 기독교가 역사의 과정에서 도리어 타락의 길을 걸었다고 주장했는데, 이것으로 이들의 주장이 옳다는 것이 증명된 것이다. 타락의 길 위에 있는 기독교인들에게 진정한 기독교가 무엇인지, 키르케고르와 지라르가 다시금 소개해 주고 있다.

제8장에서는 키르케고르와 지라르의 통찰력을 나치주의와 스탈린주의를 이해하는 문제에 적용한다. 인간 존재에 대한 키르케고르의 심미적, 윤리적 측면에 대한 이해가, 사회적 이해의 한 형태로서 매우 도움이 된다고 나는 생각한다. 나치는 존재의 심미적 측면을 현실 속에서 가능한 하나의 형태로 구현했으며, 스탈린주의자들은 윤리적 측면의 가능한 하나의 형태로 구현한 것이다. 둘 다 계속되는 과정으로서의 창조를 고의적으로 회피한 사례다. 그런 회피는 **심리적 불안의 감정을 해소하기 위해 희생양을 필요로 하기 때문에,** 이 내적 불안은 외적인 사건들로 나타나게 된다. 키르케고르는 그가 살던 시대보다 한 세기 후에 일어날 일을 예견할 정도로 선견지명이 있었다.

마지막 장은 속죄의 교리를 다룬다. 이 주제를 제대로 다루려면 또 다른 한권의 책이 필요하지만, 구속의 의미에 대한 몇 가지 총평이 이 작품을 마무리하는 데 도움이 되리라 믿는다.

이 책에서 나는 폭력에 대한 키르케고르의 이해를 발전시키는 작업이 가능하고 타당하며 가치 있다는 가정하에 연구했다. 키르케고르의 사상은 '극단적으로 개인주의적'이기 때문에, 사회나 정치에 대한 타당한 통찰을 이 안에서 발견할 수 없을 것이라는 생각에 나는 동의하지 않는다. 그런 생각을 가진 해석자들은 키르케고르의 사상 중에서 가장 많이 기대할 수 있는 것은 '신 앞에 선 단독자'에 대한 이해를 심화시키는 것뿐이라고 생각한다. 그들은 키르케고르가 사회관계를 전적으로 부정적인 시각으로 보았다고 주장한다. 근본적으로 개인적인 구원을 얻기 위해서, 사회란 어떤 대가를 치르더라도 피해야 할 '유혹' 또는 '파멸'이라고 말했다는 것이다.[5]

---

5   다음을 참조하시오. 예를 들면, Martin Buber, "The Question to the Single One," in *Between Man*

그러나 키르케고르를 해석하는 데 있어서, 훨씬 더 정확한 접근이라고 보이는 다른 트렌드가 있다. 키르케고르의 저술[6]을 윤리적, 사회적, 정치적 측면에서 더 명확하게 설명하는 작업을 수행해 왔던 여러 학자가, 이런 것보다 긍정적이고 건설적인 새로운 입장을 제시한다. 키르케고르의 '군중'에 대한 비판은 단순히 '개인주의'의 예에 불과한 것으로 치부되어서는 안된다. 그는 각각의 개인들과 그 개인들이 이루고 있는 공동체들의 영적인 성장에 대해 긍정적인 비전을 가지고 있었기 때문에 사회 현상들을 비판했을 뿐이다. 그는 신 앞에 서 있는 인간의 실존을 강조했는데, 참된 이웃 사랑을 실천하는 것은 개인이 하나님과 올바른 관계를 맺을 때 가능하다는 것을 깨달았기 때문이다. 비평적인 관점에서 볼 때 그의 저서들이 균형을 잃은 것처럼 보인다면, 그것은 그가 살던 시대의 사회가 이웃에 대한 사랑을 이해하고 실천하는 것에서 멀리 벗어나 있었기 때문이다. 자신의 표현대로 키르케고르는 그 시대의 치유자였다.

폭력적인 행동에 대한 도덕적 책임에 관한 문제에서, 키르케고르는 죄책이 있는 자들의 죄책을 완화시켜 주지 않는 방식을 갖는, 이러한 부도덕한 행동의 뿌리에 대해 설명한다. 앞에서 언급한 폭력적인 행동을 이해하려는 '과학적' 접근들은 불행히도 이런 죄책을 완화하는 경향을 띤다. 키르케고르는 폭력의 근원은 영적(정신적) 회피이며, 이러한 회피는 필연적인 죄가 아니라서

---

and Man, trans, Ronald Gregor Smith (New York: Macmillan, 1965), and Louis Mackey. "The Loss of the World in Kierkegaard's Ethics," in Josiah Thompson, ed., *Kierkegaard: A Collection of Critical Essays* (Garden City: Anchor Books, 1972).

6 참고문헌에서 베어아웃(Beabout), 코시(Cauchy), 코넬(Connell)과 에반스(Evans), 데이비스(Davis), 엘러(Eller), 엘로드(Elrod), 구웬스(Gouwens), 킴스(Kirmmse), 말란츠쿡(Malantschuk), 스탠리 무어(Stanley Moore), 플레콘(Plekon). 비알라녝스(Viallaneix), 그리고 웨스트팔(Westphal)을 참조하라. 또한 여기서 키르케고르의 영향을 받은 정치철학자 글렌 틴더(Glenn Tinder)의 공헌도 주목할 만하다. 사회학자 하비 퍼거슨은 키르케고르에 대한 그의 책을 "사회학자, 그리고 현대 생활의 성격에 관심이 있는 사람들이 키르케고르를 읽어야 하는 이유를 설명하는 책"(1x)이라고 설명한다. 퍼거슨은 나와의 대화에서, 키르케고르를 현대 심리학자로서도 손색이 없다고 묘사했다.

그 책임을 모면할 수 없다고 말한다. 따라서 키르케고르의 사상은 사회 이론과 윤리학 사이를 연결하는 토대를 구축한다. 그는 인간의 실존적 상태를 해석할 뿐만 아니라, 이웃과 책임감 있고 사랑하는 관계를 맺을 것을 인류에게 요청한다. 이러한 책임감에 대한 요구는 그의 사상적 작업 후에 도출된 것이 아니라, 인류에 대해 키르케고르가 가졌던 비전으로부터 직접 생겨난 것이다. 지난 20세기의 대부분의 신학자들이 정치적 폭력의 뿌리에 대한 문제를 다룰 기회가 있었음에도 손도 대지 않았다는 사실에 나는 실망감을 감출 수 없다. 그들은 이 문제를 세속주의 이론가들에게 맡긴 것으로 보인다. 그러나 **폭력과 전쟁의 심리적 뿌리를 밝히는 작업**은 죄에 관한 교리의 일부로, 또 도덕적 악의 문제에 수반되는 이슈로서 마땅히 다루어져야 한다. 하지만 지금까지 이런 시도는 별로 없었다. 불행하게도, 대부분의 신학자들은 폭력을 단순한 죄악이나 '악마'의 한 형태로 보고 멈추는 데서 만족하는 것 같다. "사람은 죄가 있기 때문에 폭력적이다."라는 진술은 타당하지만, 거기서 생각이 멈추는 것은 불충분하다. 더 많은 질문을 해야 하는 바로 그 지점에서, 섣부른 답을 던져줄 뿐이다. 나는 폭력의 뿌리에 관한 질문이 신학적으로 다뤄질 수 있고 또한 다뤄져야 한다는 것을 다음 장에서 증명하려고 한다.

르네 지라르는 최근 몇 년 사이 신학자들이 폭력을 이해하는 문제에 관심을 갖도록 애써 왔다. 따라서 그는 키르케고르의 주요 대화 상대로 적합하다. "군중은 거짓이다."라는 키르케고르의 명언이 지라르의 사상 안에서, 오늘날 가장 정교하게 발전된 모습을 드러내준다. **인간 존재의 '수평적' 차원**에 대한 지라르의 분석은 시사하는 바가 많고, 도전적이다. 지라르의 모방 욕망과 희생양 메커니즘에 대한 이해(수평적 측면)는 하나님과의 관계에서 드러나는 **존재의 수직적 차원**에 대한 키르케고르의 비전과 조화를 이루어, 폭력의 뿌리에 대한 명료한 신학적 이론을 만들어 낼 수 있다고 나는 주장한다.

키르케고르와 지라르가 두 명의 핵심 사상가이지만, 칼 바르트(Karl Barth)와 에릭 뵈겔린(Eric Voegelin)은 중요한 조연 역할을 한다. 어떤 의미에서, 바르트는 앞에 언급한대로 폭력에 대한 성찰을 피하는 경향을 띠었던 신학자들 중 한 예이다. 바르트는 심지어 "죄인의 병리학은 기독교 교리의 진정한 주제의 일부가 아니다."(교회 교리학, IV/3.1, 469)라고 직접적으로 주장한다. 반면에, 바르트는 키르케고르를 읽었고 그에게서 깊은 영향을 받았다. 이는 키르케고르의 인간 병리학에 대한 이해가 바르트의 사상적 질감에 깊이 직조되어 있으며, 때때로 표면화된다는 것을 의미한다. 나는 이 점을 증명하고, 또 기독교 지적 전통이 인간의 병리학과 폭력을 해석하는 중요한 자원들을 가지고 있다는 것을 보여주고자 바르트의 글들을 인용했다. 에릭 뵈겔린은 키르케고르, 바르트, 그리고 지라르와 동일한 지적 관심분야를 갖고 작업하는 또 다른 학자이다. 이들은 공통적으로 성서신학의 전통에 뿌리를 둔 시각에서, 근대성을 철학적으로 해석하고 비판하는 데 초점을 맞춘다고 나는 이해한다. 이 사상가들은 계몽주의를 혼합된 축복으로 보는데, 이는 인간을 당시의 노예적 속박과 미성숙들로부터 해방시켰으나 새로운 속박들과 미성숙들을 들여왔기 때문이다. 귀신 하나가 축출되었으니 새로운 일곱이 들어온 셈이다. 신정통주의 관점에서 볼 때, 과거의 지혜를 단순히 거부하는 것보다는 과거의 지혜를 정교하게 이해하는 것이 필요하다. 모든 생명의 신적 근원에 대해 실존적으로 열린 자세를 가질 때 그런 이해를 얻을 수 있다.

나는 연구를 해나가는 과정 속에서 주요 사상가들과 그들의 추종자들이 서로 전혀 교류하지 않은 채, 고립되어 작업을 진행하는 것을 알아차렸다. 바르트는 때때로 충분한 독서와 제대로 된 해석 없이 키르케고르에 대한 언급을 한다. 그는 아마도 뵈겔린에 대해서는 전혀 모르는 것 같다. 뵈겔린은 키르케고르나 바르트에 대해 거의 언급하지 않았으며, 지라르에 대한 것은 전혀 접해 보지 못한 것 같다. 지라르는 키르케고르나 바르트에 대해 거의 언급하지 않고 뵈겔린의 글들은 전혀 읽지 않은 것처럼 보인다. 나는 이 상황이 답답하고 실망스럽다. 상호 대화와 교류에 있어 무한한 가능성이 있는 중요한 지점인데 말이다. 그래서 이러한 사상가들을 한 자리로 불러들여 서로 대화하게 하는 것이 나의 중요한 목표 중의 하나다.

이 시점에서 내가 이 책에서 의도하지 않는 바를 밝히고 싶다. 첫째, 비록 폭력의 근원에 대해 이해하는 것이, 도덕적 악에 대해 생각하는 것의 일부가 되어야 한다고 믿지만, 이 연구는 도덕적 악의 문제에 대한 논문은 아니다. 둘째, 이것은 살인을 저지르는 죄에 초점을 맞추고 있지만 일반적 죄에 대한 교리를 다루는 논문은 아니다. 셋째, 이것은 나치주의나 스탈린주의 또는 다른 대규모 정치적 폭력에 대한 포괄적인 역사적, 사회학적 연구가 아니다. 나는 홀로코스트와 스탈린의 숙청을 역사적 타이밍이나 군수 메커니즘의 관점에서 설명하려는 라울 힐베르크의 《유럽 유대인의 파괴》(The Destruction of the European Jews), 로버트 콘퀘스트의 《위대한 테러》(The Great Terror), 그리고 한나 아렌트의 《전체주의의 기원》(The Origins of Totalitarianism)과 같은 상세한 경험적 연구와 직접 경쟁하려는 것이 아니다. 나는 내가 해석하려는 현상의 주요 사례로 이러한 사태들을 다루고 있을 뿐이다. 나는 개인의 살인사건에 초점을 맞추기보다는 살인이 사회적, 정치적 행동 원리가 되는 상황을 이론적으로 파악하려고 한다. 나치주의와 스탈린주의는 그런 상황들 중에서 특히나 명확하고 끔찍한 예들이다. 넷째, 이것은 전쟁, 혁명, 평화주의 등의 윤리에 대한 논문이 아니다. 물론, 이 연구는 윤리학에 기여하는 면이 있다. 그러나 그것은 옳고 그른 행동에 관한 논쟁을 다루는 좁은 의미에서가 아니라 **비도덕적인 행동의 심리적 뿌리에 대한 비전**을 제시하는 더 넓은 의미에서의 윤리학에 기여한다. 다시 말해, 이 책의 독자가 내가 평화주의자이거나 비평화주의자라고 추정하고, 내 주장의 근거에 대해서 찬성하거나 반대한다면 내 의도를 제대로 짚지 못하는 것이다. 앞으로 폭력의 윤리에 대한 성찰들이 내가 여기서 시도하는 것처럼 인간학적, 심리학적 연구와 단절되지 않고 교류되기를 희망한다.

긍정적으로 말하자면, 이 책은 **신정론에 관한 저술**이다.*(악의 문제에 관한 좁은 의미의 철학적 논쟁이라기보다는 일반적인 의미에서)* 나는 **인간의 자유의지와 하나님의 창조적 활동**과 관련하여 인간의 악을 신학적으로 해석하는*(경험적으로 설명하는 것이 아니라)* 하나의 특정한 방법을 제안하고자 한다. 나는 이야기 신학의 장르 안에서 인류 역사 속의 폭력을 이해하려고 한다.

이 작업은 독창적이면서 독창적이지 않다. 키르케고르를 읽는 색다른 방식을 제시한다는 면에서 이 책은 독창적이다. 아니 적어도 많은 시사점을 독자들에게 줄 수 있기를 바란다. 나는 키르케고르의 글들의 중심에는 폭력을 이해하려 노력했던 키르케고르의 안간힘이 엿보인다는 것을 말하고 싶다. 뵈겔린의 용어로 말하자면, 살인 이데올로기들이 세력을 얻어가는 상황에 반대했던 20세기 사상가들과 마찬가지로, 키르케고르는 비진리에 대한 저항에 깊이 관여했다는 것을 보여주려고 한다. 다른 한편, 많은 저자들의 연구에 바탕을 두고 진전된 논의를 다룬다는 점에서 이 책은 독창적이지 않다. 그들의 기여는 본문이나 주석에서 명확히 인정될 것이다. 다시 말해, 이 책이 주장하는 바는, 다른 사람들의 공헌을 바탕으로 하여 만들어가려고 하는 통찰력의 축적과 조정을 통해 이루어진 것이다.

1. 폭력의 뿌리에 대한 현대적 관점들

이 문제에 대해 숙고해 나갈수록, 나는 이 혼란이 덴마크뿐만 아니라 개신교 안에도, 기독교 전체에도 있으며, 근본적으로 인간의 본성 안에 내재해 있음을 더욱 뼈저리게 깨닫는다.(JP.5: 2333[1854])

　중요한 질문을 할 때마다, 서둘러 답을 찾기에 급급하기보다 질문 자체에 대해 잘 생각해 보는 것이 좋다. 20세기에 여러 저자가 이 책에서 다루고자 하는 질문, **"왜 폭력이 생겨나는가?"** 하는 질문을 던졌다. 그들이 내놓은 해답들을 조사함으로써, 우리는 질문과 그 질문에 대한 사람들의 반응을 더 다각도로 이해할 수 있을 것이다. 그 해답들을 살펴보고, 다시금 되물어 보면서, 이 문제가 지니는 중요성이나 가치를 더욱 알아가게 될 것이다. 폭력의 근원에 대한 여러 저자의 접근들이 아주 다양한 것을 보면, 그만큼 이 문제가 쉽게 풀리기 어렵다는 것을 알게 된다. 왜 이런 석학들조차 이 문제에 대해서 어느 정도의 의견일치도 보지 못하는 것일까? 그들이 뭔가를 잘못했나? 그들이 설정한 가정에 근본적인 결함이 있었던 것인가? 아니면 단순히 악의 실존 자체가 그것을 이해하려는 인간의 노력을 압도하는 것인가? 이 장을 읽는 동안,

독자들이 이 장을 통해 여러 가지 견해를 접하면서 이런 질문들을 던져볼 것을 권한다.

앨리스 밀러(Alice Miller)

《당신 자신의 유익을 위해서: 아동 양육에 숨겨진 잔혹성과 폭력의 뿌리》(For Your Own Good: Hidden Cruelty in Child-Rearing and the Roots of Violence)라는 책에서, 독일의 심리학자 앨리스 밀러는 **어린 시절의 트라우마에 초점을 맞추어 폭력의 뿌리를 설명한다.** 책의 머리말에서 알 수 있듯이 밀러의 의도는, 아돌프 히틀러와 그의 추종자들의 행동을 설명하는 것이다.

제2차 세계 대전이 끝난 이후로, 나는 계속해서 무엇이 한 인간으로 하여금 수백만 명의 사람들을 가스실에서 죽일 계획을 구상하게 할 수 있는지, 어떻게 수백만 명의 다른 사람들은 그를 칭찬하고 이 계획을 실행하는 것을 도울 수 있는지에 대한 질문과 씨름해 왔다. 얼마 전에 이 수수께끼의 해답을 발견했고, 이 책을 통해서 발표하려고 한다.…히틀러가 인류에게 보여주었던, 끝을 알 수 없고 만족할 줄 모르는 증오의 근원을 누군가 밝히려 한다면, 그것은 유유자적한 지적 탐구에만 머물러 있을 수 없을 것이다. 오늘날에는 그 이전의 어느 때보다 더 우리 자신이 그런 증오의 희생양이 되기 쉽기 때문에, 이런 연구는 우리 모두의 생사가 달린 문제일 수밖에 없다.(For Your own Good, vii-viii)

밀러는 20세기의 정치적 사건에 대한 심리학적 관점에서의 설명이, 홀로코스트와 같은 폭력행동 밑에 숨겨진 동기에 대해서 중요한 통찰력을 제공할 수 있다고 생각한다.

폭력에 대한 밀러의 설명은 아이들이 양육되는 환경에 초점을 맞추고 있다. 그녀는 한마디로 사람들이 어렸을 때 매를 맞으면 나중에 폭력적으로 변한다고 주장한다. "아무리 잔인하고 충격적이더라도 모든 잔혹행위는 가해자의 과거에서 추적할 수 있는 선례가 있다."라고 그녀는 말한다.(For Your own Good, ix) 그녀는 아돌프 히틀러와 같은 시대에 나고 자랐던 다른 독일 아이들의 어린 시절을 조사하면서, 이런 생각을 구축했다. 그녀가 조사를 통해서 발견한 것들은 그녀의 주장을 확인시켜 주었다. 그녀는 18세기부터 20세기까지 200년의 기간 동안, 유럽 전역 그리고 특히 독일에서 흔했던 육아 관행을 조사했다. 그녀는 이러한 관행을 "해로운 교육법 (poisonous pedagogy)"이라고 이름 붙이고 다음과 같이 요약한다.

1. 어른은 종속된 아이의 주인(종이 아닌)이다.
2. 어른은 무엇이 옳고 그른지를 신처럼 판단한다.
3. 아이들의 분노에 대한 책임은 아이에게 있다.
4. 부모는 항상 책임이 추궁되지 않아야 한다.
5. 아이의 생기발랄하고 긍정적인 감정 표현은 독재적인 어른에게 위협이 된다.
6. 아이의 자기주장은 하루 빨리 깨져야 한다.
7. 이 모든 것은 매우 어린 나이에 일어나야 한다. 그래서 아이는 그것을 '알아채지 못하고' 어른들에게 드러내지 않아야 한다.

아이에 있어서 중요한 자발성을 억제하기 위해 사용할 수 있는 방법에는 다음과 같은 것들이 있다: 덫을 놓기, 거짓말, 이중성, 속임수 쓰기, 은밀히 조종하기, 겁주기, 사랑의 철회, 고립, 불신, 굴욕 및 모욕감, 강요와 심지어 고문까지.(For Your own Good, 59.)

밀러는 양육에 대한 이러한 접근법이 히틀러가 태어났을 당시 독일 문화 전반에 널리 퍼져 있었다는 것을 알게 되었다. 따라서 히틀러의 성격과 그의 추종자들의 성격은 '해로운 교육법(poisonous pedagogy)'의 결과로 해석된다.

밀러는 히틀러의 아버지가 가난한 하녀의 사생아로 태어났다고 말한다. 히틀러의 할머니가 하녀로 일했던 유대인 집안의 아들로 인해 임신했을 가능성도 있지만, 그렇다고 단정지을 수도 없다. 어쨌든, 아돌프 히틀러의 아버지 알로이스(Alois)는 아버지 없이 자랐고, 알로이스는 5살 때 히틀러 가문에 입양되었다. 나중에 그는 공무원으로 성공하게 되었고, 자신의 성을 친모의 것인 쉬클그루버(Schicklgruber)에서 양아버지의 성인 히틀러로 공식적으로 바꾸었다. 그는 자신의 지위를 매우 자랑스러워했고 단추가 달린 공식 유니폼을 즐겨 입었다.

히틀러의 아버지가 아들 히틀러를 자주 그리고 가혹하게 때렸다는 많은 증거가 있다. 아돌프 히틀러의 여동생 폴라의 증언이다.

> 내 오빠 아돌프는 아버지를 극도로 자극하고는 매일 구타를 당했다. 그는 심술궂은 꼬마였다. 아버지는 아돌프의 건방진 태도를 바로잡고 공무원이 되게 하려고 노력했지만, 오빠는 아버지의 모든 노력을 허사로 만들었다.(For Your own Good, 153.)

밀러는 알로이스 히틀러가 어린 시절에 받은 학대를 지우기 위해, 아들 아돌프를 때렸다는 이론을 세웠다. 그리고 아돌프는 아버지에 대한 분노를 유대인들에게 쏟았다는 것이다. 아동학대는 반복되고 순환된다고 밀러는 강조한다. 아이가 신체적으로 우월한 어른에게 구타를 당하면, 장차 그 아이가 커서 다른 사람에게 권력을 휘두를 수 있을 때, 어린 시절부터 쌓였던 분노를 풀게 된다는 것이다. 독재자는 어떤 지역 전체에 대한 권력을 가지고 있다. 밀러는 다음과 같이 말한다.

> **세계사 무대에 등장한 히틀러의 모습은 히틀러가 무의식적으로 아버지의 행동을 따르고 있음을 보여준다.** 그것은 아이가 아버지를 실제로 어떻게 인식했는지를 보여준다. 찰리 채플린이 영화에서 묘사하기도 했고, 히틀러의 적들이 히틀러를 바라보는 모습처럼 퉁명스럽고 다소 엉뚱하기도 한, 제복을 입은 독재자의 모습은 어린 히틀러의 눈에 비친 아버지 알로이스의 모습이다. 독일 국민에게 사랑과 존경을 한 몸에 받는 영웅적 지도자의 상은, 복종적인 아내 클라라에게 사랑과 존경을 받던 아버지 알로이스의 모습이 반영된 것이다. 어린 아돌프는 아버지가 받았던 이 존경과 사랑을 옆에서 간접적으로 누렸을 것이다.(For Your own Good, 160.)

히틀러가 당했던 어린 시절 구타 경험이 당시에 특이하지 않고 오히려 누구에게나 흔했다는 사실을 고려하면, 밀러의 주장을 더 진전시킬 수 있다. "히틀러에게 열성적인 추종자가 그렇게 많았다는 사실은 그들이 히틀러와 비슷한 교육을 받아서, 그와 비슷한 성격 구조를 가지게 되었다는 것을 증명한다."(For Your own Good, 170) 밀러는 그녀의 '해로운 교육법'에서 그녀의 논지를 역사적인 자료들을 통해 뒷받침하고 있다.

어빈 스타우브(Ervin Staub)

심리학자인 어빈 스타우브는 《악의 뿌리: 집단학살과 집단 폭력의 기원》(The Roots of Evil: The Origins of Genocide and Other Group Violence)에서 제2차 세계대전 이후 정치폭력의 가해자들의 행동을 이해하기 위해서, 과학적인 방법을 적용한 사회적 연구를 보여준다. 앨리스 밀러를 비롯한 많은 학자들의 연구들을 읽고 나서, 스타우브는 대량 살상의 근원에 대한 자신만의 이론적 분석을 시도한다. 그는 자신의 전반적인 연구에 대해서 다음과 같이 설명한다.

> 삶에서 만나는 큰 어려움이나 고난, 사회적 분열과 결부된 사회 구조나 문화적 특징들이 바로 집단학살과 대량학살의 출발점이다. 그 결과로 생겨난 신체적, 심리적 욕구는 일부의 사회 구성원들이 하위집단에 등을 돌리게 한다. 그런 상황이 지속되면, 하위집단에 대한 집단학살이나 대량학살의 형태로 사회적 학대가 나타난다.(The Roots of Evil, 4.)

그는 홀로코스트, 터키의 아르메니아인 집단 학살, 캄보디아 킬링필드, 아르헨티나에서의 대량 학살 등을 예로 들고 있다.

스타우브가 문화적, 사회적 특성을 말할 때, 다음과 같은 현상을 염두에 두고 있다. 문화적 자의식은 자기 문화의 우월성을 내포할 수 있다. 그런데 이런 우월의식이 역사적 사건으로 인해 의문스러워진다면, 그로 인한 자기 회의감은 **심리적 자기 방어**에 대한 강한 필요성을 일깨울 수 있다. "**우월의식**이 그 밑바닥에서부터 피어나는 (그래서 종종 인정하기 싫은) **자기 회의**와 결합할 때, 집단학살 가능성은 높아진다."(The Roots of Evil, 19.) 다른 문화적 특징에는 민족주의, '우리'와 '그들' 간의 차별성, 권위에 대한 강한 존중, 그리고 순종하려는 성향이 포함될 수 있다. 다원적이기보다는 획일적인 문화들에서 그 문화에서 배제된 하위집단에 대한 폭력의 가능성은 높아진다.

어려운 경제 상황, 내부 또는 외부의 정치적 불안정, 광범위한 범죄 폭력, 급변하는 사회적 기술적 상황 등과 같은 **"어려운 삶의 조건"**이라는 개념은 스타우브의 이론에 있어서 핵심적이다. 이러한 어려움은 **정신적 불안정**을 조성

할 수 있고, 결국 사람들은 이런 문제들에 대한 해결책을 찾게 된다. 몇몇의 경우에는 사회적 분열에 의해 야기된 **심리적 욕구를 해소하기 위해** 하위집단에 대한 폭력적인 행동을 취하게 된다. 다시 말해, 대량 살상의 전제 조건은 역사적 상황 변화에 의해 촉발되기까지, 사회에서 수년 동안 잠복해 있을 수 있다.

'어려운 삶의 조건'을 감안해 볼 때, 폭력적인 행동의 기저에서 선하거나 혹은 적어도 이해할 수 있는 동기를 발견할 수 있다고 스타우브는 주장한다. 경제적 어려움은 풍족한 삶을 위협할 수 있다. 사회적 변화는 심리적 안정을 해칠 수 있다. 정치적 변화는 이해의 부족, 두려움, 그리고 불안으로 이어질 수 있다. 이러한 상황들에 대한 반응으로, 개인들은 신체적, **심리적으로 자신들을 방어하고자 하는 동기**를 갖게 된다.(The Roots of Evil, 15.) 그들이 생각하기에 세상에서 잘못되었다고 느끼는 것을 바로잡고 자긍심을 되찾고자 하는 것이다. 삶의 환경에 대해 새롭게 통제가 가능하다는 느낌을 얻으려고 말이다. 그런 동기들이 그 자체로는 도덕적으로 괜찮아 보일 수 있다.

한 사회 안의 하위집단이 소외되고, 사회가 직면한 문제를 해결하기 위한 희생양으로 내몰리게 될 때, 그들에 대한 폭력적인 행동은 점점 더 많이 행해지고, 강도를 더해간다. 처음에는 한 집단의 구성원이 다른 집단의 사람들을 향해 언어적 모욕을 가할 수 있다. 그런 다음 구타와 무작위 살인까지도 일어날 수 있다. 사업체들은 '합법적'으로 몰수된다. 고용과 교육에서의 차별은 법률로 제정된다. 그리고 나서 '이방인들'은 모두 게토나 수용소로 옮겨진다. 이들은 결국 조직적으로 살해되기 시작한다. '파괴의 연속체'를 구성하는 이 과정은 몇 년에 걸쳐 일어나기 때문에, 가해 집단의 구성원들은 어떤 가책이나 의문 없이 여기에 가담하고 점차 익숙해지게 된다. 사람들은 다른 사람들의 행동을 보면서 배우고 따라하게 된다. 스타우브의 말에 따르면, "가해자들은 점점 악해져 가고, 희생자들에 대한 폭력을 더 대담하게 행사하게 된다. 결국 그들은 집단학살을 행하게 되며, 그것을 정당화해주는 이데올로기에 헌신하게 된다."(The Roots of Evil, 18.)

칼 융과 에리히 노이만

정신과 의사 칼 융은 '그림자' 개념을 통해 폭력 문제에 대한 성찰에 있어서 중요한 기여를 했다. 그와 그의 협력자인 에리히 노이만은 이 개념을 다음과 같이 설명한다.

인간의 정신은 의식과 무의식의 두 가지 주요 부분으로 나뉜다. 먼저 의식은 **자아**(ego)와 **페르소나**(persona)로 이루어져 있다. 자아는 현실과 나 자신에 대한 개인의 지적 지각이며, 시간이 흐름에 따라 지속적으로 개인 정체성의 감각을 형성하는 '나'이다. 페르소나는 자아를 '가면' 씌워서 세상에 드러내는 부분을 말한다. 페르소나는 개인이 처한 환경에 적응하고 성공하기 위해 행하는, 특정한 사회적 역할 행위와 다양한 행동 방식에서 드러난다.[1]

한편 무의식은 개인적인 무의식과 집단 무의식의 두 부분으로 구성된다. **개인의 무의식**은 개인의 인생사와 개인적인 소망과 관련된 기억을 가지고 있다. **집단적 무의식**은 인류 전체와 그 역사를 개인과 연결하는 접촉점이다. 그림자는 개인이 자신으로부터 숨기려 하는 부정적인 특성, 불충분함, 죄책감

---

1   Erich Neumann, *Depth Psychology and a New Ethic* (New York: Harper & Row, 1973), 37-38.

등으로 구성된다. 노이만의 설명에 따르면 다음과 같다.

> 그림자는 뒷면이다. 절대적 가치와 양립할 수 없는 우리 자신의 불완전함과 세속성의 표현이다. 그것은 '이 세상에 속하지 않는' 영혼 혹은 영원과 정반대되는, 인간의 열등한 육체성이다. 그러나 그것은 또한 육체에 반대되는 '정신'의 영역에도 나타날 수 있는데, 예를 들어 의식이 삶의 물질적 가치만을 인식할 때 그렇다. 그림자는 우리 본성의 독특함과 찰나적 모습을 표상한다. 그것은 공간과 시간이라는 조건 아래 드러난 우리 자신의 한계와 종속 상태다.(*Depth Psychology and a New Ethic*, 40.)

인간이 자신의 그림자를 인식하지 못하고 그것을 자신의 인격 안으로 통합시키지 않으면, 그림자는 매우 위험하고 불안정한 힘이 될 수 있으며, 에고 인플레이션(ego-inflation, 자아 비대)으로 인해 다양한 종류의 뒤틀린 행동으로 이어질 수 있다.

> 에고 인플레이션은 자아가 의식보다 더 크고, 강하고, 더 에너지가 충만한 어떤 것에 의해 항상 압도되어 있는 상태를 의미하며, 의식 속의 일종의 지배 상태를 야기한다. 이런 상태를 만드는 것의 본질이 뭐냐를 따지기 전에, 이런 지배 상태는 자아와 의식이 제대로 된 현실을 인식하는 것을 방해하기 때문에 무척 위험하다.(*Depth Psychology and a New Ethic*, 42.)

폭력의 뿌리에 대한 융 추종자들의 이해는 **"그림자의 투사"**라는 생각에 기반을 두고 있다. 그림자는 억압된 열등감과 죄책감을 담고 있는 인격의 일부이기 때문에, 자아는 그림자를 다른 인간에게 투사함으로써 자신의 긍정적인 자아상을 강화하려고 한다. 정치 집단들이 다른 집단에 존재하는 악과 죽을 때까지 싸워야 하는 것으로 여기는 것 또한 그림자의 투사에 지나지 않는다. 인간은 자신의 도덕적 잘못들과 부족함들을 정직하게 직시하는 것을 원치 않기 때문에, 폭정, 억압, 배반, 그리고 기타 다른 부정적인 것들을 자신의 적들에게서 발견한다. 사람들은 자신의 그림자를 다른 사람에게 투사하기 때문에 현실을 직시할 수 없다. '세상을 자신의 드러나지 않은 얼굴의 복제품으로 바꾸어', 자신의 마음이 만들어 낸 환상의 안개 속에서 살고 있다. 융의 말에 따르면, "히스테리적인 사람들은 상처받지 않기 위해서, 자신의 열등함을 인정하려 하지 않기 때문에, 오히려 타인들을 괴롭힐 수밖에 없는 처지에 놓인다. 그러나 타인들 중 누구도 스스로를 자발적으로 해하지 않기 때문에, 이들은 어디에서나 자신만의 방식으로 악한 일을 저지른다. 이것이 히스테리 신경증이다."[2] 에리히 노이만은 이런 생각을 간명하게 표현한다.

> 그림자는 사회적으로 인정받는 가치와 충돌하기 때문에, 자기 내면에서조차 자신의 부정적인 부분을 받아들일 수 없게 된다. 따라서 이것은 **외부로 전이되어 외부의 대상을 통해 경험하게 된다.** "자신의 내적 문제"로 취급되는 대신, "저 밖에 있는 낯선 것"으로 간주하고 처벌된다.(*Depth Psychology and a New Ethic*, 50.)

희생양은 **그림자가 투사되는 사람이나 집단**이다. 인간은 그러한 희생양을 만들어 내려는 보편적인 성향을 가지는 것처럼 보인다. 이것은 인류의 미래에 더 큰 위험을 경고한다. 역사가 발전함에 따라 폭력을 행하는 기술적 수단이 더 강력해진다는 것을 고려할 때, 더욱 그렇다. 전쟁과 혁명은 '집단에 축적된 무의식적 힘의 분출'이다. 이런 경우, 오랫동안 억압되어 왔던 어둡고 원시적인 행동들이 역사적 현장으로 쏟아져 나와, 인류의 심리적 미성숙함을 드러낸다.

---

2 Carl Jung, *Civilization in Transition,* trans. R. F. C. Hull (New York: Pantheon Books , 1964), 203, 299. and *Aion,* trans . R. F. C. Hull (New York : Pantheon , 1959). 9 .

원시인들과 원시인들처럼 반응하는 모든 국가의 대중들은, 자기 자신의 악을 직면하고 그에 따르는 심리적 갈등을 다룰 만큼 성숙하지 못하기 때문에 그 악을 자신의 것으로 인정하지 않는다. 이러한 이유로 인해, 대중들은 **악을 타인의 것으로 경험한다.** 따라서 그림자 투사에 희생된 자들은 언제나 그리고 어디서나 낯선 이들이다.

국가 안에서, 이 투사의 대상이 되는 타인들은 소수자들이다. 이 소수자들이 특별히 다른 인종이거나 다른 피부색을 가지고 있다면, 그림자 투사의 희생양으로서 더욱 적합해진다.(*Depth Psychology and a New Ethic*, 52.)

노이만은 제2차 세계대전의 재앙에 대해 성찰하면서 1949년에 이 책을 썼다. 그가 책을 쓸 당시에도 여전히 권력을 쥐고 있던 스탈린의 잔악한 정권과 홀로코스트를 이해하려 시도한 것이 이 작품이다. "파시스트가 공산주의 사회에서 하는 역할과 공산주의자가 파시스트 사회에서 하는 역할은 같다."고 그는 말한다. 양쪽 모두 '그림자'를 투사하고 있다는 것이다.

어니스트 베커

문화인류학자 어니스트 베커의 마지막 책 두 권인 《죽음의 부정》(*The Denial of Death*)와 《악으로부터의 탈출》(*Escape from Evil*)은 인간 행동의 뿌리를 이해하려고 시도한다. 그의 이론은 **죽음에 대한 두려움**이 인간의 성격과 문화 형성의 원동력이라는 하나의 핵심 아이디어에 초점을 맞추고 있다. 그는 《죽음의 부정》의 첫머리에서 자신의 요지를 다음과 같이 진술한다.

존슨 박사는 죽음의 예견은 놀라울 정도로 정신을 집중시킨다고 말했다. 이 책의 주요 논지는 죽음에 대한 생각, 죽음에 대한 두려움은 그 이상이라는 것이다. 죽음은 다른 어떤 것보다 인간을 사로잡는다. 죽음은 인간 행동의 주요 원천이다. 인간의 행동은 결국 죽음을 피하거나 극복하기 위한 것이다. 때로, 인간은 여러 방식으로 자신이 죽을 운명임을 부정하기도 하면서 말이다. 이 연구에서 나는, 죽음에 대한 두려움은 인간 모두에게 보편적인 것으로서, 인간 과학의 여러 분야로부터 수집되는 데이터를 일관되게 이해할 수 있도록 해주며, 산더미 같은 사실들 가운데에서조차 오리무중이었던 인간 행동에 대한 이해를 명료하게 해준다고 주장한다. 인간 행동의 참된 동기가 과연 무엇인지에 대해 오락가락하던 논쟁들도 이제는 종지부를 찍을 때가 되었다.(The Denial of Death, ix.)

베커는 인간이 무엇보다도 자신의 육체적 존재를 영구히 하고 싶어한다고 믿는다. 따라서 인간의 삶은 근원적인 생명체의 관점에서 보면 궁극적으로 악일 수밖에 없는 **죽음을 모면하거나 혹은 초월하려는 지속적인 시도**가 된다. 여기에 모든 나르시시즘의 뿌리가 있다. 그러나 인간은 상징과 꿈의 세계에 사는 정신적 존재이기도 하기에, 인간의 나르시시즘은 다른 생명체가 지니는 모습과는 다른 성격을 띤다. 우리의 자존감과 유기체적 존속의 성공은 상징적으로 형성될 수 있고, 따라서 불멸을 향한 인간의 욕구는 다른 동물들의 좁은 본능적 한계로부터 자유로워진다. 독창적이고 상상력이 풍부한 인간 정신은, 불멸을 개인적이면서도 유기체적인 존속의 차원에서 사회적인 프로젝트로 변화시키는 문화 시스템을 만들 수 있게 한다. "사실은 이것이 바로 사회이고 지금까지 그래왔다. 상징적인 행동 체계, 지위와 역할의 구조, 행위의 관습과 규칙은 모두 **지상 영웅주의의 매개체 역할**을 하도록 설계된 것이다."(The Denial of Death, 4) 각각의 문화적 영웅 시스템은 서로 다르지만, 그들은 모두 같은 근본적인 역학을 공유한다. 사회는 사람들을 '우주적 특별함'과 '상징적 불멸'의 위치로 이끌고 영웅적 행위를 수행하게 하는 무대이다. 사회가 이미 세속화되었다고 여기든 아니든, '영원'에 대한 종교적 갈망이 모든 사회에 뿌리 깊이 박혀 있다.

물론 인간은 현실적으로 죽음을 피할 수 없다. 그래서 인간이 죽음을 어떤 식으로든 피할 수 있고 초월할 수 있다는 생각을 중심에 놓고 삶을 살아가려고 한다면, 삶의 토대 자체가 거짓이 된다. 이것이 바로 베커가 말하는 '보통' 사람의 성격(character)[3]이다. 이런 맥락에서 그는 책의 주요 장 중의 하나에 "불가피한 거짓으로서 사람의 성격"이라는 제목을 붙였다. 그는 정신분석학자들이 이 거짓을 역사상 처음으로 밝혀냈다고 보는데, 이 사실이 오랫동안 숨겨져 왔던 이유는, 거짓에 대한 우리의 미묘하거나 노골적인 적대감 때문이다.

우리는 누군가의 삶의 방식을 중대한 거짓말이라고 불렀고, 이제 우리는 왜 그것이 중요하다고 말했는지 더 잘 이해할 수 있다. 자신과 자신의 전체 상황에 대해 불가피하지만, 기본적으로 부정직할 수밖에 없는 것이다. 이 사실이 프로이트의 혁명적 사상의 귀결이고, 우리가 여전히 프로이트를 붙잡고 있는 근본적인 이유이다. 우리가 현실에 대해 근본적으로 정직하지 못하며, 우리 자신의 삶을 진정으로 통제하지 못한다는 것을 인정하고 싶어 하지 않는다. 우리가 홀로 서 있지 못하고, 항상 우리를 초월하는 무언가에 의존한다는 것도 수긍하지 않는다. 우리 안에 내면화 되어 있어서 우리를 지지하는 사상과 힘의 체계에 의지하고 있다.

한 사람의 성격을 형성하는 데 기여하는 방어물들은 거대한 환상을 뒷받침한다. 우리가 이것을 알아차렸을 때, 인간 행동의 완전한 추진력을 이해할 수 있다. 인간은 자기에 대한 참된 앎이나 자기 성찰로부터 멀어지면서 자기 자신과 소원해진다. 결국, 자기 성격(character)과 자기 평정심을 뒷받침해주는 거짓된

---

3 역주, 성격이라는 말이 너무나 일상 용어이다보니 이 문맥에서 쓰인 의미에 대한 설명이 필요한 듯 보인다. 심리학에서는 인격(personality), 기질(temperament), 성격(character)이 3가지 중요한 개념으로 다뤄진다. 기질은 인격에서 유전되어 물려받은 부분을 말한다. 이에 비해 성격은 물려받은 특질로서의 기질과 후천적으로 배운 사회적 교육적 습관이 결합된 것을 말한다. 그래서 여기서는 베커가 말하는 죽음의 공포를 피하려는 사회 제도 혹은 문화가 개인에서 후천적으로 형성해 놓는 부분을 지칭한다고 보인다. 인격은 이 성격에 행동이 결합된 것이다. 즉 인격은 개인의 행동 패턴을 형성하는 감정, 지각, 그리고 행동의 집합인 것이다.

토대들을 부여잡게 된다."(The Denial of Death, 55-6.)

베커는 스스로 "쉬운 환경주의(easy environmentalism)"라고 부르는 것을 인정
하지 않는다. '쉬운 환경주의'는 아이들의 정신을 손상시키고 왜곡시키는 서
투른 부모들의 양육태도에 기초하여, 인간의 모든 정신 질환을 설명하려는 시
도이다.(The Denial of Death, 62.) 베커는 현실을 무섭고 위력적인 것으로 보기 때
문에, 쉬운 환경주의에 내재한 본질적인 낙관주의를 받아들이지 않는다.(우리
가 보아왔듯이 앨리스 밀러는 폭력의 뿌리에 대한 환경적인 영향을 제시한다.) 베커에 따르면, 인간
은 무엇보다도 어떤 종류의 불멸을 성취하기 위해 인내하며, 번영하기를 원
한다. 그러나 이 프로젝트는 인간이 죽음을 피할 수 없다는 사실을 부정하고
억압할 때에만 성공할 수 있다. "정신분석학자들의 위대한 발견이 이 억압이
다. 억압은 인간이 자신의 기본적인 동기들을 어떻게 잘 숨기는지 설명해 준
다."(Escape from Evil, 92) 인간은 필멸의 동물이라는 당연한 사실에 대한 인식을
억압한다. 심리적 **억압**을 둘러싼 상황은 **투사**(projection)라는 심리적 메커니즘
을 갖게 되고, 이 때 정치인들이 나서서 국민들을 위해 **희생양**이 될만한 개인
이나 집단을 선별할 수 있는 길을 마련해 준다. 죽음에 대한 억압된 인식은 희
생양에게 투사된다. **동물의 전형이며 죽음의 화신이 되는 희생양을 죽임으로
써 인간은 죽음으로부터 자신을 분리하고 권력, 통제, 불멸과 자신을 동일시한
다.**

베커는 이 지점에서 융의 '그림자' 개념을 자신의 논지에 도입했다. "그림
자에 대해 말하는 것은, 인간이 가장 부정하고 싶어하는 피조물로서의 열등함
을 언급하는 또 다른 방식이다."(Escape from Evil, 94.) 그림자는 의식적인 마음이
자신의 영역에서 배제하고 싶어하는 죽음에 대한 인식이며, 그것은 **개인의 자**

기 불멸화 프로젝트와 양립할 수 없는 '또 다른 면'이다. 인간은 적극적으로 자기 의식을 두 부분으로 나누어서 죽을 수밖에 없는 운명에 대처할 수 있다. 자신은 생명, 빛, 선함 등과 동일시하고 어둡고, 열등하고, 죄된 모든 것은 타인에게로 돌리는 것이다.[4]

> 그래서···우리는 고전적이고 오래된 방법으로 죄책감이나 부정적인 정신적 힘을 없애기 위한 방법을 가지고 있다. 희생양을 죽이는 것이다. 그 방법은 열등함과 동물성을 자신에게서 분리하여 희생양에 투사시키고, 희생양과 함께 그것을 상징적으로 파괴하는 것이다. 나치에 의한 유대인, 집시, 폴란드인 등 수많은 학살에 대한 모든 설명과 제시된 여러 가지 이유들을 비교 검토해보면, 한 가지 이유가 분명해진다. 그것은 바로 **그림자 투사**이다. 융이 "이 세상에서 가장 핵심적이고 유일한 문젯거리는 인간"이라고—심지어 계급이나 제국보다 더 지독하게—본 것은 전혀 놀라운 일이 아니다.[5]

베커는, 표면적인 이데올로기와 상관없이, 모든 사회는 사실 거짓의 토대 위에 세워져 있다고 본다. 왜냐하면 **모든 사회는 악과 죽음을 이길 것을 약속하는 영웅 시스템**이기 때문이다.(*Escape from Evil, 124.*)

비판적 평가

내가 보기에 밀러의 책 《당신 자신의 유익을 위해서》(*For Your own Good*)은, 부모가 자녀에게 심리적으로 해를 끼칠 수 있는 다양한 방법들을 독자들에게

---

4 Jung, *Civilization in Transition*, 203.
5 Becker, *Escape from Evil* (New york: Free Press, 1975). 95. referring to Civilization in Transition, 216.

매우 효과적으로 각인시키기 때문에, 부모라면 꼭 읽어야 한다. 이 책은 어른들이 각자의 어린 시절부터 자라 온 과정을, 마치 거울을 들여다 보는 것처럼 스스로 성찰하도록 해준다. 이러한 반성의 과정은 대대로 전해져 온 해악의 순환을 깨뜨릴 수 있다. 이러한 악순환을 끊음으로써, 부모들이 자신의 과거가 준 악영향으로부터 자유로워져서 자녀들을 더 온전히 사랑하며 양육할 수 있게 된다. 그러나 모든 폭력의 근원을 설명하고자 하는 일반적인 이론으로서는, 밀러의 주장은 매우 곤란한 문제들을 불러일으킨다. 가장 명백하게 드러나는 것은 밀러의 **환원주의**(reductionism)이다. 그녀는 모든 폭력을 단 하나의 명분으로 지나치게 축소하는 것은 아닌가? 이 하나의 연결고리만으로는 폭력이 어떻게 성립되는지 알기 어렵다. 물론, 심각한 아동학대가 한 인간에게 육체뿐만 아니라 정신에 있어서 커다란 심리적 피해를 초래하고, 그 아동이 성인이 되어 폭력적인 행동을 하게 될 가능성이 많다는 것에는 의심할 나위가 없다. 그러나 아동학대를 당한 경험이 없는 사람들이 폭력적인 행위를 저지르는 경우도 많다. 이런 사례들을 해석하는 데, 밀러의 이론이 도움이 될 수 있는가? 테러리스트들의 폭력적인 행동 뒤에는 모두 그들이 당한 아동학대 경험이 있다는 것을 전부 증명할 수 있을까? 그러나 많은 경우에 테러리스트들의 폭력적인 행동은 그들의 행동을 정당화 시켜주는 이데올로기가 동기로 작용했을 확률이 더 높다.[6] 실제로 르완다에서 잔혹행위를 저지른 모든 사람들이 단지 어린 시절 학대를 당했기 때문에 그렇게 했다는 것을 전부 증명할 수

---

6   히틀러에 대해 논평하면서, 어빈 스타우브는 "광신주의 성향은 어린 시절과 개인적 성격에 뿌리를 두고 있는 것이 맞지만, 일단 이데올로기에 광신적으로 헌신하게 되면, 그 사람의 어린 시절이나 성격이 아닌 이데올로기에 대한 지식이 그의 행동을 이해하는 데 가장 좋은 지침이 된다."(악의 뿌리, 98)라고 기술한다. 지그문트 바우만도 밀러에 의해 대표되는 접근 방식을 비판한다: "밀그램(Milgram)의 실험에서 나온 대부분의 결론은 하나의 중심적인 주제에 대한 변형으로 보인다: 잔인함은 가해자의 성격 특징이나 개인적 특이성보다 사회적 상호작용의 특정 패턴과 훨씬 더 밀접하게 관련이 있다. 다음을 참조하라. *Modernity and the Holocaost* (Ithaca: Cornell University Press, 1989), 166.

있을까? 어떤 특정한 개인의 삶의 세부 사항을 초월하는 사회적, 역사적 요인들에 대한 고려가 필요하다는 주장이 더 그럴듯해 보인다. 밀러의 주장은 여전히 유효한 부분이 있다. 그러나 그녀의 주장이 폭력의 근원을 설명하는 유일한 이론이라고 주장하는 것은 지나치다.

히틀러에 대한 밀러의 해석에서, 또 다른 문제는 원인과 결과 사이에 **비례의 법칙**이 적용되지 않는다는 것이다. 히틀러가 아버지에게 구타를 당했기 때문에 아버지에 대한 분노가 쌓이고 그를 증오했다는 것은 이해할 수 있다. 만약 히틀러가 성인으로서의 아버지를 닮은 남자를 보고 발끈하여 닮은 사람을 죽였다면 어느 정도는 말이 될 것이다. 그러나 한 사람이 아버지한 명에 대한 증오 때문에 6백만 명이나 되는 유대인을 죽였다고? 비례가 안 맞아도 너무 안 맞기 때문에, 이 부분은 좀 더 자세히 들여다 봐야 한다. 히틀러가 그 많은 사람들을 혼자서 다 죽인 것은 아니다. 그는 대부분의 독일 사람들과 직간접적으로 협력했다. 따라서 폭력의 뿌리에 대한 보다 적절한 이해는 희생양을 처형하는 사회적 역학에 대한 고려도 포함해야 한다. 이런 단계에서, 단순히 아이를 양육하는 문화에만 포커스를 맞추는 것으로는 불충분하다. 사회적 수준에서 환원주의는 개인 수준에서보다 더 설득력이 떨어진다.

밀러의 책에 내재된 또 다른 문제는 살인자들에게 추궁해야 할 도덕적 책임을 그들의 부모나 사회 전반으로 돌린다는 것이다. 밀러에 의하면, 폭력을 행사한 사람들이 오히려 심리적으로 억압을 겪었던 희생자가 되어 버리기 때문에, 그들이 행사한 폭력에 대해서 더 이상 책임을 물을 수 없게 된다.

히틀러의 어린 시절에 대한 나의 해석이 감상주의이며, 그의 이후 행동에 변명거리만 준다고 여기는 독자들도 있을 것이다. 나는 그들도 자신의 방식대로 해석할 권리가 있다고 생각한다. 예를 들어, 어린 나이에 과묵해야 한다고 배운 사람들은, 아이들에 대한 어떤 형태의 공감도 겨우 감상에 빠지는 것에 불과하다고 생각할 정도로 그들의 부모를 닮게 된다. 죄의 책임에 대해서 묻는다면, 히틀러에게 죄책을 물어야 한다고 나는 생각한다. 그렇게 많은 사람을 죽인 것에 대해 책임을 지워야 할 다른 사람이 없기 때문이다. 하지만 우리가 죄책이라는 단어를 사용한다고 해서 얻는 것은 없다. 물론 우리에게는 우리의 생명을 위협하는 살인자들을 가둘 권리와 의무가 있다. 당장은 우리에게 이보다 더 나은 해결책은 없다. 그러나 이런 해결책조차도, 비극적인 어린 시절을 겪은 한 사람이 살인을 저지르려는 욕구에 사로잡히게 되고, 이 욕망을 실현한 한 비극적인 인생은 결국 감옥에 갇히는 운명에 처한다는 사실을 바꾸지는 못한다.(For Your own Good, 195.)

그녀가 "죄책"이라는 단어를 사용하고 싶지 않기 때문에, '비극'과 '운명' 같은 용어를 대신 사용하는 것을 주목해야 한다. 결국 밀러는 6백만명의 유대인들이 나치에게 살해당했지만 죄 지은 자는 없고, 누구도 책임질 사람은 없다고 말하는 것과 다름이 없다. 내가 이 입장을 굳이 비판할 필요가 있을까?

나치는 죽음의 기계를 만들면서 폭력적 행동에 대한 개인의 책임을 없애려고 했는데, 아이러니하게도 밀러의 요지는 이런 나치의 의도와 일맥상통한다. 지그문트 바우만은 홀로코스트에 관한 그의 책에서 이 점에 대해 웅변적으로 말했다.

지속적이고 광범위한 책임 전이의 효과는 책임 소재를 불분명하게 해서, 조직에 속한 모든 사람이 거부감 없이 이 일에 전부 참여할 수 있게 하는 것이다. 만약 누군가 책임 추궁을 당하게 되면, 조직의 모든 구성원들은 자신은 누군가의 명령에 따랐을 뿐이라고 답할 것이며, 그 누군가는 또 다른 누군가에게 다시 책임을 떠넘길 것이다. 조직 전체가 책임을 말소하기 위한 도구라고 말할 수 있다.(Modernity and the Holocaust, 163)

키르케고르 방식으로 표현하자면, 나치주의는 사람들이 그들의 양심에 따라 사는 것이 불가능하도록 고안된 조직으로 묘사될 수 있다.[7] 밀러는 양심을 지키고 자신의 행동에 대해 도덕적 책임감을 가질 것을 사람들에게 요청하지 않는다. 진정한 의미에서 자신의 행동에 대한 책임이 가해자에게 있다고 생각하지 않기 때문이다. 그녀의 주장은 가해자가 자신의 행동을 부모 탓으로 돌림으로써 책임에서 빠져나가도록 돕는 방법에 지나지 않는다.

악의 근원에 대한 스타우브의 이해는 밀러의 이해보다 더 폭넓다. 어린 시절의 트라우마와 같은 하나의 아이디어에 좁게 집중하는 대신, 스타우브는 많은 요소를 포함하는 큰 그림을 그려나간다. 따라서 폭력을 꿰뚫어 보는 이론보다는 폭력의 일반적인 형태를 제시하고 있다. 일부 독자들은 이 광범위한 접근법이 많은 요소와 관점들을 포함하기 때문에 매력적이라고 생각할 수 있다. 그러나 나를 포함한 다른 독자들은 그것이 지나치게 일반적이면서 저널리즘적인 특성을 보이고 있기 때문에, 철학적 고찰 면에서는 부족하다고 여긴다.

때때로 스타우브는 당연한 것을 단순하게 말하면서, 마치 그의 독자들에게 중요한 '과학적' 통찰력을 제공하고 있는 것처럼 말한다. 예를 들어, 그는 "SS 대원들이 권위주의적이었고, 도덕적 의미나 희생자들의 운명에 대해서는 신경 쓰지도 않고 오직 명령만을 따랐다는 연구가 있다."고 알려준다.(The Roots of Evil, 132) 우리가 그 사실을 알기 위해 '연구'라는 작업이 과연 필요한가? 그는 "최근 심리학 연구는 인간이 세상을 '우리'와 '그들'로 나누는 경향이 있다는

---

7   마이클 플레컨(Michael Plekon)은 같은 맥락에서 다음과 같이 말한다. "인간 본성의 내재적 순수함에 대한 현대 사회과학적, 정치적인 가정과는 달리, 키르케고르는 자아가 궁극적으로 다양한 환경에 의해 결정된다는 전제 아래, 자아에게 윤리적 책임을 뺏으려고 하지 않는다. 오히려, 키르케고르는 선으로도 악으로도 향할 수 있는 자아의 의지 혹은 의도에 주목한다." 다음을 참조하라. "인류학적 고찰," 368. ("Anthropological Contemplation." Thought 55 (1980): 368.)

것을 보여주었다."(58)는 상식적인 언급을 했고, "다른 사람의 복지에 대한 책임감은 사고나 갑작스러운 질병의 상황에서 남에게 도움을 줄 가능성을 크게 높인다."와 같은 동어반복적인 진술을 하기도 한다. 더 나아가서 이렇게도 말한다.

> 개인의 가치관이 다른 사람의 복지에 대한 자신의 입장을 결정한다. 극단적인 경우 타인을 해치는 것 자체가 가치관이 될 수 있다. 의식적이든 무의식적이든 우리는 이것을 반사회적 가치 지향, 인간에 대한 평가절하, 그리고 인간을 해치려는 욕망이라고 부를 수 있다. 이것은 가해자가 피해자들에게 공감할 가능성을 낮아지게 만든다.(71)

독자들이 지금 읽고 있는 폭력과 악을 다룬 이 책처럼, 나는 이런 표현방식이 최선이 아닐까 싶다. 만약 '과학'이 지성인들을 완전히 뻔한 결론으로만 인도한다면, 피상적인 이해에만 머무르게 할 뿐 이해의 깊이를 더해갈 수 없다. 대량 학살에 관한 현대 과학의 '발견들'을 단순히 나열하는 것이 무슨 의미가 있겠는가?

스타우브는 그가 내린 '결론'이 생각의 끝이 아니라 사실은 출발점이 되어야 한다는 것을 깨닫지 못하는 것처럼 보인다. 그는 자신이 문제를 제기하는 데에만 머물러 있다는 것을 모르는 것 같다. 사람들이 세상을 '우리'와 '그들'로 왜 나누는지를 물어야 한다. '어려운 삶의 환경'에 대한 심리적 반응으로 만들어진 '희생양'의 예들을 나열하는 것에 만족하기보다, 희생양이 인간 사회의 구조에 대해서 무엇을 폭로하는지 우리는 물어야 한다. 그리고 폭력의 근원으로서 문화적 특징들, 사회적 해체, 삶의 어려움, 그리고 기타 다른 비인격적인 개념들을 거론하는 데에서만 그칠 것이 아니라, **폭력이 인간 정신의 깊**

은 곳에서 어떻게 발생하게 되는지 질문을 던져야 한다. 달리 말하자면, 스타우브는 인간학에 대한 기본적인 이론이 부족한 것 같다. 어느 정도는 우리에게 도움이 될 만한 정확한 논평과 관찰결과들을 던져준다. 그러나 인간에 대한 통찰력 있고 도전적인 철학적 비전을 제시하지는 못한다.

사람들 사이에 인기있는 정도로 미루어 볼 때, 많은 사람들은 칼 융과 그의 추종자들의 글들이 깊이 있는 진실을 담고 있다고 여기는 것으로 보인다. 특히 그림자 투사의 개념에 대해서 살펴본다면, 이 개념은 인간의 폭력적인 행동을 이해하는 데 있어 매우 유용한 접근법으로 받아들여진다. 많은 폭력 사례가 개인이나 사회가 미성숙한 상태에서 발생하고, 심리적 통합이 부족한 상태에서 발생한다는 것은 명백한 사실인 것 같다. 그러나 매우 중요하고 진지한 질문에 대해서 유용한 방법론으로 접근할 때는, 가능한 한 가장 폭넓은 철학적 숙고를 통하여 정확하고 철저하게 결론을 도출해 내는 것이 중요한데, 융은 그러지 못했다.

나는 융의 사상에 대해 다음과 같은 의문을 제기한다. "집단적 무의식"에 존재하는 원형을 말하면서, 융은 인간의 행동에 대한 도덕적 책임을 덜어주는 실체를 만들어 낸 것인가? 1936년 출간된 "보탄"(Wotan)에 대한 그의 에세이는 이런 점에서 매우 인상적이다. 그는 독일인들의 행동에 대해, 기독교가 오랫동안 전 사회를 지배해 온 기간 동안, 잠들어 있었던 신 "보탄"(Wotan)이 다시 깨어난 것으로 이해할 수 있다고 주장한다. 보탄(Wotan)이란, 평범한 독일인을 Ergriffener(귀신에 홀린 사람, 사로잡힌 자)로 바꿔놓은 Ergreifer(사로잡은 자)라고 융은 묘사하고 있다. "독일에서 나타난 현상에서 인상적인 점은, 명백히 '신들린' 한 남자가 모든 것을 손에 쥘 정도로 온 나라를 감염시켰고, 결국 한 나라가 파멸을 향해 굴러가도록 이끌었다는 것이다."(*Civilization in Transition*, 185) 융은 국가사회주의의 어둡고 폭력적인 측면을 인식하고 있지만, 독일 국민에게 윤리적 책임을 질 것을 요청하기보다 단지 신적 존재의 탓으로 돌리고 있다. 융은 "자율적이고 초자연적인 존재로서 보탄은 한 민족의 집단적 삶에 영향을 미치며, 이를 통해 자기 자신의 본성을 드러낸다"(187)고 썼다. 그리고 심지어 "외부에서 바라보는 우리는 독일인들이 마치 책임 주체인 것처럼 지나치게 판단하지만, 그들 역시 희생자로 간주하는 것이 아마도 진실에 더 가까울 것"(192)이라고 주장한다. 만약 외부에서 작용하는 어떤 힘이 인간에게 나쁜 짓을 하게 만든다면, 우리는 우리의 행동에 대해 진정으로 책임이 있는 것이 아니다. 우리는 "악마가 나에게 그렇게 하도록 만들었어"라고 진실을 말할 수 있다. 하지만 이것이 나치주의에 대응하는 적절한 방법인가? 나치는 집단 무의식의 원형이 분출된 것에 지나지 않다는 말인가?

전쟁이 끝난 후, 융은 "대참사 이후"라는 제목으로 독일에 관한 또 다른 에세이를 썼다. 거기서 그는 독일인들을 히스테리적인 살인자들이라고 혹평했다.

> 우리가 독일에서 목격한 현상은 타인에게 전염되는 광기의 첫 번째 출현, 즉 질서정연한 세상으로 무의식이 침입한 사태이다. 수백만 명의 타국민들 뿐만 아니라 온 독일 국민들이 말살전쟁의 피에 젖은 광기에 휩쓸렸다. 그리고 사이코패스적인 리더들에 이끌려서 마치 최면에 걸린 양들처럼 도살장으로 걸어 들어간 자들에게 무슨 일이 일어났는지 아무도 몰랐다.(Civilization in Transition, 212.)

융은 유럽 전체의 죄의식으로 퍼져나가는 독일인들의 집단적 죄의식에 대해 이야기한다. 이 에세이에서 그는 설명을 위한 가설로 "보탄"(Wotan)의 개념을 자주 거론하지는 않는다. 독일인들이 정신착란 상태에서 저지른 범죄에 대해 융이 독일인들을 비난하는 것은 사실이다. 그러나 융은 독일국민들이 마치 정신병원에 입원에 있는 환자 같다는 전제 하에 논지를 펼치기 때문에, 나는 그가 도덕적 책임의 문제를 충분히 고려했는지에 대해 확신할 수 없다. "지난 12년간의 역사는 히스테리 환자의 사례도표라고 나는 생각한다."(209) 융이 폭력의 근원에 대해 심리학적인 설명을 하면서, 폭력적 행동에 대해 책임을 물을 주체를 따지고 있는지 살펴봐야 한다. 그렇지 않다면 환자들의 죄책을 근본적인 차원에서 말소시키고 있는 것은 아닌지 질문을 던져야 하는 것이다.

베커의 폭력 이론은 밀러, 스타우브, 융의 이론에 비해 두 가지 중요한 측면에서 개선된 것으로 보인다. 첫째, 베커는 인간이 근본적으로 처해 있는 실존적 조건에 대해 깊이 성찰한 후에 이론을 전개한다는 점이다. 베커의 해석은 육아방식, 어려운 역사적 환경, 신화적 원형과 같은 어떤 형태의 환원주의로 빠지지 않고, 보편적인 인간의 모습을 통찰하는 그림을 그린다. 베커의 비전은 인간 행동의 동기에 대해 근원적인 질문을 하도록 한다는 점에서, 큰 시야에서 볼 때 **철학적 인간학**의 모습을 지닌다. 둘째, 베커는 인간의 행동에 대한 도덕적 책임을 덜어주지 않는다. 그는 죽음에 대해 스스로에게 거짓말하는 인간의 집착에서 폭력이 발생한다고 주장한다. 만약 우리가 실존적으로 더 **'정직하다면'** 우리는 굳이 희생양을 만들려고 하지 않을 것이라고 베커는 암시한다. 이러한 그의 통찰은 베커의 메시지에 예언자적인 아우라를 덧입혀준다. 그는 사람들에게 우상숭배와 망상적 사고를 버릴 것을 요청한다.

그러나, 조금 더 성찰해 나가다 보면, 폭력에 대한 베커의 설명도 적절치 않은 구석이 있음을 발견하게 된다. 1999년의 봄, 콜로라도에서 소년 2명이 학교로 들어가서 13명의 사람들을 쏘고 자신들은 자살했다. 만약 육체적 죽음에 대한 공포가 인간 행동의 근본 동기라면, 그들의 행동은 어떻게 설명 가능한가? 베커가 《죽음의 부정》(The Denial of Death)와 《악으로부터 탈출》(Escape from Evil)에서 자살에 대해서는 제대로 다루지 않은 것을 주목해야 한다. 이것이 베커의 이론에 있어서 중요한 약점이다. 콜로라도의 십대 소년들은 분명히 심리적으로 동요되었다. 베커의 이론이 이러한 십대들의 심리적 동요를 본질적으로 이해하는 데 실제로 도움이 되는가? 내 생각으로는 그렇게 효과적이지 않은 것 같다. 자살하는 사람들이 죽음에 대한 두려움에 때문에 자살한다고 말하는 것은 상식을 벗어난다. 바로 이 지점에서 베커의 이론은 결정적으로 무너졌다고 봐야 한다. 더 큰 규모의 존스타운 집단 자살사건에 대해서도 우리는 의문을 가질 수 있다. 또한 우리는 인류 역사를 통틀어서, 군인들이 왜 그렇게 기꺼이 그들 스스로를 전쟁의 포화 속으로 내던졌는지 물을 수 있다. 국가(또는 종교적 신념)를 위해서 죽는 것은 일종의 불멸을 이룰 수 있는 자기희생의 한 형태라고 베커는 설명한다. 하지만 이런 설명이 과연 설득력이 있는가? 사람들이 왜 삶을 포기하느냐는 질문에 대해 "죽음에 대한 공포"라고 대답한다면, 그것은 오랜 숙고 없이 그저 역설에 모든 것을 의존하는 것이다.

분명한 것은, 미치광이들에 대해 그들의 구체적 상황에 맞게 설명할 수 있어야만, 폭력에 대해 진정으로 적절하게 설명하는 것이라는 사실이다; 인간이 처한 일반적인 현실이나 인간의 죽을 운명 자체에 대한 해설은 폭력의 근원을 밝혀주지는 못한다. 베커의 인간학적인 비전이 우리에게 또다른 통찰력을 주는 것은 사실이다. 그러나, 나는 베커가 핵심적인 개념을 놓치고 있다고 보는데, 그것은 바로 **인간이 심리적으로 더 성숙해 나갈 수 있다는 가능성**이다. 베커의 이론은 공시적이며 무목적적인 틀 안에서 도출되었다. 그는 필멸과의 정태적 관계 안에서 인간을 분석하고, 인간의 정직하지 않은 태도를 문제 삼았다. 그러나 인간은 시간 안에서 정적으로 존재하지 않고, 통시적으로 존재한다. 우리는 시간 안에서 변화하고, 삶에 대한 더 충만한 이해를 향해 나아갈 수 있는, **심리적으로 발전할 수 있는 잠재력**을 가지고 있다. 시간은 단순히 우리가 살아가는 외부 환경만이 아니다. **우리가 영적으로 성장해 나감에 따라, 시간은 우리 안에 존재하는 현실**이다. 그러므로 폭력의 뿌리는 인간 조건의 정태적 측면보다는 개인이 성장하고 성숙해 나가는 역동성 안에서 찾을 수 있다. 이것이 베커의 통찰 중에서 결핍된 부분이다.

우리가 앞서 살펴본 저자들은 모두 **인간관계**라는 측면에 초점을 맞추고 있다. 밀러에게 있어 중요한 관계는 부모와 자식 사이의 관계이다. 스타우브는 특정 시기 혹은 특정한 나이에 겪는 사회와의 관계를 강조한다. 융은 자아에 내재하는 여러 부분들의 상호관계에 주목한다. 베커는 자아의 초월적 한계인 죽음 이전에 존재하는 인간의 모습을 그린다. 그러나 키르케고르의 관점에서 볼 때, 이 작가들 중 어느 누구도 인간에게 있어서 가장 중요한 관계, 즉 **하나님과 인간의 관계**를 발견하지 못했다.

2. 키르케고르의 창조와 불안

신이 자신에게도 거역할 수 있는 자유로운 존재를 창조할 수 있었다는 사실은 철학이 감당할 수 없는 십자가이며, 실상 철학은 그 자유에 기대어 존재한다.(JP. 1: 1237 [1838])

이 책의 주된 목표는 키르케고르의 글이 어떻게 인간 폭력의 심리적 근원을 이해할 수 있는 토대를 형성할 수 있는지를 보여주는 것이다. 나는 3단계를 통해 이 목표를 이루려고 한다. 첫째로 **창조의 개념**에 초점을 맞추고자 한다. 인간이 하나님의 피조물이라는 말은 무슨 뜻인가? 이것은 단지 과거로만 연관되는가? 아니면 현존하는 존재로서의 우리에게 현재와 미래를 관통하는 중요성을 가지고 있는가? 두 번째 **죄의 개념**에 집중하는 단계이다. 어떻게 하면 우리가, 인간과 하나님의 관계를 깨뜨린 죄에 대해서 피상적이지 않고 깊이 있게 이해를 펼쳐나갈 수 있을까? 세 번째 단계는 처음 두 단계에서 논의된 요소들을 한데 모아 **키르케고르의 사상에 존재하는 폭력의 "이론"**을 구성해 보고자 한다. 나는 이론이란 단어에 따옴표를 붙였다. 왜냐하면 앨리스 밀러나 다른 학자들의 주장에 대항하기 위해서 그들과 같은 과학적 인과관계의 엄격성으로 접근하는 것이 아니라 키르케고르의 사상에 대해 창의적이고 건설적인 해석을 시도하는 것이기 때문이다. 그러나 그럼에도 충분히 신뢰할만한 범위 내에서 접근하려고 한다. 나는 그의 핵심적인 관심사와 결론적 확신에 다가가기를 희망한다.

계속되는 창조

하나님과 창조 사건 사이의 관계에 대해 많은 견해가 있다. 물론, 우주 안에 창조주가 없다는 무신론적 입장도 존재한다. 자연에는 설계자가 없고, 생명체가 우연히 생겨난 것이다. 혹은, 하나님이 태초에 세상을 창조했다가 거기서 물러나 있는 일종의 '시계 제작자'(watchmaker)로 보는 이신론적(deistic) 견해도 있다. 창조 후에, 우주는 하나님이 만든 법칙에 따라 작동되고, 하나님은 그저 초연하고 멀리 떨어져 있다. 창조물에 대한 범신론적 관점을 가진 사람들도 있는데, 그들은 신의 존재가 세상 안에 내재한다고 생각한다. 따라서 우주가 변화하고 발전하면서 하나님도 발전해 나간다. 또 다른 견해는 창조를 철저하게 과거의 사건으로 이해한다. 하나님은 일정 기간 동안 세상을 창조하였으나, 그 다음에는 창조하는 것을 멈췄다. 이후로 하나님이 때때로 기적을 행했지만, 창조 활동은 단지 과거의 일이다. 또 어떤 사람들은 창조가 시간이 흐르는 동안 계속되는 사건으로 이해하기도 한다. 이러한 관점에서 볼 때, 하나님의 창조 과업은 과거에 완성되지 않고 현재에도 계속된다. 창세기에서 말하는 창조란, 과거에 창조를 시작하여 지금도 창조를 계속하시는 하나님을 드러내는 것으로 해석되어야 한다.[1] 키르케고르는 이 마지막 견해를 취한 것이라고 나는 생각한다. 키르케고르는 창조를 계속 진행되고 있는 과정으로 여긴다. 하나님은 우주와 친밀한 관계를 유지하면서 우주에 활력을 불어넣고 우주를 다스리고 계신다.

창조가 진행 중이라는 생각은 몇몇 기독교 사상가들에 의해 분명하게 밝혀져왔다. 예를 들어, 루터는 요한복음 설교에서 창조에 대한 이러한 견해를 분명히 하고 있다.

> 나를 성장시키고 발전시키는 것은 오직 하나님만 하시는 일입니다. 하나님이 없었더라면 나는 수년 전에 죽었을 것입니다. 언제까지나 일을 계속하시는 창조주 하나님과 협력자들이 그들의 일을 중지한다면 모든 것은 순식간에 파멸에 이를 것입니다.
> 몇몇 이단자들과 다른 천박한 사람들이 주장하는 것처럼, 하나님이 구두장이나 재단사처럼 태초에 모든 것을 창조하신 이후로는 자연이 독자적으로 만물이 드러나게 했다는 것은 사실이 아닙니다. 이것은 성경과 모순될 뿐만 아니라 인간의 경험에도 맞지 않습니다. 창조의 교리에서는 하나님이 그의 손을, 그가 창조하신 피조물에게 거두지 않으신다는 것을 알고 믿는 것이 가장 중요합니다.(요한복은 28-29장에 대한 설교들)

하나님이 하등한 동물은 완성된 상태로 창조하셨고, 인간은 항상 창조되는 중이라고 에밀 부르너는 주장한다. "하나님은 인간을 그의 작업실 안에, 그의 손 안에 두고 있다. 인간의 본성은 실로 우리가 하나님 손에 남아 있을 수도 있고 남아 있어야 한다는 사실에 달려 있다."(Man in Revolt, 97.) 도로시 세이어스는 지속적으로 글쓰기를 하는 인간 작가에 하나님을 비교한다.

---

1 존 레벤손(Jon Levenson)은 창세기 1장 1절을 "하나님이 하늘과 땅을 창조하기 시작했다."라고 번역해야 한다고 제안하면서, 다른 성서 학자들의 생각과 보조를 맞춘다. *Creation and the Persistence of Evil* (Princeton: Princeton University Press, 1994). 121.

우리는 하나님을 살아있는 작가로 간주하며, 그분의 활동 범위는 인류의 기억을 넘어 과거와 미래 양방향으로 무한히 확장된다. 우리는 하나님의 위대한 작품이 완성되는 것을 결코 볼 수 없다. 여기저기서 우리는 어떤 장의 끝이나 책의 마지막 페이지처럼 보이는 것을 인식하는 것 같다. 또 에피소드는 그 자체로 우리에게 일종의 완전함과 통일성을 가지고 있는 것으로 나타난다. 실제로, 우주를 창조하신 하나님이 이제 펜의 뚜껑을 닫고, 벽난로 위 선반에 발을 올려 놓은 채, 창조한 작품이 스스로 나아가도록 내버려 두신다고 상상하는 학파가 있다. 그러나 이런 상상은, 어거스틴의 비유적 화법이나 존재하지 않는 수수께끼 같은 명언의 범주에나 들 만한 것이다. 창조자가 물러난 이후로, 자신을 다양하게 창조해 나가는 어떤 창조물도 우리는 알지 못한다.(The Mind of the Maker, 58.)

최근에 테드 피터스(Ted Peters)는 우리가 창조를 현재 시제로 생각해야 한다고 주장했다.

창조에 대해 과거형으로 말해야 할까? 우리는 창조적인 사건이 과거 한 시점에 한 번만 일어났다고 생각하는 것에 얽매여 있는가? 하나님이 아직도 무언가를 만들고 계신 것인가? 사실 이 장에서 내가 주장하는 것은, 하나님은 끊임없이 창조하시고, 종말에 창조가 완성되기 전에는 이 창조의 일을 끝내지 않으실 것이라는 점이다. 만물의 최종 운명이 만물의 현재 모습을 결정짓는다.…하나님은 과거가 아니라 미래로부터 창조하신다.(God—the World's Future, 122, 134.)

이런 접근은 창세기 이야기가 과거의 창조주가 아니라 현재의 창조주인 하나님의 일이라는 사실을 우리에게 가르쳐준다. 창조는 하나님이 현재 하시는 일이다.[2]

유대-기독교 전통 사상의 기본 상식은, 창조가 계속된다는 입장의 타당성

---

2 존 밀뱅크(John Milbank) 역시 계속되는 창조의 교리를 옹호한다. *Theology and Social Theory* (Cambridge : Basil Blackwell . 1991), 305 and 423-427.

을 우리에게 확인시켜준다. 부부가 아이를 낳으면 이 선물에 대해 하나님께 감사 기도를 드린다. 세상을 만든 기계(Great World Machine)에게 기도하지 않고, 어머니 뱃속에서 아기를 만드신 창조주 하나님께 기도한다.(시 139:13) 하나님이 아이의 창조주가 아니라고 말하는 것은 기독교적 생각상 맞지 않는다. 그러므로, 하나님의 창조 작업이 과거에만 일어났다는 생각은 옹호될 수 없다.

키르케고르의 저작은 복합적인데, 일기장과 가명의 작품 그리고 본명의 작품들로 이루어져 있다. 이 세 종류의 저작들을 통해, 키르케고르는 창조가 진행 중인 사건이라는 견해를 드러내고 있다. 이 사상은 인간 실존에 대한 키르케고르의 해석의 기초를 이룬다. 예를 들어, 일기에서 성육신(Incarnation)에 대해 다음과 같이 언급하고 있다.

> 여기에서 **기독교 안에 있는 주관성**(subjectivity)이 밝히 드러난다. 일반적으로 시인, 예술가 등은 작품에 자신이 너무 드러나면 비판을 받는다. 그러나 이것은 정확히 하나님이 하시는 일이며, 그리스도 안에서 행하신 일이다. 이것이 바로 기독교이다. 창조는 하나님이 자신을 그 안에 포함시킬 때 비로소 완성된다. 그리스도의 성육신 이전에, 하나님은 창조 안에 포함되어 있었다. 물론 보이지 않는 표시로서, 종이에 있는 워터마크처럼 말이다. 그러나 성육신으로, 창조는 하나님이 그 속에 자신을 포함시킴으로써 완성되었다.(JP. 2:1391 [1849])

그리스도는 모든 것을 존재하게 하시는 말씀이기 때문에, 그리스도가 인간 역사에 진입했다는 사실은, 하나님이 시계 제작자라는 생각이 기독교 신학에서 가당치 않다는 것을 보여준다. 그리스도께서 죄를 용서하고 병든 자를 치유하며, 그를 따르는 자들에게 이웃을 사랑하라고 명령할 때, 인간은 창조주의 말씀을 듣는 것이다. 그리스도 안에서 하나님은 스스로 신분을 숨기고 있지만, 결코 인간의 삶과 동떨어져 존재하는 것이 아니다. 그리스도 안에서 창조주께서는 자기 안에서 인간의 죄악의 결과를 고통 가운데 감당하시려고 인간의 역사 속으로 들어오신다.

키르케고르가 가명의 작품들과 병행하는 본명의 작품 "건덕적 강화(upbuilding discourses)"시리즈에서, 계속되는 창조라는 이 주제가 매우 명확하게 표현된 것을 발견할 수 있다. 여기서 초점은 인간의 존재를 가능케 하는 것은, 신성한 말 즉, **창조의 말씀**이라는 것이다. 인간은 창조의 목소리를 듣고 거기에 반응할 수 있는 능력이 있다. 그러므로 키르케고르는 초기 강화(discourse) 중 하나에서 야고보 1장 19절을 인용하고 있다. "그러므로 모든 사람은 듣기를 속히 하라." 그 사람은 무엇을 듣는다는 것인가? "의심의 말들," "인간의 견해," 아니면 그 자신의 "마음의 소리"? 아니다. **신성한 하나님의 말씀**이다. 많은 사람들이 모였다가 흩어지고 사라질 때, 그 소리는 비로소 들린다.(EUD, 137-138) **이 말씀을 듣는 자야 말로 인간 본연의 참된 모습으로 나아갈 수 있다.**

키르케고르 사상의 핵심이 발견되는 것은 이와 같은 강화에서다. 불행하게도, 키르케고르는 종종 급진적인 자기창조의 '철학'을 내세운 사람으로 잘못 해석되어 왔다. 많은 백과사전 항목들이나, 글들이나, 책에 키르케고르가 장 폴 사르트르의 제자인 것으로 쓰여져 있다. 그러나 우리가 키르케고르 전체 작품을 고려하고 가장 중요한 포인트를 찾을 때, 이런 견해는 키르케고르를 이해하는 정확한 접근법이 분명 아니다. 특히 키르케고르가 잘못 해석된 명백한 예는 알래스데어 매킨타이어(Alasdair MacIntyre)의 저작에서 발견된다. 예를 들어, 《덕의 상실》(After Virtue)에서, 그는 키르케고르가 삶의 심미적 방식과 윤리적 방식 사이의 "급격한 선택"을 강요함으로써 **"합리적 도덕적 문화 전통"**을 통째로 파괴했다고 묘사한다.[3] 매킨타이어는 이상하게도, 키르케고르

---

3   *After Virtue* (Notre Dame: University of Notre Dame Press , 1984). 41. 더 자세한 매킨타이어에

가 그 사상의 뿌리를 기독교 신학 전통에 깊이 두고 있다는 사실을 보지 못하고 있다. 매킨타이어는 학계에서 이 합리적 도덕 문화 전통을 분명히 표현하고 옹호하기 위해 열심히 노력해 왔기 때문에, 키르케고르를 본인의 동지로 보아야 마땅한데, 오히려 적으로 여기고 있다. 키르케고르는 급진적 선택의 철학과는 거리가 멀고, 자신의 독자들에게 **창조주 하나님과의 관계 안에서 존재의 참된 의미를 찾으라**고 촉구하는 성경적 신학자로 묘사해야 가장 정확하다. 키르케고르는 무엇보다도 성경 말씀 즉 '하나님의 말씀'이 그의 글을 통해 널리 울려 퍼지게 하고, 독자들에게 직접 다가가서 더 큰 영적 성숙으로 나아갈 것을 촉구하는, 독실한 성경 독자이다.(PV, 27)

키르케고르는 《불안의 개념》(The Concept of Anxiety)과 《철학의 부스러기》(Philosophical Fragments)를 출간함과 동시에 "세 편의 건덕적 강화"를 한 세트로 펴냈다. 첫 번째 강화는 "청년의 때에 너의 창조주를 생각해 보라."(Think about Your Creator in the Days of Your Youth)**4**라는 제목을 달고 있다. 하우프니엔시스(Haufniensis)와 클리마쿠스(Climacus)라는 가명으로 쓴 작품들이—다음 논의에서 분명히 밝혀지듯이—창조를 철학적으로 성찰하는 반면, 강화를 통해서는 독자들이 직접 삶에 도전하면서 실질적으로 삶의 변화를 일으키도록 촉구한다. 그러므로 강화 속에 등장하는 설교자의 본문은 초월적 진리가 아니라 우리 삶과 직접 연관이 있는 진리를 전달하는 것으로 묘사된다. 그 진리는 한 개인의 특정한 삶의 상황과 무관한 것이 아니라 그 **특정한 개인을 위한 진리**다. 여기서 말하고 있는 진리는 부자든 가난하든 상관없이 모든 인간은 창조주 한

대한 비판은 다음을 참조하시오. My essay, "Kierkegaard's Either/Or and the Parable of the Prodigal Son," in International Kierkegaard Commentary: Either/Or. Part II, ed. Robert L. Perkins (Macon: Mercer University Press, 1995). 59-82.

4   키르케고르는 가명의 작품들에서 논의했던 주제들을 명백하게 다루기 위해 본명으로 작품을 썼다. Nelly Viallaneix, Ecoute, Kierkegaard (Paris : Cerf, 1979). T: 24-25.

분의 동등한 자녀이며, 모두 하나님께 동등하게 접근할 수 있다는 것이다. 하나님과의 이 관계가 인간 인격에 있어 가장 중심이 되는 생각이다. 세상의 걱정과 산만함에 짓눌린 나이든 어른들은 잃어버렸는지도 모르지만, 어린 아이들과 청년들은 이 하나님과의 관계에 자연스럽게 열려 있다. 이 강화를 통해, 키르케고르는 자신은 배경 속에 숨어 있으면서 하나님의 음성이 독자들에게 말씀하시도록 한다.

> 젊은이들에게, 하나님은 가까운 곳에 계신다. 기쁨과 슬픔 가운데서도 그들은 하나님이 부르시는 소리를 듣는다. 만일 하나님의 음성을 듣지 못할 때, 그들은 즉시 알아차리고 다시 듣기 전까지 그 사실을 숨길 줄도 모른다. 사람이 나이가 들면서 하늘에 닿는 길은 멀어지고, 땅 위의 소음은 하나님의 음성을 듣기 어렵게 한다. 듣지 못하는 경우에도 땅 위의 소음은 하나님의 음성을 듣는 것을 대수롭지 않게 여기게 한다.(EUD, 242-243)

키르케고르에게 있어서 신학적 인간론은 계속되는 창조라는 교리가 작용하는 가장 중요한 지점이다. 하나님과 자연과의 관계에 대한 객관적인 연구는 그것을 연구하는 사람들에게 무심한 작업이 될 수 있다. 그러나 **'주관적으로' 존재하는 인간은 개인적으로 창조의 사건에 휘말린다.** 창조는 사람의 영혼 안에서 일어나고 있거나, 영혼 안에서 일어날 수 있는 잠재력을 가지고 있다. 그러므로 계속되는 창조의 교리는 무심한 지식이 아니라 우리 삶과 직접 관련된 중요한 문제이다. 신학적 인간론은 결국 **자기 자신에 대한 이해**가 되어야 한다. 자기 자신에 대한 이해 없이 추상적으로만 인간 조건에 대해 이해할 수 없는 것이다.

그렇다면, 우리는 키르케고르의 논리적 전개에 따라 그의 사상이 이론적

이면서 교훈적이며 건덕적인 요소를 모두 가지고 있다는 것을 알 수 있다. 그는 인간의 실존을 성찰의 주제로 분석하지만, 또한 '독자들'에게 인격적으로, 도전적으로 말을 걸고 있으며, '독자들'을 통해 자기 자신에게도 말한다. 가명의 작가를 통해 아담과 이브의 창조 이야기를 해석하기도 하지만, 또한 다음과 같은 방식으로 독자들에게 건덕적 강화를 쓰기도 한다.

> 자신이 아무것도 아님을 아는 것이 하나님을 아는 조건인 것처럼, 하나님을 아는 것이 하나님의 의도대로, 그분의 도움을 통해 사람이 성화(sanctification) 되는 조건이다. 하나님이 진리로 존재하는 곳마다, 언제나 창조하고 계신다. 하나님은 사람이 영적으로 부드러워지고 그분의 영광에 대한 사색에 젖어 들기를 원치 않으신다. 다만, 사람에게 알려짐으로 그분 안에서 새사람을 창조하기를 원하신다.(EUD, 325).

키르케고르의 글은 단순히 신성한 창조물들을 다루고자 하는 것이 아니라 **실제적으로 독자들이 하나님에 대해 마음과 생각을 열어 창조의 과정에 참여할 수 있도록 돕고자 한다.**[5]

키르케고르의 가명의 작품들을 살펴보면, 우리는 계속되는 창조의 주제를 다시 발견하게 된다. 대표적인 예가 요하네스 클리마쿠스(Johannes Climacus)의 첫 번째 작품 《철학의 부스러기》(Philosophical Fragments)이다. 현재 논점의 맥락에서, 클리마쿠스가 '시간의 신'에게 가르침을 받는 '배우는 자'를 묘사할 때, 그가 창조의 사건과 공명하는 언어를 사용한다는 점에 주목해야 한다.

> 배우는 자가 비진리일 때…하지만 그럼에도 불구하고 사람이 현재의 조건과

---

5 다음을 참조하시오. Michael Plekon, "Kierkegaard the Theologian: The Roots of His Theology in Works of Love." in *Foundations of Kierkegaard's Vision of Community.* ed. Connell and Evans (Atlantic Highlands: Humanities Press International. 1992), 4. 6.

2. 키르케고르의 창조와 불안 71

진리를 받았다고 해서 비로소 사람이 되는 것은 아니다. 왜냐하면 그는 이미 인간이니까. 하지만 질적으로 다른 사람이 된다. 우리가 새사람이라고 부를 만한 사람이 되는 것이다. …

그가 비진리 가운데 있었지만 이제는 현재의 조건과 함께 진리를 받아들인다면, 그는 '존재하지 않음'에서 '존재함'으로 바뀌는 변화를 겪게 된다. 이런 '존재하지 않음'에서 '존재함'으로의 이행이 실로 태어남의 이행이다. 물론, 이미 존재하는 사람은 태어날 수 없는 것이 사실이다. 그럼에도 불구하고 그는 태어난다. 우리는 이런 이행을 거듭남이라고 부르자.(PF, 18-19)

클리마쿠스는 거듭난 사람만이 거듭남에 대한 생각을 할 수 있다고 주장한다. "거듭나지 않은 사람이 거듭남에 대하여 생각하는 것은 불합리하다." 그러므로 소크라테스적 비전과 기독교 사상의 본질적인 차이는 **존재에 대한 생득적 진리에 대한 상기**이냐 혹은 스승의 가르침에 반응하며 **현재적 순간** 속에 일어나는 **변혁을 통하여 얻은 새로운 인식이냐**의 차이에 존재한다.

순간 속에서, 그는 자신이 태어났음을 의식한다. 그가 의존하지 말아야 하는 선행 상태는 '존재하지 않음(ikke at være)'의 상태였기 때문이다. **순간 속에서**, 그는 거듭남을 의식한다. 그의 선행 상태는 '존재하지 않음'의 상태였기 때문이다. 만약 그의 선행 상태가 '존재함'의 상태였다면, 앞서 설명한 것처럼 그 순간이 그에게 결정적인 의미로 다가오지 않았을 것이다. 그리스어로 파토스는 상기에 초점을 맞추는 반면, 우리 계획의 파토스는 순간에만 초점을 맞춘다. 놀랄 일이 아닐 것이다. '존재하지 않음'의 상태에서 생성되는 것(blive til)은 극도로 파토스가 가득한 문제 아닌가?(PF, 21)

여기에는 전통적인 신학적 인간론이 말하는 인간에 관한 기본적인 이야기가 밑바탕에 깔려 있다. 태초에 하나님은 인간을 선한 상태로 창조하셨다. 하나님은 인간에게 '진리를 이해할 수 있는 조건'을 마련해 주셨다.(PF.

15). 그러나 인간은 '자신의 잘못으로' 죄악에 빠진다. 그래서 그들은 진리를 몰수당했고, 진리를 알 수 있는 조건도 지속적으로 상실하게 되었다. 깨닫게 해 주시는 분은 하나님이시다. 그분은 시간 속으로 들어오셔서, 인간들이 자신들의 죄 때문에 비진리에 거하고 있다는 사실을 일깨워 주신다. 그리하여 죄로 단절되었던 계속되는 창조의 과정이 재개되도록 일하신다.[6] 창조에 대한 키르케고르의 성찰 다음으로 이어지는 논리적 단계는 그의 '죄'의 개념에 대한 이해를 더 자세히 조사하는 것이다.

두려움와 불안

1757년 데이비드 흄은 《종교의 자연사》(*The Natural History of Religion*)라는 제목의 얇은 책을 출판했다. 그 책의 의도는 '인간의 본성'에 기반하여, 종교의 기원에 대한 자연주의적인 설명을 제시하는 것이었다. 우리의 논의의 맥락에서 종교의 '발명'을 이끌어 낸 인간의 기본적인 동기들에 대한 흄의 설명을 고려해 보는 것은 흥미로울 것이다. 흄에 따르면, 원시적인 '야만인'이었던 우리 조상들이 '창조된 작품으로서의 자연'을 음미할 시간적 여유를 갖지 못했기 때문에, '자연 전체'를 아우르는 디자인을 볼 수 없었다고 한다.

인류의 조상들은 살기 위해 필사적인 몸부림을 치고 있었다. 그들은 자연을 철학적으로나 과학적으로, 심지어 종교적으로 이해하려고 시도하지 않았다. 이해하려 하는 것이 아니라 무시무시한 우주에 대처하기 위해 노력하고

---

6   요하네스 클리마쿠스의 두번째 책(Concluding Unscientific Postscript)은 이런 생각을 크리스찬이 되어가는 과정[becoming (a Christian)]이라는 개념으로 더욱 발전시킨다. pp. 371-372, 381-384, 411, 420-421, 587-588.

있었다.[7] 원시인들은 폭풍, 가뭄, 전염병, 지진, 전쟁 등과 같은 통제할 수 없는 사건들을 두려워 했다. 그들은 이러한 재앙들 뒤편에 보이지 않는 많은 힘들이 있다고 상상했고, '기도와 희생, 의례와 의식'을 통해 이러한 힘들을 달래려고 했다. 원시인들의 기본적인 동기가 "행복에 대한 걱정, 미래의 불행에 대한 두려움, 죽음에의 공포, 복수에 대한 갈증, 식량과 다른 필수품들에 대한 욕구"[8]등이었다고 흄은 나열했다.

1844년 코펜하겐에서 다음의 제목으로 책 한 권이 출판되었다. 《불안의 개념》(The Concept of Angst)[9] 가명의 작가는 '하버타운의 파수꾼'인 비길리우스 하우프니엔시스(Haufniensis)였다.

하우프니엔시스는 흄에게 특별히 반응하지 않았고, 아마도 《종교의 자연사》를 읽지 않았던 것 같아 보인다. 그럼에도 이 두 작품을 나란히 놓고 살펴보는 것은 흥미로운 비교가 될 것이다. 하우프니엔시스는 종교의 기원에 대한 주장을 펼치지는 않지만, 인간 행동의 기초가 되는 기본적인 동기에 대한 질문에는 많은 관심을 가지고 있다. 하우프니엔시스는 인간 행동 이론의 가장 기본적인 요소는 흄이 제안한 것처럼 두려움이 아니라 그것과는 다른 감정인 **불안**이어야 한다고 주장한다. 동물들은 두려움과 공포를 경험할 수 있다. 가젤은 치타를 두려워 할 수 있고 토끼는 매를 두려워 할 수 있다. 그러나 동물들은 인간만의 독특한 감정인 불안을 경험할 수 없다. 흄은 인간을 정교한 두

7　M. Jamie Ferreira, "Religion's 'Foundation in Reason: The Common Sense of Hume's Natural History," *Canadian Journal of Philosophy 24* (1994): 565-582.

8　이 인용과 이전 인용은 다음의 책에서 찾아볼 수 있다. Hume, *The Natural History of Religion*, ed. H. E. Root (Stanford: Stanford University Press, 1957), 26-28.

9　나는 이어지는 글 속에서, 불안(anxiety)보다는 불안(angst)이라는 용어를 사용했는데, 독일어 단어 (angst)가 일반적인 영어처럼 사용되고 있고, 덴마크어 Angest와 직접적으로 동등한 것이기 때문이다. 그래서, 나는 인용할 때마다 불안(anxiety)을 불안(angst)로 수정했다. 그러나 책의 제목을 언급할 때는 불안(anxiety)이라는 용어를 썼다. 불안(anxiety)의 사용을 지지하는 다른 견해는 다음을 참조하라. Gregory Beabout, *Freedom and Its Misuses: Kierkegaard on Anxiety and Despair*(Milwaukee: Marquette University Press, 1996). 15-18.

뇌를 갖고, 보이지 않는 힘을 상상하고 의인화하는 능력을 가진 동물로 묘사한다. 그러나 하우프니엔시스는 인간의 고유성이란, 생존에 대한 외부의 위협에서 발생하는 두려움이 아니라 그것과는 질적으로 다른, **인간의 내적 조건으로부터 발생하는 감정의 존재**에 있다고 주장한다.

> 심리학에서는 불안의 개념을 거의 다루지 않는다. 그래서 나는 불안이 두려움과는 분명히 다른 것이라는 점을 확실해 해 두고자 한다. 불안은 두려움이나 그와 비슷한 개념들과는 다르다. 그것들은 분명한 뭔가를 지칭하는 개념인데 반해, 불안은 가능성의 가능성으로서 자유의 현실성이기 때문이다. 이러한 이유로 동물에게는 불안이 발견되지 않는데, 이는 동물은 정신(spirit)으로 규정되어 있지 않기 때문이다.(CA, 42)

동물이 '정신으로 규정되어 있지 않다는 것'은 무엇을 의미하는가?

하우프니엔시스는 하등동물은 환경에 대한 그들의 반응을 통제하는 고정된 심리를 가지고 있다고 말한다. 그들을 둘러싼 세계는 다양한 위협으로 다가오며, 그들은 이런 위협을 벗어나 생존하기 위해 최선을 다한다. 그러나 고정된 심리가 내장되어 있지 않은 인간은 자유로울 수 있고, 그것은 우리가 자신에게 열려있는 가능성을 인식하고 있다는 것을 의미한다. **우리는 우리의 행동을 선택함으로써 미래를 만들어 나갈 수 있다.** 이 능력에서 불안이 생긴다. 미래의 가능성에 대한 인식을 수반하는 자유는 동물에게는 결여된 인간 본성의 요소, 즉 **정신**이라 이름 붙여야 할 요소를 구성한다.

흄의 《종교의 자연사》는 분명 종교에 대한 설명으로 성경적 전통과는 거리가 멀며, 신학적이 아닌 자연적 역사이다. 그러므로 흄의 설명에는 아담과 이브가 설 자리가 없다. 그들은 고대 히브리인들이 상상해 낸 신화적 인간의 전형에 불과하다고 무시될 수밖에 없는 존재로 전락하고 만다. 하우프니엔시스의 인간 상태 묘사에서는 아담과 이브가 중요한 역할을 한다. 왜냐하면 그는 자연적이 아닌 신학적으로 설명하기 때문이다. 흄은 종교가 가정해 놓은 신들의 존재 여부에 상관없이, 종교 자체의 기원에 대해 그럴듯한 설명을 제시하려고 한다. 반면에 하우프니엔시스는 성경에 묘사된 창조주 하나님의 존재를 가정하고, 그 관점에서 출발한다. 그는 성경 이야기를 기반하여 인간이 하나님과 자신에 대한 지식을 얻을 수 있다고 가정한다. 오늘날 우리는 하우프니엔시스를 이야기 신학자(narrative theologian)로 묘사할 수 있을 것이다.

하우프니엔시스에게 있어서 아담과 이브는 동물과는 구별되는 영적 존재를 상징하는 인간을 나타낸다. 그 안에서 우리는 인류의 미래를 본다. 단지 연대기적인 의미만이 아니라 심리적인 의미도 고려해야 한다. 그들을 통해 우리는 인간이 동물과 달리 열린 미래를 가지고 있다는 것을 알 수 있다.[10] 미래는 불안의 근원이다. 왜냐하면 그 불확실성은 **양면적인 감정**으로 이어지기 때문이다. 하우프니엔시스는 불안을 **"공감적 반감과 반감적 공감"**[11]으로 정의한다.(CA, 42) **불안**은 인간 내부의 감정 충돌 즉 같은 것을 두고 욕망하기도 하고

---

10 "매우 정확하고 올바른 언어의 사용은 불안과 미래를 함께 연결한다는 것을 보여줄 수 있다."(JP 1:98 [1844]) 그레고르 말란츠추크의 이러한 발언도 이 시점에서 적절하다.
비길리우스 하우프니엔시스는 원죄에 대해 깊이 생각하기 시작하여 동물과 인간 사이의 차이도 언급한다. 그는 동물 세계에서는 종의 특정 표본이 그 어떤 새로운 발달에 기여함이 없이 종의 특징만 반복한다고 지적하면서, 그것이 동물과 인간의 근본적인 차이라고 말한다. 반면에 인간은 새로운 요소들을 창조해 나가면 종차원에서의 인류를 변화시키고, 또한 인류를 변화시켜 새로운 개인들을 형성해 나간다. 비길리우스 하우프니엔시스는 한 개인에게 일어나는 창조의 과정은 또한 인류 전체에 영향을 끼친다고 말한다. 그리고 그런 창조의 전체 과정은 인류의 역사 속에서 드러나는 인간과 영원과의 연결에서 기인한다고 굳게 믿는다. 그렇다면, 결국 동물과 인간의 본질적인 차이는 동물은 일시적이고 잠시 잠깐의 존재에 불과하지만 인간은 영원하도록 운명지어졌다는 사실에 있다. Gregor Malantschuk, *Kierkegaard's Thought* (Princeton: Princeton University Press, 1971), 259.

11 관련된 저널은 다음을 참고하라.
원죄의 본질에 대해서는 종종 설명하려는 시도들이 있지만, 여전히 주요한 카테고리는 결여되어 있다. 그것은 불안이다. 불안은 결정적이고 본질적인 범주다. 불안은 인간이 두려워하는 것을 욕망하는 것 즉 공감적 반감이다; 불안은 한 개인을 움켜쥐는 낯선 힘이고, 인간은 여전히 그것으로부터 자유로워질 수 없다. 인간은 두려워서 원하지 않지만, 그것은 자신이 욕망하는 것을 두려워 하는 것이다.(JP, I: 94(1842)

두려워하기도 하는 두 가지 감정의 충돌에서 비롯된다. 원하는 동시에 두려운 것은 **자기(self)의 성숙**이다. 인간에게 고정된 심리학이 없다는 것은 인간이 지속적으로 형성되는 과정에 있다는 것을 의미한다. 인간에게 창조의 사건은 완성된 행동으로 경험되는 것이 아니라 현재적 실재로 경험된다. 우리는 단순히 존재하는 것이 아니라, 계속해서 존재가 되어 가는 과정 중에 있다. 이것은 부정적인 결과를 초래할 수도 있는 어색하고 불편한 위치다. 우리가 존재하여 가는 과정에 있다는 것은 우리에게, 동물에게는 열려 있지 않은 가능성이 있다는 것이다. 즉, 우리는 계속되는 창조 과정 속에서 소외될 수도 있다는 것을 의미한다. 다시 말해서 우리는 죄에 빠질 수 있다는 말이다. 우리는 다시 말해 **죄에 빠질 수 있다는 것**이다. 죄는 창조주 하나님뿐 아니라 자기 자신과의 조화로운 관계에서도 벗어나려는 경향성을 말한다. 하우프니엔시스의 책은 아담과 이브가 죄로 전락한 이야기를 고찰하는 것으로 시작된다.

"첫 번째 죄를 통해 세상에 죄가 들어왔다. 이와 같은 방식으로 그 이후의 모든 사람의 첫 번째 죄를 통해 죄가 세상에 들어온다."(CA. 31) 아담과 이브는 죄를 향해 도약했다. 그 죄가 죄성을 인간 존재의 질적 특성이 되게 했다. 그들을 따르는 사람들은 각각 비슷한 도약을 한다. 죄로 도약하는 것은 순진함의 상실과 죄책감을 수반한다. 각자는 개인적으로 이런 '질적 도약'을 한다.(CA. 37) 이 도약은 전통적으로 타락이라고 알려져 있다. 하지만 인간 존재의 이런 측면이 심리적으로는 어떻게 이해될 수 있을까? 이것이 하우프니엔시스의 기본적인 관심사이다.

순진함은 무지이다. 순진함에서 인간은 정신으로서 규정되어 있지 않고, 자연적 상태와 직접적 통일을 이루는 정신적 상태에 놓여 있다. 인간의 정신은 꿈을 꾼다. …

　이 상태에는 평화와 안식이 있지만, 동시에 다른 무언가가 있다. 그것은 논쟁이나 분쟁도 아니다. 왜냐하면, 투쟁해야 할 뭔가도 실상 없기 때문이다. 그렇다면 이것은 무엇인가? 무(Nothing)다. 하지만 무는 어떤 영향을 미치는가? 그것은 불안을 낳는다. 이것은 순진함의 심오한 비밀이며, 동시에 불안이다. 꿈을 꾸면서, 정신은 자신의 현실을 투영하지만, 이 현실이 무다. 순진함은 항상 자신의 바깥에서도 이 무를 본다.

　불안은 꿈꾸는 정신의 자격 요건이며, 심리학에서도 그 자리를 차지하고 있다. 깨어났을 때, 나 자신과 또 다른 나의 차이는 상정되고, 자는 동안은 잠시 중단된다. 꿈꾸는 동안에는 무만이 드러난다.(CA. 41-42)

하우프니엔시스는 정신을 꿈을 꾸거나 깨어있는 것으로 묘사한다. 타락 이전에, 정신은 아담과 이브에서 꿈을 꾸고 있었다. 이것이 바로 순진한 상태다. 그러나 순진함이 완전히 평온하지는 않다. 그것은 불안이 발생하는 상태이다. 불안은 자신이 현재의 모습과 달라질 수도 있다는 인식에서 비롯되는 근심이다. 그는 지금 가지고 있지 않은 능력이나 지식을 가질 수 있다. 그에게 열려 있는 가능성이 있는데, 그것은 현실화될 수 있다. 하지만 이 현실의 결과는 무엇일까? 그는 모른다. 그래서, 불안한 것이다. 가능성에 끌리지만, 동시에 그로 인해 불편함을 느낀다.

　타락 이전에, 아담과 이브는 '무지라는 거대한 무(Nothing)'로 특징지어지는 순진함 속에서 살았다.(CA. 44) 하나님께서 아담과 이브에게 말을 걸어 오시고, 선악을 알게 하는 나무를 먹지 못하게 하셨을 때, 그들은 선악의 구분을 모르고 있었기 때문에, 무슨 말을 하는지 알아들을 수 없었다. 아마도 그들은 선악과를 먹으면 현재는 할 수 없는 일을 할 수 있을 것이라는 예감을 가지고 있었을지도 모른다. 그러나 무엇이 가능할지도 몰랐다. 마찬가지로 선악과를 먹으면 반드시 죽을 것이라는 말을 들었을 때, 죽는다는 게 무슨 의미인지도 알 길이 없었다. 그들은 필멸에 무지했다. 그것이 무엇을 의미하는지 알 길이 없었다. 그들은 죽음을 알지 못했다. "아담은 말을 알아듣지 못하였기 때문에 불안의 모호함만이 그에게 남겨져 있었다."(CA. 45)

하우프니엔시스의 첫 장에서의 주장은 인간 정신의 자유에 대한 성찰에서 절정에 이른다.

> 불안(Angst)은 필연성의 범주도, 자유의 범주도 아니다. 그것은 **그 자체로 자유롭지 않은 자유**, 필연에 얽힌 것이 아니라 그 자체로 얽힌 자유이다. 만약 죄가 필연성에 의해 세상에 나왔다고 해도(그것은 모순이다), 불안이 있을 수 없고, 또한 죄가 추상적 자유의지(무관심의 자유)의 행위로 세상에 들어왔다고 해도 불안이 있을 수 없다.…세상에 죄가 오는 것에 대한 논리적 설명을 바라는 것은 어리석다.(CA 49-50)

하우프니엔시스에게 **죄는 자유에서 생겨나기 때문에 죄의 '과학'은 있을 수 없다.** 이것은 과학을 초월하는 현실이다. 과학으로서의 심리학은 죄가 발생하는 근거로 불안을 반영할 수 있지만, 그 이상은 할 수 없다. 과학은 객관적으로 지각할 수 있는 세계를 논리적으로 파악하려는 시도이다. 그러나 죄는 주관적이지, 전혀 논리적이지 않다. 그러므로 어떤 것이 죄의 문제에 적합한지 인식할 수 있는 양태는 오직 주관적이고 실존적인 차원이다. "죄가 세상에 어떻게 생겨났는지, 사람은 저마다 혼자서만 이해한다. 만약 그가 그것을 다른 사람에게 배운다면, 그 자체로 잘못된 이해를 가지게 된다."(CA. 51)

하우프니엔시스의 업적으로 인해, 흄의 책은 불안에 대한 인식이 결여되어 있다는 것이 명백해졌다. 흄은 가끔 "불안감(anxiety)"이라는 단어를 사용하지만 두려움의 동의어로만 사용한다. 인간의 독특한 감정으로서, 자유, 죄책감, 그리고 미래의 자기 성숙의 개념과 결부된 불안은 그의 머리 속에 없다. 따라서 그에게는 신학적인 죄의 교리가 결여되어 있다. 죄의 교리 대신에, 우리는 그의 작품에서 계몽주의적 선입견을 발견한다. '원시적인' 사람들은 무지하고 두려움을 가졌으며, 야만적이었다는 것이다. 그에 반해, 근대 철학자들은 지적이고 평온하다. 그의 글은 반성하지 않는 자기 의와 우월감을 표현하고 있다. 반면에 하우프니엔시스는 자유, 죄책감, 그리고 신앙에 대한 자신의 경험에 바탕하여 인류에 대해서 논하는 점이 우리를 놀라게 한다. 아담과 이브의 타락에 대한 이야기를 명료하게 분석하면서, 사실 그는 자기 자신에 대해 말하고 있다.

하우프니엔시스의 글을 읽으면서 다음과 같은 요점이 밝혀졌다. (1) 가장 기본적인 인간의 감정은 외부의 위협에 대한 두려움이 아니라 **영적 자유에서 발생하는 불안**이다. (2) 인간의 자유는 지속적으로 존재되어 가는(지속적으로 창조되어 가는) 창조물로서의 우리의 상황에 대한 표현이다. (3) 죄에 빠지는 것은 창조주로부터 우리 자신을 멀어지게 하는 것이며, 우리가 신적 의지대로 되어가는 과정에서 벗어나는 것이다.

어니스트 베커의 키르케고르에 대한 오역

위에서 나는 20세기에 키르케고르가 잘못 읽힌 한 예로 알래스데어 매킨타이어(Alasdair MacIntyre)의 글을 지적했다. 어니스트 베커는 키르케고르 오독에 있어 또 다른 예인데, 이것은 이 에세이의 중심 관심사인 폭력과 관련해 더욱 중요하다. 최근 수십 년간 가장 널리 읽힌 폭력에 대한 이론가 중 한 명인 베커는, 작품에서 폭력의 근원에 대한 자신의 설명이 키르케고르와 밀접하게 일치한다고 주장한다. 그러나 그의 주장을 면밀히 살펴보면, 이 주장은 뒷받침되지 않는다. 베커가 흄의 생각을 따르고 있다고 말하는 편이 더 정확할 것이다. 자신의 사상이 키르케고르의 생각과 일치한다는 베커의 믿음은 다음 인용문에서 명확히 알 수 있다.

> 읽는 사람이 숨 막힐 정도로 통찰력 있지만, 종종 이해하기 어려운 키르케고르의 인간 상태의 분석을 반복하며 해독하기 위한 시도를, 나는 하지 않을 것이다. 대신에 키르케고르가 추구하는 바를 독자가 한 눈에 볼 수 있도록, 그의 심리학적 저작물(《불안의 개념》과 《죽음에 이르는 병》)에 담긴 주요 주장에 대해서만, 핵심을 놓치지 않고 명료하게 요약하고자 한다. 키르케고르의 천재성에 매료될 지경인데도, 나는 오히려 차분히 이 작업을 하려고 노력했다. 키르케고르의 인간에 대한 이해 구조는, 우리가 이 책의 첫 네 장에서 스케치한 인간의 현대 임상 사진을 거의 정확히 재현하고 있다. 따라서 이 두 견해가 서로 얼마나 일치하는지, 왜 심리학에서 키르케고르의 위상을 프로이트와 비교하는지, 그리고 나를 포함한 많은 사람들이 왜 키르케고르를 프로이트처럼 인간 조건에 대한 위대한 스승이라고 부를 준비를 하고 있는지, 독자들은 이제 스스로 판단할 수 있을 것이다. 1840년대에 글을 썼음에도 불구하고 키르케고르는 천재의 영원한 신비함을 드러내는 후기 프로이트주의자였다.(The denial of Death, 68)

베커는 자신의 관점과 키르케고르의 관점이 매우 유사하다고 가정하고 '두 그림이 얼마나 일치하는지'에 대해, 독자에게 판단해 달라고 요청한다. 하지만 자신이 스스로 할 수 없다고 말한다.

'인간 행동의 근원'은 죽음을 부정하는 것이라는 베커의 이론은 사실 흄의 인간론의 최신판이다. 두 저자 모두 두려움을 그들 이론의 초석으로 삼고 있으며, 두 사람 모두 인간을 본질적으로, 자기 자신을 의식하는 것이 가능할 만큼의 정교한 뇌를 가진 동물로 보고 있다. 이는 베커의 글에서 분명히 나타난다.

　인간은 자의식과 육체라는 반대되는 것들의 결합체이다. 인간은 하등동물의 본능적인 몰지각한 행동에서 벗어나 자신의 상태에 대해 성찰하게 되었다. 인간은, 창조시에 내재된 부분적인 신성과 그의 얼굴과 이름의 독특함과 아름다움에 대해 의식할 수 있다. 동시에 세상에 대한 두려움, 자신의 죽음과 육신의 부패에 대해서도 의식할 수 있다. 우리가 살펴본대로, 선도적인 현대 심리학자들은 그것을 이해의 초석으로 삼았다. 그러나 키르케고르는 전에 이미 그들에게 다음과 같이 조언했다. "심리학은 그보다 더 나아갈 수 없을 것이다. 게다가, 인간의 삶에 대한 관찰을 통해 심리학은 그것이 사실임을 계속해서 증명해 나갈 것이다."(68-69)

　베커는 여기서 심리학이 증명하고 있는 요점은 필멸에 대한 인식이라는 것을 내비치고 있다. 그러나 하우프니엔시스가 인용한 구절을 읽으면 이것이 전혀 '요점'이 아님을 알 수 있다. 이 구절의 기본 개념은 "순진함은 무지"라는 것이다. "나무의 열매를 먹지 말라."는 명령에 대해 반응하는, 순진한 상태의 아담에게서 '불안'이 생겨난다. 만일 그가 나무의 열매를 먹는다면 ,지금은 할 수 없는 무언가를 할 수 있게 되거나 혹은 무언가를 알 수 있게 되리라는 것을 불안한 감정 속에서 알게 된다. 명령문에는 "먹으면 반드시 죽는다."는 금지가 곁들여져 있다. 그러나 "아담은 죽는다는 것이 무엇을 의미하는지 알지 못했다."(CA. 45) 여기서 우리는 베커가 자신이 인용한 구절을 심각하게 잘못 이해했음을 알 수 있다. 하우프니엔시스에 의하면, 불안이 필멸에 대한 지식보다 앞선다는 사실은 매우 중요하다. 필멸의 육체와 자의식의 정신의 충돌에서 불안이 발생하는 것이 아니다. 불안은 신 앞에 선 인간이 지닌 자유가 바탕이 되어서 생겨난다. **불안은 지식에서 생겨나는 것이 아니라 무지에서 발생한다.** 그것은 이성적인(rational) 현상이 아니라, 전이성적(prerational)이거나 혹은 무의식적인(subconscious) 현상이다.

가장 기본적인 수준에서, 두 관점 사이의 차이는 다음과 같이 요약할 수 있다. 베커에게 인간 행동의 주된 원천은 죽음을 거부하는 것에서 비롯되고, 키르케고르에게 하나님이 각 사람을 부르시고 인도하시기를 원하는 삶의 충만함을 부정하는 것에 있다. 베커의 관점에서 가장 궁극적으로 정신이 건강한 상태가 되기 위한 방법은, 죽음 앞에서 자신이 되는 것이다. 이에 반해, 키르케고르가 우리에게 주는 메시지는 **하나님 앞에서 자신이 되라**는 것이다. 두 철학자가 말하는 인간의 상태에 대한 모든 것은 각각 다른 출발점에서 비롯되었다. 베커의 사상과 키르케고르의 사상의 간의 근본적인 차이는 이 두 구절을 통해 알 수 있는데, 하나는 **죽음의 부정**이고, 다른 하나는 **죽음에 이르는 병**이다.

키르케고르가 발견한 인간의 고통은, 피조물로서의 자신의 상황과 관련된 세상을 있는 그대로 본 직접적인 결과였다. 한 사람의 성격이라는 감옥은 단 한 가지, 즉 인간의 피조물성을 부정하기 위해 공들여 만들어진다. 인간의 피조물성은 두려움이다. 당신이 배변하는 생명체라는 것을 한번 인정하게 되면, 피조물로서의 불안감이 원시적인 바닷물처럼 당신 위로 덮치게 될 것이다. 그러나 그것은 피조물로서의 불안 그 이상이며, 인간의 불안, 곧 자기가 동물로서의 한계를 의식하는 동물이라는 사실을 스스로 깨닫는 존재의 역설에서 비롯되는 불안이다. 불안은 자신의 상태에 대한 참된 인식의 결과이다.(The Denial of Death, 87.)

[키르케고르]

인간의 고통과 비참함에 대해 많은 이야기가 있다. *(나는 그것을 이해하려고 노력하고 있으며 또한 그것들과 친숙해 있다.)* 인생을 낭비하는 것에 대한 이야기들도 많다. 그러나 인생의 기쁨이나 슬픔에 속아 영혼으로서의 자기 자신을 의식하지 못하고, 가장 깊은 의미의 차원에서 하나님이 존재한다는 것도 모르고, 또한 그 자신이 하나님의 존재 앞에서 살아가는 것도 모르는 사람들의 삶이야말로 진정 낭비된 것이다. **하나님은 인간이 절망함을 통해서만 얻을 수 있는 무한한 혜택이다.**(SUD. 26-27)

베커는 키르케고르의 심리학이 현대 세계에서 인간의 행동을 이해하는 데 매우 중요하다는 것을 감지했다. 그럼에도 불구하고, 키르케고르의 사상이 죽음에 대한 부정 이론과 합치되는 방향에서 가장 잘 이해될 수 있다고 주장함으로써 실수를 한 것이다.

3장에서 나는 《죽음에 이르는 병》(The Sickness unto Death)에 초점을 둘 것이다. 그것은 정치적 폭력에 대한 효과적인 해석을 위한 토대를 마련해 줄 것이다. 그러나 베커의 시도와는 달리 키르케고르의 사상을 세속적 사회과학의 방법론 안에서 제한하지 않고, 기독교 신학적 전통 아래서 자유롭게 호흡할 수 있도록 허용할 것이다.

3. 키르케고르의 자아 보호(*Ego-Protection*)

누군가 하나님을 거부하면, 그것은 하나님께 해를 끼치는 것이 아니라 자신을
파괴하는 것이다. 하나님을 조롱하면, 자신을 조롱하는 것이다.(JP. 2:1349 [1846])

절망의 분석

프리드리히 니체는 키르케고르보다 한 세대 늦게 태어났다. 두 작가 모두 각자의 후기 작품에서 자신들이 태어난 시대의 루터교에 대해 통렬하게 비판했다. 물론 그들 사이에 차이점은 분명히 존재한다. 키르케고르는 교회를 변혁하려 했고, 니체는 교회를 망가뜨리려 했다. 두 저자들 모두 자신들이 경험한 기독교를 '질병'으로 진단한다. 니체의 관점에서 기독교란 이 땅에서의 인간 삶에 대한 불신에서 비롯된 것이기에, 그 핵심에서부터 병들어 있다고 믿었다. 키르케고르는 기독교가 역사적 과정 안에서 왜곡되고 변질되어 왔으나, 본연의 기독교는 '진정한 인간'이 되는 길을 가리키고 있다고 믿는다.(*PV, 108*)

키르케고르와 니체 사이의 명백한 차이점에도 불구하고, 나는 그들이 중요한 지점에서 비슷한 생각을 공유한다고 믿는다. 두 저자 모두 유럽 중산층들이 누리고 있는 안락한 삶이 인간 발전의 최종단계라고 여기지 않았다. 두 작가 모두 '대중'의 영적 게으름 때문에 인위적으로 단절되었던 창조의 과정이 재개되기를 바랐다. 키르케고르는 창조의 과정이 **개인을 앞으로 끌어당기는 신성한 소명**을 포함한다고 생각했지만, 니체에게 있어 창조의 과정이란, 초인(overman) 스스로 **자기 창조의 의지** 속에서 극복해야만 하는 신적 이끄심의 개념이다. 둘의 관점은 신학적으로는 정반대 입장에 있으나, 인간론적인 측면에서는 비슷하다.

창조 과정의 재개를 보려는 니체의 열망은 짜라투스트라의 말에 분명히 드러난다. 짜라투스트라가 '신은 죽었다.'고 선언한 것은, 니체의 중심 메시지에 대한 서문이다. "나는 너희에게 초인(overman)을 가르친다. 인간은 극복돼야 할 대상이다. 너는 자신을 극복하기 위해서 무엇을 해왔나?" 짜라투스트라의 수사학적인 표현은 비슷한 맥락으로 계속된다. "인간이 위대한 것은 그 존재 자체가 마지막이 아니라 중간다리이기 때문이다." "내가 너희에게 말한다. 춤추는 별을 낳기 위해서는 여전히 너희 내면에 혼돈을 가지고 있어야 한다. 내가 너희에게 말한다. 너희는 아직도 혼돈을 너희 안에 가지고 있다." "선한 자들과 의로운 자들을 보라! 그들은 누구를 가장 증오하는가? 그들의 가치관을 깨뜨리는 사람, 곧 법을 어기는 사람이다. 그러나 그는 창조자이다." "창조자는 죽은 자나 무리 지은 자나 믿는 자를 찾는 게 아니라 동료 창조자를 찾는다. 동료 창조자 여러분, 창조자는 새로운 장에서 새로운 가치관을 써 내려가는 사람이다." "가치관의 변화, 그것은 창조자들의 변화이다. 창조자가 되려는 사람은 항상 깨부수는 사람이다."[1] 여기서 우리는 인류의 미래 발전에 대한

---

1   *Thus Spake Zarathustra*, trans. Walter Kaufmann(New York: Viking, 1966), 12. 15. 17. 23. 24. 59.

니체의 비전과 믿음을 마주하게 된다. 독자들이 자신의 비전을 공유하고 세상과 자신에 대한 새로운 인식으로 가는 '다리'를 건너가기를 니체는 갈망했던 것이다.

키르케고르의 신앙은 다른 자아(alter ego)를 매개로 표현된다. 안티 클리마쿠스는 당시 교회와 19세기 중산층에 대한 키르케고르의 비판을 분명하게 표현하고 있다. 키르케고르는 당대의 영적 질병을 분석했는데, 니체도 짜라투스트라의 말을 빌려 자신의 시대를 비판했다. 키르케고르는 또한 인간 영혼의 성장 가능성을 막는 게으름과 타성에 대해 개탄한다. 인간의 새로운 창조를 보기를 갈망했고, 니체도 마찬가지였다. 그러나 키르케고르의 생각은 니체의 영웅주의와는 다르다. 그는 신약성경에 근거해서, 새로운 삶으로 인도하는 하나님의 부르심에 응답하기를 요청하고 있기 때문이다.

니체는 《도덕의 계보학》(the Genealogy of Morals)을 다음의 말로 시작한다. "지식자여, 우리는 우리에게 알려지지 않았다." 그는 자신의 책이 철학적, 신학적 전통의 무게 아래 묻혀 있던 인간 행동과 사상의 숨겨진 역동성을 드러내는 계시의 역할을 감당하기를 바라고 있다. 그의 작품은 인간 삶의 진리를 '잊지 않는' 깨어있음(aletheia)의 실천이다. 안티 클리마쿠스가 쓴 《죽음에 이르는 병》과 기본적인 형식은 같지만, 내용에서는 전적으로 다르다. 클리마쿠스는, 진리로 가는 길은 신학적 전통을 거부하는 것이 아닌 더 깊이 인식하는 중에서 발견할 수 있다고 믿기 때문이다. 또한 "건덕과 각성을 위한 기독교 심리학 연구"라는 부제에서 알 수 있듯이, 자신에 대해 알지 못하는 독자들이 현재 자기 이해에 도달해 있는 수준이 어느 정도인지는 책을 통해 깨닫게 해 주려고 한다. 인간이 지닌 절망적인 현실, 즉 온전한 인간으로서의 삶을 불가능하게 만드는 **하나님으로부터 멀어진 상태, 즉 인간의 기본적인 실존적 소외**를 일깨

우려고 한다.

안티 클리마쿠스는 절망이 개인마다 다르게 **세 가지 주요 형태**를 취할 수 있다고 주장한다. 첫 번째는 개인이 자기 정체성에 대한 의식이 부족한 것에서 기인한 절망이다. 두 번째는 나약함의 절망인데, 이것은 자기 자신이 되려는 것을 피하는 절망이다. 세 번째는 반항의 절망으로, 이것 역시 나 자신이 되려고 하지 않는데 여기서 더 나아가 창조주에 대한 반항으로써 그렇게 하는 것이다. 이 세 가지 절망의 형태를 설명하기 위해서. 안티 클리마쿠스는 자기(self)에 대해 먼저 정의를 내린다.

> 인간은 정신(spirit)이다.[2] 하지만 정신이란 무엇인가? 정신이란 자기(self)이다. 그렇다면, 자기는 무엇인가? 자기란, 자기 자신과 관계하는 관계이거나 그 관계에서 자기 자신과 관계하는 것이다. 자기는 관계 자체가 아니라 그 관계에서 자기 자신과 관계하는 것이다. 인간은 유한과 무한, 시간과 영원, 자유와 필연의 종합으로, 짧게는 그냥 종합이다. 종합은 두 요소 사이의 관계이다. 그런 점을 고려해 보면, 인간은 여전히 자기가 아니다.*(나의 번역 SUD, 13)*

한 학자는 이 구절이 헤겔 전문용어를 패러디하기 위해 일부러 까다롭게 쓴 문장이라고 설명한다.[3] 그러나 이 구절은 기독교 신학의 인간론에서 자기가 어떻게 이해되어야 하는지에 대한 질문을 던지기 위해 의도된 것이다.

안티 클리마쿠스는 자기가 세 가지의 차원을 가지고 있거나 자기를 세 가

---

2   나는 여기서 좀 더 문자적 표현을 드러내기 위해서 하워드 홍의 번역 "A human being is spirit." 을 "The Human being is spirit."으로 바꾸었다. 하워드 홍의 번역 표현은 안타깝게도 철학적으로 일반적인 의미의 용법을 개인화 해버리는 경향이 있다. 이 점에 대해서는 코넬(Connell)과 에반스(Evans) 가 같이 쓴 다음의 책에 실린 스티븐 크리테스(Stephen Crites)의 글을 참조하기 바란다. *Foundations of Kierkegaard's Vision of Community* (Atlantic Highlands: Humanities Press International, 1992), 149. 알라스테어 헤나이(Alastair Hannay)는 그의 번역에서 "The Human being is spirit."를 선택한 반면, 또 다른 가능성은 월터 라우리(Walter Lowrie)의 "Man is spirit."에서 볼 수 있다.

3   Louis Mackey, *Kierkegaard : A Kind of Poet* (Philadelphia: University of Pennsylvania Press, 1971), 134-137.

지 관점에서 볼 수 있다고 주장한다.[4] 첫째, 자기는 무한과 유한, 자유와 필연과 같은 정반대 요소들의 종합이라는 것이다. 둘째, 자기는 자신과의 관계인데, 자기는 자신을 의식할(conscious) 수 있는 능력을 가지고 있다는 것이다. 셋째, 자기는 자신을 형성시킨 힘과 관계 맺을 수 있다. 이 세 가지 측면이 "자기가 정신"이라는 의미이다. 안티 클리마쿠스는 이러한 자기에 대한 정의에 따라 자신의 논문을 전개한다. 《죽음에 이르는 병》의 첫 번째 부분에서, 대립하는 요소들의 종합으로서의 자기에 대해 고찰한다.(29-42쪽) 두 번째로 자의식을 지닌 자기를 다룬다.(42-74쪽) 죄의 교리에 관한 나머지 연구는 하나님과의 관계 속에서 자기에 접근한다.(77-131쪽) 또한 《죽음에 이르는 병》의 이 세 부분은 각각 인간의 실존이 지니는 심미적, 윤리적, 종교적 측면과 대응된다.

안티 클리마쿠스는 육체와 심리 그리고 영을 종합하는 가운데 발생할 수 있는 오류의 가능성 중에, 이러한 절망의 가능성이 내재되어 있다고 본다. 그러나 종합 자체는 잘못이 아니다. 왜냐하면 만약 종합 자체가 잘못이라면, 절망은 인간의 본성 그 자체에 있게 된다. "그렇다면, 절망은 어디에서 오는가? 절망은 종합이 자신과 관계하는 관계로부터 온다. 인간을 관계로 만드신 하나님이 인간을 그분의 손에서 해방시킨다는 것, 즉 인간은 자신과 관계하는 관계라는 점을 고려해 보면 이것이 납득이 된다.(SUD, 16) 여기서 우리는 키르케고르 사상 전반에서 발견할 수 있는, 중요한 창조의 교리를 다시 보게 된다.[5]

4 나는 존 글렌(John Glenn)의 통찰력 있는 다음의 글에 의존하고 있다. *The Definition of the Self and the Structure of Kierkegaard's Work.* In *The Sickness unto Death*, ed. Perkins, International Kierkegaard Commentary (Macon: Mercer University Press, 1987). 5-6.

5 빈센트 맥카시(Vincent McCarthy)는 《죽음에 이르는 병》에 나오는 계속되는 창조의 개념을 다음과 같이 묘사한다. "종합 요소들은 구성하는 힘과의 관계에 재조정 없이는 평형에 이르지 못할 것이다. 이 힘은 한 번 창조하고 창조된 세계에 관여하지 않는 시계 제작자 같은 하나님도 아니고 결함이 있는 메커니즘을 수리하기 위해 한 번 간섭하는 시계 수리공 같은 하나님도 아니다. 키르케고르는 인간에게 신적 개입의 특별한 순간들이 있지만, 신적 존재는 매 순간 함께 계시며 일하신다고 본다. 이 구성하는 힘과의 지속적인 관계가 열쇠이다." *Psychological Fragments: Kierkegaard's Religious Psychology.* In *Kierkegaard's Truth: The Disclosure of the Self.* ed. Joseph H. Smith (New Haven: Yale University Press, 1981), 260.

인간은 "신의 손에서 해방된다."는 점에서 피조물들 가운데 독특하다. 하나님의 손에서 놓여남으로써 인간은 자유를 얻는다. 그러나 그것은 동시에 절망의 가능성을 가져온다. 사람들 각자는 진정한 인간이 되는 데 실패할 수 있다. 그러나 그런 실패는 동물에게는 없는 것이다. 말은 말다움을 구현하고, 고양이는 고양이다움을 구현한다. 왜냐하면 그들은 하나님의 손 안에 있기 때문에, 창조된 모습 외에 다른 무엇이 된다는 것을 상상할 수가 없다. 동물들 각각은 지음 받은 자신의 성질과 본질에 대한 하나님이 의도하신 목적을 막을 장애물은 없다. 그러나 인간은 이러한 의도하신 목적을 스스로 막을 수 있다. 이것이 《죽음에 이르는 병》 전체의 기본 논증이다.

절망은 자기의 어떤 요소가 발달하고 어떤 요소가 발달하지 않은지에 따라 여러 인식 가능한 형태를 취한다고 안티 클리마쿠스는 주장한다. 니체와 마찬가지로, 미성숙한 상태의 자기를 나중에는 질서정연해질 가능성을 가진, 혼돈의 일종으로 본다.[6] 그러나 또 니체와 다른 점은, 자기의 요소를 신학적 관점에서 바라본다. 따라서 절망은 무한과 유한, 가능성과 필연성, 의식과 무의식 사이의 관계에 의해 정의될 수 있다. 안티 클리마쿠스는 **무한**에 대해, 인간 자신의 신적 근원을 가리키는 것으로 이해한다. **가능성**은 자유 의지라고 하는, 신이 인간에게 주신 선물에서 기인한다. 그리고 **의식**이란, 하나님 앞에 서 있는 자신의 실존에 대한 궁극적인 인식이다. 그러나 인간의 자기가 미성

스티븐 크리테스는 비슷한 견해를 드러낸다. Connell and Evans, eds., *Foundations of Kierkegaard's Vision of Community*, 154: "하나님은 인과관계나 심지어 존재의 기반이 아니라 자유로운 영적 관계가 끊임없이 새롭게 탄생하는 가능성의 원초적 기반이다." C. Stephen Evans, "*Human Persons as Substantial Achievers*," Philosophia Reformata 58 (1993): 110: "창조의 교리는 여기서 핵심이다. 창조는 키르케고르 입장에서, 인간 존재에 대해 온전함을 이루어가도록 부름을 받은 존재로 바라볼 수 있도록 해준다. 창조 없이는 인간의 자율성에 대한 거부로 이어질 수도 있는 완성 이론(achievement theory)밖에는 가질 수 없다. 창조에 대한 교리 때문에, 우리는 인간 본성과 인격을 실질적인 실재로 인식할 수 있다."

6   "The Soul as a Plurality," in Leslie Paul Thiele, *Friedrich Nietzsche and the Politics of the Soul* (Princeton: Princeton University Press, 1990), 51-65.

숙하고 창조주로부터 소외될 때, 이러한 요소들이 자신의 삶을 스스로 떠맡게 되어, 다양한 왜곡과 정신병으로 나타나게 된다. 안티 클리마쿠스는 그의 책 전반부에서 이를 자세히 설명하고 있다.

안티 클리마쿠스는 '의식에 의해 정의되는' 절망을 분석하기 시작하면서, 자아 내의 세 번째 주요 요소인 영원/시간을 언급한다. 안티 클리마쿠스는 발달이 가장 덜 된 것부터 시작해서 일련의 의식 단계를 보여준다. 절망의 가장 낮은 형태이자 가장 흔한 형태는 영원한 자기를 갖는 것에 대한 무지, 영혼으로 창조된 것에 대한 **무지**이다. 이 단계에서 삶은 감각적인 것에 의해 지배되고, 진정한 영적인 수준까지 절대로 올라가지 못한다. 인간을 지하 1층과 지상 1층, 2층으로 구성된 집이라고 비유해 보자. 그러면 지하실은 본능의 수준, 육체적인 수준(외부 자극에 대해 이미 프로그래밍 되어 있는 수준에서의 반응하는 단계)이라고 할 수 있고, 1층은 정신적이고 문화적인 수준(생각이 있지만, 오직 다른 사람들에 대한 생각만 있는 수준), 2층은 영적이고 내면적 성찰이 가능한 수준(개인으로서 영원과 무한을 인식하게 되는 수준)이라고 할 수 있다. 가장 낮은 형태의 절망에 놓여 있는 사람은 집을 소유하고 있지만, 지하의 것을 좋아하고, 아주 가끔은 1층 문을 두드리기도 하지만 결국 다시 지하로 내려간다. 누군가 자기 집에 2층도 있으니, 2층에도 가볼 수 있다고 말한다면, 도리어 화를 내거나 적개심을 드러낼 것이다. 왜 그럴까? 남이 그렇게 말해 주는 것이 오히려 그의 행복을 짓밟는 것이 되기 때문이다.(SUD. 43) 정신 상실(spiritlessness)의 기저를 이루는 불안은 이런 안정감을 통해 인식될 수 있다. 이런 안정감은 추상적인 실체나 상태에 합치되고 안주하려는 시도에서 도출될 수 있지만, 그 밑에 깔린 절망의 또 다른 표현에 불과하다.(SUD. 46)

안티 클리마쿠스는 의식적인 절망 외에 두 가지 중요한 형태가 더 있다고 주장한다. 하나는 **나약함의 절망**이고 다른 하나는 **반항의 절망**이다. 나약함의 절망은 다시 한번 두 가지 하위 절망으로 나눌 수 있는데, 그 하나는 우선, 세속적인 가치 혹은 세속적인 무엇에 대한 절망이고, 다른 하나는 영원한 가치 혹은 자신에 대한 절망이다.

우선, 나약함의 절망 중 첫 번째 하위 형태의 절망은, 부정적인 외부 요인의 결과에서 비롯된 절망에 대한 인식이다. 절망은 자기(self)에게서 비롯된 것으로 인식되지 않는다. 대신, 나와 직접적인 관계를 맺고 있는 환경 중에서, 자기를 절망하게 만드는 어떤 일이 나에게 생긴다.(SUD, 51) 그러면 개인은 이런 '불운'에 굴복하고 절망에 빠진 채, 구원자만을 바라게 된다. 바라던 도움이 찾아오면, 즉 '행운'이 일어난다면, 다시 활력을 되찾고 행복하게 된다. 그는 멈춘 곳에서 다시 시작하지만 정작 자기가 되지 못했음을 깨닫지 못한다.

나약함의 절망에 속하는 하위 절망의 두 번째는, 영원한 가치 혹은 자신에 대한 절망이다. 첫 번째 하위 절망 가운데 빠진 자는 세상적인 것(외부의 것)에 대해서 절망하는 반면, 두 번째 하위 형태의 절망을 겪고 있는 자는, 자신에 대해서 절망한다. 이 사람은 세상적인 것에 절망하는 것이 나약하다는 것을 인식한다. 그럼에도 불구하고, 이에서 벗어나지 못하고 다르게 행동하지 못하는 본인의 무능함에 대해서 절망하는 것이다. 이것이 둘 사이의 본질적인 차이점이다.(SUD, 61) 후자의 경우, 절망이 자신에 속한 것임을 체감한다. 세상적인 것에 지나친 중요성을 두는 것도 자신이고, 그러한 과정 속에서 영원한 것과 자신을 잃어버린다. 그 속에서 마비된 채 살아간다. "사람이 자신에 대하여 절망한다면, 이 사람은 분명 자기가 있다는 것을 인식하고 있다. 그러나 그는 그 어떤 세속적인 것이나 이 땅의 것에 대해서 절망하는 것이 아니라 바로 자신에 대해서 절망한다."(SUD, 62)

절망이 심화되는 다음 단계는 나약함(자신이 되지 않으려는 절망)에서 반항(자신이 되려는 절망)으로 넘어가는 단계이다. 사람은 분명히 무한한 자기를 의식하지만, 절망 가운데서, 자신을 형성하는 힘으로부터 단절된 자기의 추상적인 형태가 되려고 한다.(SUD, 68) 자기는 자신의 본성과 운명을 만들어 가기 위해 '스스로 주인이 되거나 스스로 창조'하기를 원한다. 따라서 하나님께 그 존재의 근거가 달려있는 구체적인 자기를 반항적으로 거부해야 한다.[7] 여기서 우리는 다시 한번 창조의 교리를 떠올릴 수 있는데 여기서는 **스스로 창조자가 되려고 시도하는, 악마적 자기에 의해 뒤틀린 창조론이다.** 그는 자신의 자기를 덧입고 싶지 않고, 주어진 자기를 자신이 감당해야 할 몫으로 받아들이고 싶지 않다. 그는 스스로 자기 자신을 무한한 모습으로 만들고 싶어한다. 절망 속에서 자기는 자신을 스스로 형성해 가고, 스스로 발전시키고, 스스로 만든 자기가 되는 것을 즐기며, 이 위대한 성취에 대해 스스로에게 명예를 준다.[8]

위의 내용을 살펴보면, 안티 클리마쿠스는 니체가 니체 자신을 이해했던 것보다 니체를 더 잘 이해했다. "절망 가운데 자신이 되고자 애를 쓰면 쓸수록, 그의 절망은 더욱 심화되고 악마화 된다."(SUD, 71~72) 《죽음에 이르는 병》에서 묘사하는 니체는 그레고르 말란츠추크(Gregor Malantschuk)에 의해 잘 표현되었다.

---

7 리부세 밀러(Libuse Miller)의 논평은 키르케고르에 대한 깊고 정확한 이해를 보여준다. 그래서 모든 형태의 절망을 설명하는 공식은 자신에 대한 절망과 자신을 제거하려는 절망이다. 최근 심리학의 용어로 표현하자면, 절망은 이상화된 상상의 자기로 자신의 실제 자기를 대체하려는 시도이다. 그것은 자기의 바람과는 상관없이 자기에게 주어진 실제 자기를 인정하기 싫은 것이다. 준 사람과의 관계가 부정적일 때는 준 것 자체가 불쾌한 것일 수 있다. 그리고 자기는 스스로 선택한 자기가 되려고 필사적으로 애를 쓴다. 따라서 실제 자기에 대한 증오는 하나님에 대한 증오의 또 다른 숨은 모습이다. 이것은 기본적으로 하나님과 인간 사이에 권리와 힘의 대결이다. 대체 그들 중 누가 자기를 창조할 권리와 힘을 가지고 있는 것인가? In Search of the Self (Philadelphia: Muhlenberg Press, 1962). 256.

8 Thiele, Friedrich Nietzsche and the Politics of the Soul. 86: "고상한 영혼은 자기자신에 대한 존경을 가지고 있다. 더 고상한 사람은 더 높은 자기중심주의(egoism)와 자신의 개성에 대한 사랑을 가진 자이다."

니체가 자신의 말대로 누구도 그를 따라올 수 없을 정도로, 모든 면에서 일관되고 철저하게 공격적인 길을 갔다고, 우리는 결론지어야 한다. 그렇다 해도, 니체가 영원함과의 관계로부터 결코 해방을 이루지 못했다는 것(이것은 초인의 목표다.)은 전혀 다른 문제이다. 끝나지 않는 니체의 영원과의 전쟁이야말로, 인간은 **영원과 시간의 종합**이라는 키르케고르의 개념이 사실이라는 것을 확증해 준다.[9]

니체는 가장 의식적인 무신론 철학자이다. 반항적인 사람은 일찍이 절망 속에서 자신의 고통을 없애고 싶었을지 모르지만, 지금은 너무 늦었고, 그래서 다른 일을 하느니 차라리 우주를 향해 분노하려고 하는데, 자신의 분노가 옳다는 것을 입증하기 위해 고통과 함께 할 수밖에 없다고, 안티 클리마쿠스는 말한다. 누구에게도 그 고통을 빼앗겨서는 안된다. 영원과 진리와 선함이 이제 그의 가장 큰 적이 되었다. 왜냐하면 그것들이 그리고 그것들만이, 세상과 신을 향해 퍼붓는 자신의 분노가 정당하지 않다는 것을 드러내는 것이기 때문이다. "악마의 광기—그를 가장 화나게 하는 것은 영원(eternity)이 그에게서 그 고통을 앗아갈 수도 있다는 생각이다."(SUD, 72)

악마적 절망은 절망의 형태 중 가장 강렬한 형태로, 절망 속에서 자신이 되고자 하는 것이다. 자신이 스스로 창조해 낸, 완벽한 이미지가 되려고 하는 대신, 자기는 **자기 실존에 대한 증오와 원망의 표현**으로, 불완전함과 불행 속의 자신이 되고자 한다. 반항은 독설과 악의에서 가장 강력한 상승작용을 받으며, 이것들은 본질적으로 자신을 향한다. 그러므로 **존재의 선함에 반하는 증거**를 가진 사람에 관해서 안티 클리마쿠스가 말하고 있는데, 그에게 반발하는 증거는 바로 자신이다. 타락한 자기는 회개, 치유, 변화에 관한 어떤 것도

---

9   Gregor Malantschuk, in Howard A. Johnson and Niels Thulstrup, eds., *A Kierkegaard Critique* (Chicago: Henry Regnery, 1967). 127.

듣기를 거부하는데, 만일 그가 그것을 듣게 되면, 자신의 반항과 저항의 기반이 약화되기 때문이다. 지신을 망친 자기는 망가진 상태로 남아 있기를 고집한다.

> **전체 존재**(hele Tilværelsen)**에 반항하면서, 자기는 존재와 존재의 선함에 반하는 증거를 얻었다고 느낀다.** 그 사람은 절망 속에서 자신이 증거라고 믿는다. 그 것이 그가 바라는 바다. 그는 자기의 고통으로 모든 존재에 항거하기 위해서 고통 속에 있는 자신이 되기를 바란다. 나약함의 절망에 빠져 있는 사람이, 영원이 들려주는 위로를 전혀 들으려 하지 않는 것처럼, 반항의 절망 가운데 있는 사람도 어떤 위로도 들으려고 하지 않는데, 그 이유는 다르다. 반항하는 이에게 이 위로는, 전체 존재를 비난하는 그가 틀렸음을 증명해주는 셈이 되기 때문이다. 글 속에 있는 실수에 비유할 수 있을까? 이 실수는 작가의 글 속에 들어가게 되었고, 실수로서의 자기를 알고 있다. *(물론 보다 넓은 의미에서는 실수가 아니고 글 속의 중요한 부분인지도 모른다.)* 그러나 이제 그 실수는 작가에 대한 증오로 인해, 작가에게 반항하려고 한다. 실수인 자기를 고치지도 못하게 하면서 반항적 어투로 말한다. **아니오, 나는 지워지는 것을 거부합니다. 나는 당신이 이류 작가라는 것을 증명하는 증인으로 남아 있겠습니다.**(SUD, 73-74)

안티 클리마쿠스는 마지막 이 말로, 절망의 형태에 대한 그의 심리 분석을 끝낸다. 니체에 대해 이보다 통찰력 있는 비판을 생각하기 어렵다. 에릭 뵈겔린도 이러한 비판에 동조한다.

> 최근에 나는, 서양 고전과 기독교 의식 구조에 등장하는 신의 현현을 퇴색시키는 근본적인 경험으로서의 자아 현현에 주목하면서 **"자아 현현의 반란**(egophanic revolt)**"**이라는 개념을 발전시켰다.…헤겔과 니체가 이 현상을 명명한 것처럼, 인간의 발견은 신의 죽음으로 대가를 치러야 했다.[10]

---

10 Eric Voegelin, *Autobiographical Reflections* (Baton Rouge: Louisiana State University Press, 1989). 67-68.

《죽음에 이르는 병》의 관점에서 볼 때, 니체가 키르케고르의 사상 틀 속에서 창조주 하나님께 반항하는, **개인주의적 미학주의**(individualistic aestheticism)의 탁월한 철학자로 이해되고 있음을 알 수 있다.[11]

죄의 정의

칼 바르트는 소책자 《그리스도와 아담》(Christ and Adam)에서, '인간의 본성'이 무엇인지 알고 싶다면 단순히 인간을 둘러보며 그들의 행동을 관찰하는 것만으로는 알 수 없다고 주장한다. 해답을 찾기 위해 역사를 전반적으로 공부할 수도 없다. 이런 질문에 대한 해답을 찾아 가면서 우리가 확인할 수 있는 것은, 아담의 유산인 인류의 타락이다. 그러나 타락 자체가 인간의 본성을 규정하는 것은 아니다. 그러한 것은 인간 본성을 왜곡하는 행위이다. 인간의 참된 본성이 무엇인지 알고 싶다고 할 때, 우리가 가진 유일한 지식의 원천은 그리스도이다. 바르트는 "예수 그리스도의 특별한 인간학은 아담의 비밀을 구성하며, 모든 인간학의 표준이다."라고 말했다.(36) 더불어, 아담은 '모든 인류 중 한 사람'으로서 인류 타락의 대표자로서의 역할만 한다고 주장한다. 아담은 "인류의 주인이 될 수 없고, 각 사람의 삶과 운명을 결정할 수 없다."(115) 다름 아닌 그리스도가 보편적 인간에 대한 정의라고 바르트는 결론 짓는다. 하나님에 의해 창조되고 하나님에 의해 의도된 참된 인간의 본성은, 그리스도의

---

11   Gregor Malantschuk, in Johnson and Thulstrup, eds., A Kierkegaard Critique, 124: "니체는 영원에 대한 지식을 가지고 있는 부류에 속하지만 자신은 미학적 영역에 머물고자 하며, 미학적 영역이 실재라고 주장한다. 이런 관점에서 그가 미학의 범주를 넘어서려는 경향들을 공격하려 한 시도가 이해된다. 소크라테스와 유대주의와 함께, 영원한 것에 대한 인식이 등장하였다. 그들은 미학적인 것을 낮은 수준으로 취급하였다. 니체는 인류의 역사 안에서 이 두 가지 영역에 지대한 관심을 가졌고, 이 두 영역에 대해서 키르케고르와 정반대의 입장을 취한 점은 주목할 만하다."

인간성에서 발견할 수 있기 때문이다.

이런 주장을 하면서, 바르트는 사회이론에 대해 색다른 신학적 접근을 제시하고 있다. '인간 본성'에 대한 세속적 방법론에 따른 성찰은 다른 사람들은 제쳐두고 어떤 한 개인에게만 우선순위를 두지는 않을 것이다. 다만 인식 가능한 어떤 패턴을 찾아내기 위한 시도로, 인간 역사를 광범위하게 스캔할 것이다. 아마도 그런 패턴을 찾을 수도, 못 찾을 수도 있다. 그러나 인간론에 대한 신학적 접근은 지식의 특별한 원천인 계시, 특정한 한 사람에게 체화된 계시를 받아들이는 것으로부터 시작된다. 그리스도는 진정한 인간의 본성을 드러낸다. 타락하고 왜곡된 인간의 본성을 이해할 수 있게 해 주는 아담과는 대조적이다.

나는 바르트가 여기서, 자신도 모르게 《죽음에 이르는 병》에서 드러나는 기본적인 인류학적 비전을 묘사하고 있다고 본다. 우리는 이제 안티 클리마쿠스의 논문 후반부로 눈을 돌려 기독교적 죄론이 어떻게 전개되는지 살펴보자.

"**죄**는 하나님 앞에서 혹은 하나님을 인식하면서, 절망 속에서 자신이 되지 않으려고 하거나, 또는 절망 가운데 자신이 되려는 것이다. 따라서 죄는 '강화된 나약함'이거나 '강화된 반항'이다. 죄는 **절망의 강화**이다."(SUD, 77) 절망이 죄라는 것은, 안티 클리마쿠스에 의해 이전에 언급되었던 모든 것의 함축이었다. 이제 그것은 공공연히 드러나고 있다. 이전의 구분의 기초가 되었던 의식 수준의 정도의 차이는 사람과 사람 간의 비교에서 나타났다. 구별의 기준은 인간의 영역 안에 있었다. 그러나 이제 기준은 '신학적 자기(theological self)' 즉, 직접적으로 하나님 앞에 서 있는 자기이다. 출발점은 다른 사람에 대한 죄가 있기 전에, 모든 죄는 시종일관 하나님에 대한 죄라는 진리이다.

하나님은 경찰이라는 의미에서 어떤 외부적인 존재가 아니다. 반드시 지켜봐야 할 점은, 자기가 하나님에 대한 개념을 가지고 있으면서도 하나님의 뜻대로 행하지 않고, 순종하지 않는다는 것이다. 또한 사람은 하나님 앞에서 가끔씩만 죄를 짓는 것이 아니다. 더 정확히 말하자면, 인간의 죄를 하나님에 대한 죄로 만드는 것은, 죄를 지은 사람이 하나님 앞에 존재한다는 의식을 가지고 있다는 것이다.

절망은 자기의 의식과 관련하여 심화되지만, 자기는 자기를 위한 기준과 관련하여 심화된다. 하나님이 자기의 기준이 될 때 무한히 그렇게 된다. 사실 하나님에 대한 개념이 클수록 자기가 더 많아지고, 자기가 더 많아질수록 하나님에 대한 개념이 더 커진다. 이 특정 개인으로서의 자기는, 하나님 앞에 존재한다는 것을 의식하기 전까지는 무한한 자기가 아니며, 하나님 앞에서 죄를 짓는 것도 아니다.(SUD, 80)

안티 클리마쿠스는 살인, 절도, 방탕 등과 같은 특정한 죄들은 단지 죄의 더 깊은 상태의 표면적인 형태일 뿐이라고 주장한다. 죄의 가장 근원적인 모습은 모든 은밀한 욕망과 생각에 관해서 하나님의 뜻을 따르지 않고 회피하는 것이다. 각 개인을 향한 신적 의지를 전달하려는 **하나님의 소리를 듣지도, 이해하려고도 하지 않는 반항**이다.(SUD, 82) 이런 관점에서 보면 죄의 반대는 미덕이 아니라 믿음이라는 것은 분명하다. 왜냐하면 자기가 하나님 안에서 안식할 때 믿음은 존재하기 때문이다.

니체와 같은 철학자들은, 기독교가 너무 어둡고 음침하고 항상 죄악을 이야기하며 반생명적이기 때문에 기독교가 불쾌하다고 주장한다. 하지만 그들이 느끼는 불쾌감은, 기독교가 너무 높으며 그 목표가 너무 이루기 어렵다고 스스로 느끼는 것에서 비롯한다고, 안티 클리마쿠스는 말한다. 기독교는 사람들로 하여금, 보통 사람으로는 상상하기 힘들 정도의 비범함을 이루게 하려고 한다는 것이다.(SUD, 83) 기독교는 인간이 직업, 성, 인종, 부, 재능, 나이 등에 관계없이 모두 하나님 앞에 동등하게 존재한다고 가르친다. 모든 사람은 창조주 하나님과 친밀한 관계 안에서 살도록 초대되었다는 것이다.

안티 클리마쿠스는 독자들로 하여금, 기독교에서 죄가 부정적인 것이 아니라 능동적인 것이라는 결정적인 진술을 이해하도록 이끈다.(SUD, 96) 죄는 '약함, 감각적임, 유한함, 무지' 등의 부정적인 용어로만 이해되어서는 안된다. **죄는 하나님에 대한 반항이다.** 이런 점에서 죄는 능동적인 것이고, 개인이 취하는 입장이다. 니체식으로 생각하면, 죄는 자신이 되려고 하지 않는 것을 의미할 뿐 능동적인 입장이 될 수는 없다. 왜냐하면 니체의 사고 속에는 인간이 반항의 자세를 취할 대상으로서의 창조주가 없기 때문이다.

안티 클리마쿠스의 생각에, 하나님으로부터 계속 떨어져 있는 죄된 상태의 지속은 그것 자체가 새로운 죄이며, 회개하지 않는 모든 순간 역시 새로운 죄이다.(SUD, 105) 따라서 안티 클리마쿠스는 **죄의 지속**을 **믿음의 지속**의 부정적인 대응점으로 설명한다. 죄를 지은 자는 자신이 지은 죄의 결과 때문에, 죄의 지속 상태를 보지 못한다. 그런데 이런 죄의 지속은 개별적인 죄들의 기저에 있는, 더욱 근원적인 문제이다. 이런 근원적인 문제를 보지 못하기 때문에 인간은 '자기 일관성'을 이루지 못한 채, 절망과 행복 사이에서 하루하루 왔다 갔다 하는 '얄팍한 사소함'에 빠진다.(SUD, 107)

선함을 신실하게 유지하며 사는 성도들은 사소한 죄악도 심각하게 여기며 대처한다. 왜냐하면 그 사소한 죄가 무한한 선의 상실과 삶의 일관성의 붕괴를 야기하기 때문이다. 한편, 죄인을 가장 극적으로 묘사하는 경우 악마 숭배자라고 부를 수 있는데, 이러한 죄인에게 있어서도 죄의 내적 일관성이야말로 어떤 일이 있어도 유지되어야 하는 것이다. 선함이 다가오는 경우, 이 선함이 자신의 죄악을 계속 유지하는 데 가장 위협이 된다는 것을 알기에, 죄인들은 선함이 자신을 발견하지 않은 채 그냥 지나치고, 내버려 두고 말도 걸지 말 것을 간청한다.(SUD, 108) 죄가 내적으로 일관되게 죄된 상태를 원하는 것은, 절 망의 강화가 발현되는 것이며, 자신의 죄에 절망하는 새로운 죄이다. 죄를 짓 는 것은 협곡 건너편으로 다리를 건너는 것과 같고, 죄에 절망하는 것은 다시 선한 곳으로 돌아올 가능성을 막기 위해 다리를 불태우는 것과 같다. 전자는 선과의 단절이고 후자는 회개와의 단절이다. 죄에 대해 절망하는 것은 회개와 은혜에 대해 어떤 말도 듣지 않겠다고 영원을 걸고 단번에 결정함으로써, 죄 에게 안정적이며 지속적인 권세를 주려는 노력이다.(SUD, 110)[12]

자기가 그리스도 바로 앞에 놓일 때 절망이 다시 한 번 강화되고, 죄를 용 서받는다는 것에 대해 다시 한 번 절망하게 되는 죄를 짓게 되는데, 이것이 실 족이다.

> 그리스도 앞에 서 있는 자기(self)는 하나님의 과도한 인정에 의해 강화되는 자기이며, 자기를 위해 하나님 자신이 인간으로 태어나고 또 고난을 받고 죽도 록 허락하셨기 때문에 나타나는, 과도한 강조에 의해 강화된 자기이다. 앞서 말 한 바와 같이, 하나님에 대한 관념이 클수록 자기도 더 많아진다. 여기서도 그것 은 참이다. 질적인 차원에서 자기에 존재의 기준이 자신의 자기가 된다. 그리스 도가 기준이라는 것은 자기가 대면하는 믿기 어려운 실재에 대한 표현이다. 하 나님이 이를 입증해 주신다. 오직 그리스도 안에서 하나님은 인간의 목표이자 기준이다. 그러나 자기가 많을수록 죄는 더욱 극심해진다.(SUD, 113-114)

이 구절은 《그리스도와 아담》에 나타난 바르트의 중심 사상과 맥을 같이 한다. 그리스도는 인간의 '기준이자 목표'이다. 그리스도는 진정한 인간의 본

---

12 칼 바르트: "죄가 하나님께서 베푸신 은혜의 적이라는 것을 우리가 깨달을 때에 비로서 죄를 명확하 게 이해하는 것이다. 그리고 우리가 하나님의 은혜로 완전히 돌아갈 때 비로소 우리는 죄로부터 멀어진다." *Church Dogmatics*, ed. G. W. Bromiley and T. F. Torrance (Edinburgh: T & T Clark. 1956-1969), II/1, 357.

성을 정의한다. 안티 클리마쿠스가 논문에서 묘사한 인간 본성의 왜곡은, 그리스도의 말씀과 모범으로부터 후퇴하는 것에서 가장 분명하게 드러난다. 좀 더 구체적으로, 그리스도가 죄인에게 신적인 용서를 베푸는 것은 그가 인간적 성숙으로 나아가도록 요청하는 것이다. 죄인은 이 부름을 거절함으로써, 하나님 앞에 통합되고 온전한 사람이 되는 것을 거부하고 있는 것이다.[13]

또 다른 죄의 강화, 즉 기독교를 완전히 묵살하고 거짓이라고 선언하는 죄악이 가능하다. 여기서 자기는 절망의 최고 수준에 있으며, 이는 '전술'의 변화를 가져온다. 절망의 낮은 형태를 특징짓는 단순한 회피 방식 대신, 부패한 자기가 **'방어적 태세에서 공격적인 태세'로 전환한다.** 이제 하나님의 은혜에 대한 투쟁은 '공격적인 전쟁'이 되고, 죄악은 공격한다.(SUD, 125) 이 시점에서 안티 클리마쿠스는 독자들을 그리스도의 죽음이 실행될 수 있었던 맥락으로 이끌었다.

하나님과 인간 사이에 무한한 질적 차이가 존재한다는 것이 실족의 가능성을 구성하며, 이는 제거될 수 없는 부분이다. 인간을 사랑하기 때문에 하나님은 인간이 된다. 그분은 말씀하신다. "보라, 여기에 인간으로 존재한다는 것이 무엇인지 제시되었다." 그러나 여기에 부언하신다. "그러나 주의하라. 왜냐하면 나는 또한 하나님이기 때문이다. 나로 인해 실족하지 않는 자는 복이 있다."

그리스도는 인간으로서 하찮은 종의 모습이 된다. 그는 하찮은 사람이 된다는 것이 무엇인지 보여준다. 그럼으로써, 그리스도는 어떤 사람도 자신이 배제되었다고 느끼지 않기를 바라며, 인간의 지위와 인기가 하나님과 더 가깝게 만들어 준다고 우리가 생각하지 않기를 바라고 계신다. 아니, 그리스도는 보잘것없는 사람이다. 그분은 이렇게 말씀하신다. "여기를 보라. 그 인간이 되는 것이

---

13 Abrahim Khan's article. "*Kierkegaard's Conception of Evil.*" Journal of Religion and Health 14 (1975): 64: "키르케고르의 문서들은, 온전한 인간이 되기 위해 인간은 자신 안에 영원성을 지녀야 한다는 점을 지적한다. 왜냐하면, 인간은 영원과 찰나가 종합된 존재이기 때문이다. 인간은 그 자신 안에 영원한 것, 잃어버릴 수도 있는 그것을 가지고 있다. 영원성을 잠깐 동안 잃어버리는 것이 죄이고, 그것은 자신이 온전한 인간으로 고양되는 것을 거부하는 것이다."

무엇인지 확실히 깨달으라. 그러나 조심하라. 왜냐하면 나는 또한 하나님이기 때문이다. 나로 인해 실족하지 않는 자가 복이 있다."

혹은 거꾸로 이렇게 말씀하실지도 모른다. "아버지와 나는 하나다. 그러나 나는 이렇게도 단순하고 보잘것없는 사람이다. 가난하고 버림받고, 인간의 폭력에 굴복하고 말 것이다. 나로 인해 실족하지 않는 자는 복이 있다."(SUD, 127-128)

예수님께 실족한다는 것은 무슨 뜻인가? 그것은 인간을 온전한 삶으로 이끄는 신적인 힘인 창조의 부름을 거절하는 것을 의미한다. 이 거절이 그리스도를 십자가에 못 박히도록 이끌었다. 인류의 기본적인 영적 조건은 그날 이후로도 변하지 않았다.

자아 보호 (Ego-Protection)

'자아 보호(ego-protection)'의 개념은 《불안의 개념》과 《죽음에 이르는 병》에서 명확하게 표현된 기본적인 통찰력을 요약하는 데 도움이 된다. 인간은 확고한 심리를 가지고 있지 않다. 끊임없이 존재를 이루어 가고 있다. 이런 상황은 **불안**(angst)으로 이어지며, 죄는 이 불안에서 생겨난다. '죄로의 도약(leap into sin)'은 창조의 과정을 통제하고 불안의 불쾌감을 줄이기 위해 인간이 스스로 노력하는 가운데 하나님으로부터 멀어지는 것을 포함한다. '죄'는 개인의 심리적 구조를 딱딱하게 만든다. 자기가 더욱 성숙할 수 있는 가능성을 도피하고자 하는 시도로, 자아는 개인이 그 안에 숨는 일종의 '조개껍데기'가 되어 버린다. 이 도피 상태에서, 자기는 미래로부터 자신을 보호하려고 한다. 다시 말해서, '자신에 대해서 죽은 다음에', 더 성숙한 형태로 다시 태어날 가능성으로

부터 자기는 끊임없이 도피하려고 한다.[14]

자신의 성장 가능성으로부터 자신을 보호하려는 자기의 욕구가 개인의 인격을 지배하는 요소가 될 때, 개인은 절망 속에서 사는 것을 선택하고 있다. **악마**(The demonic)란 자아의 붕괴 가능성을 피하려는 시도가 패닉 상태에 이르렀을 때, 그때의 존재 상태를 묘사하는 데 사용되는 용어이다. 따라서 키르케고르는 일기에 "인간은 하나님과 기독교가 염두에 두고 있는 종류의 해방으로부터 벗어나기를 선호하며, 어떤 대가를 치르더라도 그것에 맞서 자신을 방어한다."고 쓰고 있다. 악마가 되는 것은 '구원을 받지 않도록 기도하는 것'이다."(JP, 2: 1277-1278 (1854-1855)) 다음 구절도 참고할 필요가 있다.

> 자신의 죄에 대해 절망하는 것은 죄가 이미 내적으로 변함이 없거나 혹은, 앞으로도 변함이 없기를 원하는 것을 의미한다. 죄는 선함과 관계 맺는 것을 원치 않으며, 이따금 다른 이야기를 들을 정도로 나약해지는 것도 원치 않는다. 자신만 듣고, 자신만 상대하며, **자신 안에 자신을 가둬버린다.** 사실, 한 번 더 담장 안에 자신을 가두고, 오직 죄에 대해서 절망하면서, 선의 모든 공격이나 선의 추구로부터 자신을 보호한다. 뒤에 남겨진 다리를 불태웠기 때문에 접근할 수 없다는 것을 알고 있으며, 따라서 약해지는 순간 스스로 좋은 일을 하고자 하는 마음이 들 때도 그것은 여전히 불가능할 것이다. 죄는 그 자체로 선과 단절이지만 죄에 대한 절망은 두 번째 단절이다. 이 두 번째 단절은 죄로부터 가장 극악무도한 힘을 짜내고, 회개와 은총이라고 불리는 모든 것을 공허하고 무의미하게 할 뿐만 아니라 적으로 간주하도록 하는, 불경스러운 강인함이나 삐딱함을 준다. 이것은 마치 선한 자가 유혹으로부터 자신을 방어하는 것과 같은 방식이다.(SUD, 109)

여기서 키르케고르의 인간론에서 핵심적인 청각적 은유를 주목해 보자. 악마는 자신의 말만 들으려고 고집한다. 하나님의 목소리에는 귀를 기울이지

---

14   이것은 프리츠 퀸켈(Fritz Künkel)과 스캇 펙(Scott Peck)의 글의 주요 주제이다.

않는다. 왜냐하면 하나님의 음성은 창조의 말이기 때문이다. **창조의 목소리는 나지막할 지라도, 개인에게 불안의 경험을 뚫고 나갈 것을 압박하는 끈질기고 미묘한 초대이다.** 악마적 자아의 관점에서 볼 때, 이 초대는 흘려보내 버려야 한다. 《죽음에 이르는 병》의 다음 구절은 이 맥락에서 함께 고려해 봐야 한다.

> 그리고 지금, 계몽된 우리의 시대에, 하나님에 대한 모든 의인화가 부적절하다고 여겨지는 때에도, 하나님을 평범한 지방 판사나 혹은 법무관에 비견되는 판사 정도로 생각하는 것은 부적절하지 않다. 결론은 언제까지나 정확히 이와 같을 것이다. 그러므로 우리 성직자들이 함께 뭉쳐서 이런 식으로 설교해야 한다. 감히 다른 말을 할 수 있는 사람이 있다면, 그는 두려움과 떨림 속에서 자기 삶을 걱정하고 책임져야 할 만큼 어리석고, 남에게 폐만 끼치는 사람이다. 그렇다면 우리는 그를 미친 사람으로 여기거나 필요하다면 사형에 처해서라도 우리 자신을 보호하자. 만약 우리 중에 많은 사람이 그렇게 한다면, 우리는 잘못이 없다. 많은 사람이 잘못을 저지를 수 있다는 생각은 구시대적 개념이다. 많은 사람이 하는 것은 하나님의 뜻이다. 문제는 다수가 계속 다수로 남고 함께 뭉치는 좋은 다수가 되는 것이다. 만약 우리가 그렇게 한다면, 영원한 심판으로부터 보호받을 것이다.(SUD, 123-124)

여기에서, 키르케고르가 생각하기에, 그리스도와 같은 진리를 말하는 증인에 대한 폭력의 기초가 되는 기본적인 동기는, 하나님 앞에 존재하는 것을 피하려는 인간의 욕망이라는 것이 명백하다. 왜냐하면 하나님 앞에 존재하는 개인은 영적 성숙에 대한 요구를 받기 때문이다. 폭력 행위를 통해 개인이 회피하고자 하는 것은 이러한 성장의 가능성이다.

자아 보호(ego-protection)의 주제에 대한 키르케고르의 또 다른 관점은 《자기 시험을 위하여》(For Self-Examination)에 나타내고 있다. 키르케고르가 오랫동안 기억에 남길 만한 칙령을 내렸던 한 왕에 대한 비유를 여기에 등장시킨 것이다. 그렇지만, 이 부분에 대해서는 너무 많은 학문적 해석이 있다. 우리가 주목할 바는, 이 구절의 요점이 회피의 동기에 관한 것이라는 점이다.

> 하나님의 말씀은 무엇이어야 하는가? 우리는 그것을 무엇으로 바꾸었는가? 이 모든 해석과 해석, 학문적 연구와 새로운 학문적 연구는 하나님의 말씀을 올바르게 이해하기 위한 것이라는 엄숙하고 진지한 원칙에 따라 행해진다. 그러나 더 자세히 보면, 이 모든 것이 하나님의 말씀에 맞서 자신을 방어하기 위한 것임을 알 수 있다.(FSE, 34)

이것은 키르케고르가 당시 덴마크 기성교회에 대해 비판한 내용이다. 그의 견해에 따르자면, 복음서는 개인과 사회를 변화시킬 수 있는 큰 잠재력을 가지고 있다. '이교도'뿐만 아니라 '기독교인'은 더더욱 이 복음서의 잠재력을 두려워하고 그것에 저항한다. 기독교인들은 자신들이 그리스도의 길을 따르게 될 때 겪어야 할 변화를 감내하기 원하지 않는다. 그래서 말씀의 거울을 통해 자신을 인식하는 것을 회피한다. 그들은 자신을 보호하려고 한다. 즉, **변혁의 불안**을 감내하기 버겁기 때문에 현재 자아의 모습을 보존하려고 한다.

《스스로 판단하라》(Judge for Yourself!)는 같은 주제를 반영한다. 여기서 초점은 그리스도의 계명에서 그리스도의 인격으로 옮겨졌다. 죄 많은 인류는 어떻게 그리스도를 제거할 수 있는지 묻는다. 그리스도가 단순히 '미쳤다'고 볼 수는 없었다. 왜냐하면 그가 너무 강력했기 때문이고, "동시대 전체 세대에 너무 깊은 상처를 입혔기 때문이다." 인류는 죄책감 때문에 그리스도에게서 자신을 방어해야 한다. 그리스도는 신을 모독한 죄로 처형될 것이다.(JFY, 176) 여기서 키르케고르는 희생양이 유죄이며, 공동체로부터 배제될 만한 것으로 해석되어야 할 심리적 필요를 지적하고 있다. 키르케고르는 폭력의 근본적인 동기, 즉 '정신(spirit)'이 될 가능성으로부터 자신을 방어하려는 인간의 욕구를 확인하고 있다.(JFY, 175.)

요약하자면, 우리는 **영적 성장의 가능성에 대한 저항**이 폭력을 야기한다는 통찰에 도달했다. 이것은 단순히 개인이 심리적으로 통합되지 못하는 경우가 아니다. 그들은 적극적으로 심리적으로 통합될 가능성을 피하고 있다. 죄는 부정적인 것이 아니라 능동적인 것이다. **이 능동적인 회피, 고의적인 나태**가 다른 인간을 공격하려는 충동의 가장 기본적인 뿌리이다. 이 통찰력에 대한 보다 완전한 해설은 다음 장의 주제가 된다.

4. 폭력에 대한 키르케고르의 이해

하나님에 대한 사랑과 이웃에 대한 사랑은 동시에 열리는 두 개의 문과 같아서, 한쪽 문을 열지 않고는 다른 쪽 문을 열 수 없고, 또 한쪽 문을 닫지 않고는 다른 쪽 문을 닫을 수 없다.(JP, 3: 2434 [1851])

우리는 가끔 누가 가장 좋은 일을 해주려고 할 때 가장 많이 화가 난다.(TM, 270)

"하나님은 사랑이다." "이 세상에서 사랑은 미움받는다."

'자아 보호(ego-protection)'는 인간이 계속되는 창조의 과정을 회피하려는 시도이다. 근원적으로, 이러한 회피는 영적인 성장의 가능성에서 파생되는 불안(angst)에서 비롯된다. 불안에서 생기는 죄의 상태는 창조주에 대한 지각을 **자아에 대한 위협**으로 받아들이게 한다. 키르케고르가 보기에, 인간의 이런 지각은 큰 오해이다. 하나님은 사랑이시다. 하나님은 모든 인간을 진정한 영적 성숙으로 이끌어 내려고 한다. 하나님은 인간이 최대한으로 자라고 성장하기를 바라고 의도하신다. 그러므로 이런 하나님의 부름을 위협으로 여기는 사람은, 자신의 존재의 중심[1]에서부터 잘못 판단하고 있다. 이러한 실수는 너무 깊

---

1   Karl Barth, *Church Dogmatics,* ed. G. W. Bromiley and T. F. Torrance (Edinburgh: T. &T. Clark,

고 미묘해서 대부분의 사람들은 이런 종류의 실수가 가능하다는 것조차 깨닫지 못한 채 삶을 살아간다. 키르케고르 사상은 인간의 무질서의 가장 깊은 지층을 발굴하고 밝혀내려는 고고학적 연구의 일종이다.[2]

키르케고르의 의식에 대한 신학적 고고학은 그의 두 번째 저술에서 가장 완숙한 모습을 드러낸다. 예를 들면, 그의 두 번째 저술인 "고난의 복음"의 4장이 그렇다.(UDVS, 264-288) 이 강화에서 키르케고르는 그리스도의 십자가 이야기를 묵상하는데, 더 구체적으로는 "우리는 우리의 행위에 상응하는 벌을 받지만, 예수는 잘못한 일이 없다."라는 강도의 발언에 주목한다.

강도의 말은 그리스도의 선함과 진실함을 가리킨다. 그리스도 안에서 하나님은 사랑이라는 것이 나타난다. 이 강도는 하나님의 성품을 올바르게 인정하므로 그리스도와 함께 '낙원'에 있을 것이다. 그의 죄는 용서받을 것이며, 그의 영혼은 온전해질 것이다. 하지만 마지막까지 조롱했던 다른 강도는 인간성이 퇴보하고 있다는 증거다. 그는 하나님의 사랑에 관한 근본적인 의심을 대변한다. 키르케고르의 말을 빌리자면, "하나님의 사랑에 대한 믿음을 포기한 사람은 삶에 대한 영원한 기쁨을 내던진 것이나 마찬가지다." 하나님을 포기한 사람, 외부 환경이 자신을 회복할 수 없을 정도로 상처입힐 수 있다고 믿

1956-1969). IV/1.489: "하나님 앞에 죄를 저질렀지만 아직 하나님에게서 떨어지지 않고 하나님을 회피하지 않는 사람이 하나님을 대면한다면, 그에게 하나님은 적으로 보일 것이라는 점은 불가피하다." Keith Ward, *Religion and Creation* (Oxford: Oxford University Press, 1996). 262: "모든 사람이 지고한 사랑의 하나님에 의해 창조되어서, 인간은 신적 사랑과의 연합을 통해 완성을 이룰 수 있을 것이라고 크리스천들은 믿는다. 인간은 하나님과의 사랑의 관계를 내재적으로 갈망하도록 창조되었다. 또한 그 안에 참된 행복이 깃든다. 그것은 또 한편으로 파괴적인 자존감은 병적인 형태라는 것을 의미한다. 그 병적인 형태는 참된 완성과 행복, 그리고 창조주 하나님의 임재에 대한 총체적 무지이다."

2   John Milbank, *The Word Made Strange* (Cambridge: Blackwell, 1997), 2 30: "어거스틴은 원죄가 자존심과 욕망이라고 밝힌 반면에, 루터와 키르케고르는 명령하고 싶고 소유하고 싶은 욕망에서 원죄가 비롯되며, 타인을 지배하는 것을 통해 얻는 자랑스런 기쁨, 미지의 것은 모두 믿을 수 없다는 더 원초적인 두려움에서 비롯되는 것이라고 주장했다. 따라서 우리 자신 안에 법적인 안전을 필요로 한다고 말한다." 이 문장에 대한 밀뱅크(Milbank)의 각주는 독자들에게 《불안의 개념》(The Concept of Angst)을 언급하고 있다. Emil Brunner, *Man in Revolt*. 74: "사랑을 위한 존재가 되는 것은 인간 존재의 여러 속성들 중 하나가 아니라 인간 존재 그 자체이다. 인간은 정확히 자신이 사랑 가운데 사는 정도만큼 인간이다. 사랑에서 멀어진 정도가 비인간성의 정도이다."

는 사람은, 존재의 가장 깊은 내면에 상처를 입은 것이다. **하나님의 사랑이 실재한다고 믿는 것**은 인간 안에 있는 '**하나님과의 연결점**'이다.…그것이 느슨해지면, 그를 파멸시키고 그로 인해 자신의 삶이 헛되고 비참한 허영이 된다."
(UDVS.269)

　이 강화에서 키르케고르는 인간이 하나님에 대해 근본적으로 불신의 태도를 취했을 때, 하나님이 사랑이라는 것을 믿지 않을 때, 오직 그들 자신의 인격을 퇴보시키는 일만 하고 있다는 것을 암시한다. '자기 보호(self-protection)'의 동기는 역설적으로 자기의 영적 통합의 붕괴로 이어진다. 이것은 자기의 심리적 건전성이 **창조주와의 관계에 대한 자기의 개방성**에 내재적으로 의존하기 때문이다. 우리는 여기서 그리스도의 말씀을 떠올릴 수 있다. "누구든지 제 목숨을 구원하고자 하면, 생명을 잃을 것이다."(마태복음 16:25)

　《사랑의 역사》(Works of Love)라는 책에서, 이 주제(인류를 향한 하나님의 사랑과 인간의 불신과 회피)에 대한 키르케고르의 한층 더 깊은 성찰을 볼 수 있다. "사랑은 율법의 완성이다."(Love Is the Fulfilling of the Law)라는 강화에서, 인류를 위한 그리스도의 사랑은 변함없고 창조적이기 때문에, 그리스도는 하나님의 법의 완성으로 묘사된다. "그리스도의 사랑은 순전한 행위이다."(WL.99) 그리스도는 고집스럽고 무지했던 제자들을 사랑했고, 마리아와 마르다를 사랑했으며, 눈 먼 자들과 귀신 들린 자들과 심지어 자기를 십자가에 매단 자들까지 사랑했다. 그의 사랑에는 다른 사람에 속한 것을 취하려는 그 어떤 이기적인 욕망도 없다. "그리스도가 사람들에게 요구한 것은 다른 사람들의 유익이었고, 그것도 순수하게 오직 다른 사람들을 위한 일이었다"(WL, 100). 그리스도가 생전에 보여준 사랑은 세상에서 흔히 볼 수 있는 그런 사랑의 종류와는 다르다. 키르케고르는 이것을 다음과 같이 요약하고 있다.

세속적 지혜는 사랑이 사람 사이의 관계라고 본다. 기독교는 **사람-하나님-사람의 관계**, 하나님이 중간에 놓여있는 관계가 곧 사랑이라고 가르친다.…하나님을 사랑하는 것은 사람이 자신을 진정으로 사랑하는 것이다. 하나님을 사랑하기 위해 다른 사람을 돕는 것은 다른 사람을 사랑하는 것이다. 하나님을 사랑하기 위해 다른 사람의 도움을 받는 것은 사랑받는 것이다.(WL, 106-107)

사랑의 세속적 개념은 사랑의 관계에서 하나님을 제거해버림으로써 그 자체를 진실되지 못하게 만든다. 이런 식으로 하나님을 제거하게 되면, 인간 관계라는 것은 **영적 성장을 두려워하는 자기의 은신처**로 기능하게 된다. 사람과 사람 사이의 관계 중간에 하나님을 두는 것은 미래를 두려워하는 자기에게는 재앙이다. 왜냐하면 하나님은 **인간을 지속적으로 성장시키기 원하는 사랑의 창조주**이기 때문이다. 그러므로 두려워하는 자아가 볼 때, 하나님의 사랑은 위협이다. 이것은 죄의 '논리'이지만, 나름의 논리를 가진다.

상황은 이렇다. 세상이 자기애(self-love)라고 부르는 가장 강도 높은 자기애가 있다. 세상이 사랑이라고 부르는 집단적 자기애도 있다. 기독교적인 사랑에는 아직 미치지 못하지만 고귀하고 자기희생적이고 너그러운 인간적인 사랑이 있는데, 세상은 그 사랑이 바보 같다고 비웃는다. 그러나 세상은 기독교적인 사랑은 미워하고, 혐오하고, 박해한다.(WL, 120)[3]

《기독교의 실천》(Practice in Christianity)에서 키르케고르는, 하나님의 사랑에 대한 세상의 거부를 요한복음 12장 32절("내가 땅에서 들리면, 모든 사람을 내게로 이끌겠노라.")과 연관지어 논의한다. 이 구절에 대한 네 번째 강화는 모든 인간의 삶

---

3   David Gouwens also addresses this theme in *Kierkegaard as Religious Thinker* (Cambridge: Cambridge University Press, 1996), 221-224.

은 시험이라는 생각에 관한 것이다.(PC. 183) 인간의 모범으로서 그리스도는 자신이 보여 주었던 삶의 방식으로 모든 사람을 이끌려고 한다. 그리스도의 이끄심은 그리스도가 사랑했던 것처럼 사람들도 사랑할 수 있는지 시험하는 것이다. 이 시험을 통과하려고 하는 크리스천들은 삶의 과정 속에서 중요한 진리를 배우게 될 것이다. 인간의 삶을 지배하고 이끄는 힘은 사랑이라는 것이다.(PC. 189) 하지만 이 세상에서는 하나님의 다스리심에 반항하는 세력이 있다. 그러므로 **이 세상에서 진리는 오직 고난을 통해서만 승리한다.**(PC. 194) 진리가 박해받는다는 것은 '두려운' 발견이지만, 크리스천들이 인생의 여정을 통해 배울 수 있는 가장 가치 있는 통찰력이다. 그것은 오직 십자가에서 죽으신 그리스도에 의해 인도될 때만 가능하다. 그리스도가 정해 놓은 길을 크리스천들이 따라갈 때, 그리스도가 받은 대접을 그들도 받는다는 것을 알게 될 것이다.

이 크리스천이 바라볼 모범을 가지고 있지 않다면, 그는 감내하지 못할 것이고, 사람들이 그에게 대항할 때 자기 안에 사랑이 있다는 것을 확신할 수 없을 것이다. 그러나 그리스도는 모범으로서 자신이 사랑이라는 것을 영원 안에서 알고 있었고, 세상 그 무엇도 그리스도의 확신을 흔들 수 없었기 때문에, 사랑은 미움받고 진리는 박해받는다는 것을 분명히 보여주었다. 눈 앞에 펼쳐진 이 사실 때문에, 크리스천은 처절한 순간에도 인내하며, 높은 곳에서 자신을 이끌고 있는 그 분께로 이끌려간다.(PC. 197-198)

《자기 시험을 위하여》(For Self-Examination)에서도 사랑은 이 세상에서 사랑받지 못한다는 생각을 찾을 수 있다. 3부 "이것이 성령이다."를 통해, 키르케고르는 요한복음 6장 63절, "살리는 것은 성령이다."에 대해 설명하고 있다. 여기서 우리는 **영적/정신적 성장이 고통스러운 과정**이라는 생각을 매우 명확하게 알 수 있다. 신약성서에 따르면 **성령이 주시는 새 생명은 자신에 대해서**

죽은 자만이 받을 수 있다. 성령은 '죽음 저편에 있는 생명'을 주신다. 키르케고르 설명에 따르면, 옛 자아의 죽음은 실제로 성령에 의해 일어난다. "생명을 주시는 성령이 바로 당신을 죽이는 자이다." 달리 말하자면, 창조의 과정이 개인이 경험하는 불안의 원인이지만, 이 과정이야말로 그 불안을 잠재우며, 개인으로 하여금 더 큰 성숙으로 나아가도록 요청한다. 키르케고르는 자기(self)는 오직 이기주의에만 매달린다고 말한다. 자기는 이 이기주의를 버리는 고통의 과정을 거치고 싶어하지 않는 것이다.(FSE, 76-78)

세상에 대해 죽은 자에게 성령이 믿음, 소망, 사랑 이 세 가지를 가져다주는 방식을 설명하면서 키르케고르는 이 강화를 이어간다. 이러한 선물을 받은 사도들은 그리스도가 그랬던 것처럼, 세상을 사랑하는 것이 거절과 고통으로 이어진다는 것을 알게 되었다. 심판하는 사람들이 조용히 손을 씻고 있는 동안, 사람들이 고함을 지르며 강도를 풀어주길 원하는 동안, 사랑은 사랑받지 못하고, 미움받고, 조롱당하고, 침 뱉음 당하고, 이 세상에서 십자가에 못 박혔다. 사도들이 이런 사실을 깨달았을 때, "주변의 모든 것이 검게 변했다." 그러나 사도들은 인내하며 그리스도를 따랐고, 또한 이 사랑스럽지 않은 세상을 구하기 위해, 사랑하기로, 고통당하기로, 모든 것을 견디고 희생당하기로 결단했다.(FSE, 84-85)[4]

"이 세상에서 사랑은 미움받는다."는 키르케고르의 주제를 우리는 지금 살펴보고 있다. 근원적으로 키르케고르가 언급하는 사랑은 피조물에 대한 하나님의 사랑, **인간을 성숙으로 이끄는 사랑**이다. 이 사랑이 미움을 받는다고 키르케고르가 말했을 때, 그는 우리가 인간 행동의 부정적인 측면을 이해하려

---

4   JP, 1:612 (1849). "오직 기독교인만이 미움을 받는다. 범죄자들 어느 누구도 파멸되지 않는데, 기독교인은 비열한 방법으로 파괴되어야 한다." 뉴스 보도에 따르면 콜로라도(콜롬바인 고등학교, 1999년 4월)에서 총기 난사를 벌인 10대 소년들은 기독교인이라는 이유로 동급생들을 살해했다.

고 한다면, 개인과 창조주 하나님과의 관계를 먼저 살펴봐야 한다고 제안하고 있는 것이다. 인간이 다른 인간에 대한 증오를 표출할 때, 그것은 하나님으로부터 내면적으로 소외된 상태를 드러내고 있는 것이다. **하나님과 자기와의 잘못된 관계는 자기의 내적 일관성과 타인과의 관계에 부정적인 영향을 미친다.** 물론, 자기와 하나님과의 잘못된 관계를 보여주는 가장 극적이고 중요한 역사적 사건은 그리스도의 십자가 처형이다.

키르케고르의 십자가에 대한 이해

이번에는 다시 《사랑의 역사》(Works of Love)라는 책의 "우리가 보고 있는 이들을 사랑해야 할 의무"라는 제목의 강화로 돌아가 보자. 이 강화는 사랑에 대한 욕구가 인간의 본성에 깊이 뿌리박혀 있다는 주장에서 시작된다. 인간이 하나님의 형상대로 창조되었다는 사실은 인간이 신적 본성에 따라 사랑에 대한 필요를 지닌다는 것을 의미한다. 실제로 우리는 그리스도의 삶에서 이러한 필요를 본다.

> 이 필요는 인간의 본성에 깊이 뿌리를 두고 있으며, 본질적으로는 인간의 본성에 속하기 때문에, 심지어 아버지와 하나였고 성부와 성령과의 사랑의 교감 속에 있으면서 전 인류를 사랑했던 우리 주 예수 그리스도 역시, 인간에게 사랑받고 사랑하고 싶은 인간적인 필요를 느꼈다.(WL, 155)

키르케고르는 이러한 관찰을 통해 그리스도와 베드로 사이의 관계를 살펴보기 시작한다. 그리스도의 사랑은 영원하다. 변덕스럽지 않고 시시각각 변화하지 않는다. 다른 사람이 사랑스럽기 때문에 사랑하는 것이 아니라 자신이 보는 사람, 즉 주어진 시간에 마주하는 실제 인간을 한결같이 사랑하는 분이 다. 이 사실로부터 키르케고르는 다음의 공식을 끌어냈다. "이것이 의무일 때 우리가 해야할 일은, 사랑스러운 대상을 찾는 것이 아니라, 나의 삶 속에서 만 나게 되는 사람들이 사랑스러운 존재라는 것을 발견하는 것이고, **그들이 어떻 게 변하든지 계속 사랑스럽게 바라볼 수 있는 것**이다."(WL. 159) 인간적인 관점 에서 우리는, 베드로가 그리스도를 배신했을 때 그리스도가 베드로를 버릴 수 도 있다고 예상한다. '세상에서' 거절은 거절과 맞닥뜨린다. 그러나 그리스도 는 세상의 방식에 따라 살지 않는다. 그는 하나님이자 인간이다. 인간의 삶을 다스리는 신적인 사랑의 화신이다.

이런 맥락에서 키르케고르는 그리스도가 구타당하고 조롱당하는 장면에 대해 다시금 자세히 묘사하고 있다.

만약 당신에게 인생에서 가장 중요한 결정이 내려졌고, 큰 소리로 진지하게 충성을 맹세한 친구, 당신을 위해 기꺼이 목숨을 걸겠다고 큰 소리로 맹세한 친 구가 있었는데, 그리고 나서 위험한 순간이 되었을 때 그는 자리를 피하지는 않 았다. (그것은 용서받을 만하다.)—아니, 그는 다가왔고, 그 자리에 함께했다. 그러나 손 하나 까딱하지 않았다. 그는 침착하게 거기에 서서 바라만 보았다.—그러나 아니다. 그는 침착하게 서 있는 것도 아니었다. 그의 유일한 한 가지 생각은 어 떤 경우에도 자신을 구하는 것이었다. 심지어 도망가지도 않았다. (그것은 용서받 을 만하다.) 아니, 그는 방관자로 서 있었다. 당신을 부정함으로써 방관자로 남을 수 있다고 확신했다. 그래서 어찌 되었단 말인가? 우리는 그 결과를 추적하지도 않을 것이다. 그저 상황을 좀 더 생생하게 묘사하고 그것에 대해 더 인간적으로 이야기해 보자.
이제 당신은 적들로부터 비난받고, 저주받으며 거기에 서 있었다. 말 그대로 당신이 사방의 적들에게 둘러싸인 것이 사실이었다. 당신을 이해할 수 있었을 지도 모르는 힘 있는 자들이 당신에게 대항했다. 그들은 당신을 증오했다. 그래서 당신은 지금 고발당하고 비난받고 있다. 눈이 멀고 격노한 군중들은 당신을 큰 소리로 모욕하고, 심지어 당신의 피가 자신들과 자녀들에게 돌아갈 것이라는 생각에도 미친 듯이 기뻐하고 있었다. 원래는 군중을 깊이 멸시하던 힘 있는 자들을 이것이 기쁘게 했다. 짐승의 야만성 같은 그들의 증오와, 당신을 먹잇감과 사냥감으로 삼는 그들의 비열함을 이런 흥분이 만족시켰기 때문이다. 당신은 자신의 운명에 순응했고, 또한 한 마디 말도 할 수 없는 처지라는 것도 스스로 알고 있었다. 주위에는 조롱하려는 자들뿐이기 때문이다. 당신의 결백에 대한 장황한 말은 조롱하려는 자들에게는 새로운 조롱거리만 제공할 뿐이다. 당신의 진실성에 대한 가장 명확한 증거가 조롱하는 자들을 더욱 분개하고 격노하게 만들 것이다. 고통의 외침을 던져도, 이것이 마치 비겁함인 것처럼, 이 또한 새로운 조롱으로 되돌아 올 뿐이었다.

이런 방식으로 당신은 인간 사회에서 쫓겨났다. 아니 아직 쫓겨난 것은 아니다. 무엇보다, 거기서 인간들에 둘러싸여 서 있었지만, 그들 중 누구도 당신을 인간으로 보지 않았다. 물론 다른 의미에서는 당신을 인간으로 보고 있는 것이다. 왜냐하면 그들이 동물을 그처럼 비인간적으로 다루지는 않았을 것이기 때문이다. 야수들 사이에 떨어진 것보다 더 끔찍한 공포가 어디 있겠는가? 그러나 피에 굶주린 맹수의 울음소리가 격분한 군중의 비인간성만큼 끔찍한 것인지 궁금하다. 무리에 있는 맹수 한 마리가 다른 맹수들에게 대해, 맹수의 타고난 잔인함 이상의 더한 흉포함을 부추길 수 있는지 궁금하다. 수치심 없는 군중 가운데서, 사람들이 다른 사람들에게 동물적인 피의 굶주림과 잔인함 이상을 선동하는 것처럼 말이다. 가장 피에 굶주린 맹수의 악으로 가득차 번뜩이는 눈에도, 사람들이 군중 속에서 선동하거나 선동당할 때 그 눈에 불타오르는 악의 불이 있는지 궁금하다! 이렇게 당신은 고발당하고, 비난받고, 모욕당한 채 서 있었다. 당신이 위안을 받을 만한 친절한 얼굴은 고사하고, 그나마 인간과 닮은 구석을 찾으려고 했지만 헛수고였다. 당신은 당신의 친구인 그를 봤지만, 그는 당신을 거부했다. 그러고 나서, 충분히 신랄했던 그 조롱은 백 배로 증폭된 것처럼 들렸다!(WL, 168-169)[5]

이 구절의 가장 특징적인 면은 독자들로 하여금, 군중의 폭력에 시달릴 때의 그리스도의 자리에 있는 것을 상상하게 하는 것이다. 보통 종교적 경건함

---

5   비슷한 저널 항목은 JP, 3:2926에서 찾을 수 있다.

은 그런 가능성을 배제한다. 어떻게 사람이 구원자이신 그리스도가 되는 상상을 할 수 있을까? 제자나 군인 혹은 군중의 일원이 되는 상상은 가능할 것이다. 그러나 키르케고르는 그리스도의 인성에 대해 깊이 이해하고 있었기 때문에, 신자와 그리스도를 연결하는 것은 그가 생각하기에 자연스러운 일이었다. 특히, 희생양이 되는 맥락에서는 더욱 그렇다. 희생양은 역사적 사례가 많은 현상이기 때문에, 기독교인에게 희생양이 되는 상상을 하게 하는 것은 지나친 일이 아니다. 실제로, 기독교 신앙에 대한 키르케고르의 이해에 따르면, 제자들이 진리에 대한 진정한 증인이 된다면, 제자들이 기대해야 할 것은 다름 아닌 희생양이 되는 것이었다. 키르케고르는 독자로 하여금, 세상의 구원자가 되는 상상을 하라고 요구하는 것이 아니라 부당하게 살해당하는 사람, 즉 거짓된 군중으로부터 불합리한 폭력을 당하는 사람이 되는 상상을 해보라고 요구하고 있다. 따라서 키르케고르는 진실은 피해자 편이라는 생각을 당연하게 받아들이고 있다. 복음서는 박해자의 입장에서 희생양을 처형하는 행위를 묘사하지 않고 피해자의 관점에서 묘사하고 있다. 《사랑의 역사》(Works of Love)의 이 구절은 이러한 통찰력을 전제로 하고 있으며 독자들이 그것을 절실히 깨닫도록 돕고 있다. 여기서 독자는 단순히 역사 해석을 위한 철학적 프레임을 이해하는 것이 아니다. **독자들은 희생양의 자리에 스스로 놓여짐으로 복음서의 진리를 느낄 수 있게 된다.** (이 구절이 왜 지라르 본인의 글보다 더 지라르답다고 말하는지는 다음 장에서 더 명확해질 것이다. 희생양을 처형하는 광란의 순간에 포착된 군중의 심리 묘사는 놀라움 자체이다.)

《기독교 강화》(Christian Discourses) 역시 십자가에 대해 해석하고 있다. 예를 들어, 4부의 첫 번째 강화에서 키르케고르는 누가복음 22장 15절을 고찰한다. "내가 고난을 받기 전에 너희와 함께 이 유월절 먹기를 원하고 원하였노라." 키르케고르는 성찬식에 대한 고찰을 통하여 "죄는 백성과 모든 인간의 타락이다."라고 말한다.(CD. 258) "온 세상이 죄악 가운데 있다."는 것은 흔히 사람들에 의해 인식되지 않는 진리이다. 계시를 통해 이것을 가르쳐야 한다. 뒤이어 자신을 예수의 추종자로 상상하는 구절이 뒤따른다. 그는 '잔인한 시선'과 군중의 비난에 의해 그리스도를 배신하도록 강요당한다.

> 무엇보다도, 나는 성스러운 그분이 이 땅에 계셨을 때, 겪었던 경험을 기억할 것이다. 그분이 죄인들에게 어떤 반대에 시달렸는지, 타락한 인류에 속하게 되면서 그의 삶 전체가 얼마나 마음과 정신의 고통이었는지. 그분은 타락한 인류를 구원하고자 했지만, 그들은 구원받으려 하지 않았다. 시체에 묶인 채 살아 가는 사람은 인간의 몸을 입음으로 마음과 정신에 고통을 받은 그리스도보다 더한 고통을 당할 수는 없다. 그분이 어떻게 조롱당했는지, 그분에 대한 새로운 모욕이 얼마나 큰 박수를 받았는지, 그리스도의 결백과 신성함에 대해서는 왜 그리도 조용했던지, 나는 기억할 것이다. 그분을 위로하는 말은 겨우, '이 사람을 보라!' 뿐이었다.
> 만약 내가 그 끔찍한 사건이 일어났을 때 살고 있었다면, 그분을 모욕하고 침 뱉는 군중 속에 있었다고 가정하면,─나는 감히 열두 제자 중 한명이라고 생각할 수 없다.─내가 그 자리에 있었다고 가정해 보면, 그러나 내가 그를 조롱하는 일에 참여했을 거라고 생각할 수는 없다. 하지만, 만약 주위 사람들이 내가 조롱에 참여하지 않는 것을 보게 되고, 싸늘한 시선을 나에게 돌리고, 잠시 동안 내게로 화살이 돌려져서 그들이 소리 지르는 것을 내가 듣게 된다면, "그도 역시 갈릴리 사람이고, 예수의 추종자다. 죽이자, 혹 아니라면 그를 조롱하는 데 동참하라." 그랬다면 나는 분명히 내 생명을 지키기 위해 그분을 조롱하는 데 참여했을 것이다. 나도 그들과 함께 소리 질렀을 것이다. "그의 피를 우리에게 돌리소서." 단지 나는 내 생명을 지키기 위해 군중 속 다른 사람들과 마찬가지로 행했을 것이다.(CD. 259-260)

여기서 우리는 린치를 가하는 폭도들의 심리에 대해 예민한 민감성을 발견하게 된다. 군중은 희생자를 죽일 필요가 있다. 이것은 희생자가 실제 죄를 저질렀던 여부와 상관없이 **군중 내부의 역동성**에서 생겨난 필요이다. **군중은 만장일치를 요구하고 있으며,** 이에 동의하지 않는 자가 있다면 그도 역시 희생자가 될 것이다. 이 린치에 동참하지 않는 사람은 위험한 위협이 된다. **군중의 현실 인식이 실상은 거짓이기에 위협이 되는 것**이다. 폭도들의 기본적인 동력은 **영적 변화와 성숙에 대한 악마적 두려움**이다.

폭력의 뿌리는 영적 성장의 가능성에 대한 저항에서 발견된다고 키르케고르가 일기에 썼다. 이것이 내가 발견한 가장 직접적인 진술이다. 이 구절은 그리스도가 십자가에 못 박힌 이유를, 키르케고르가 묻는 서문에 언급되어 있다.

> 그리스도가 죽임을 당하는 일이 어떻게 일어났는가?
> 그에 대한 대답은 기독교가 무엇인지 보여줄 수 있을 것이다.
> '정신(영, spirit)'이 무엇인가? (그리스도는 정말로 영이고, 그의 종교는 영에 관한 것이다.) 정신(영)은 이 세상에 대해 죽은 것처럼 사는 것이다.
> 이런 존재 방식은 단순히 죽는 것보다 말 그대로 더 나쁜 것이어서, 평범한 사람들에게 이런 존재방식은 아직까지 낯설다.
> 상상 속에서 그런 존재 방식이 조심스럽게 소개될 때 평범한 사람은 한 시간 정도는 참을 수 있다. 맞다. 그것은 심지어 그를 기쁘게 한다. 그러나 그것이 아주 진지하게 요구되면, **자기 보존 본능**이 충동적으로 발현되어서, 술 마실 때마다 생기는 것 같은 분노, 내면 깊은 곳에서 올라오는 분노를 자아낸다. 이 혼란 상태에서 **그는 영의 사람이 죽기를 요구하거나 그 영의 사람을 직접 죽이기 위해 그에게 달려든다.**(JP. 4:4360[1854])**⁶**

폭력에 대한 기본적인 동기가 **미성숙한 자아의 자기 보호를 향한 충동**이라는 것을 다른 어느 곳에서보다 분명히 알 수 있다. 이 충동은 창조주 하나님과 지속적인 교제 가운데 살아가라는 영의 요구, 개인에게 **불안을 낳는 지속**

---

6   비슷한 내용을 다음을 참고하라. JP. 3: 2921.

적인 압박에 의해 촉발된다. 불안의 근원을 제거함으로써 **불안감을 진정시키려는 인간의 시도가 폭력의 출발점**이다. 영적 성장의 가능성에 대해 인간이 거부한 것을 가장 극적으로 분명하게 나타난 드라마는, 바로 **그리스도의 십자가 사건이다.** 인간의 죄는 창조주에게 대항하는 것이며, 계속되는 창조의 과정을 피하고자 하는 인간의 욕망에 의해 동기부여되는 것임을 드러내기 때문에, 이 사건은 역사 속에서 아주 중요한 위치를 차지하고 있다. 하지만 예언자들과 사도들을 죽이는 것과 같은 역사의 다른 폭력 행위들도, 동일한 동기를 가지고 있다는 것은 분명하다. 따라서 키르케고르는, 십자가 사건이 완전히 독특해서 인류 역사 밖으로 제외시켜야 할 사건이 아니라 오히려 **인류 역사를 해석하는 열쇠**로 간주하고 있다.

타인에 대한 자기의 폭력

키르케고르의 폭력 이론은 한 단계 더 개선될 필요가 있다. 우리는 폭력의 출발점이 영적 성장의 가능성에 대한 저항이라는 것을 밝혀냈다. 하지만 좀 더 구체적으로 물어볼 수 있다. 왜 이런 저항이 다른 인간을 없애고 싶은 욕구로 이어지는가? **내적 회피와 외적 폭력의 연관성**은 무엇인가?

스티븐 더닝(Stephen Dunning)의 《불안의 개념》에 대한 해석은 이 부분에 도움이 된다. 하우프니엔시스(Haufniensis)가 작품 안에서, 불안감이란 자아와 타인의 애매한 관계에서 비롯된 것으로 분석한다고, 더닝은 말한다. 르네 지라르(René Girard)가 제기한 모방 욕망 개념에 가까운 언어를 사용하면서, 더닝은 **'타인 속에서 개인들의 자기 추구'**를 묘사한다. 즉, '불안의 근원은 타인 속에서의 자기 추구'라는 것이다. 이어서 그는 다음과 같이 기술한다. "불안은 자신과 타인의 변증법의 문제이다. 자기가 타인에게서 자기를 추구할 때 발생하며, 자기가 자신에게 '낯선' 상태로 있는 것이다. 불안은 소외의 근원이자 결과이며, 자신이나 타인에 대한 왜곡된 관계로 이해될 수 있다."[7] 더닝은 폭력에 대한 키르케고르의 핵심적인 통찰로 우리를 인도한다. **불안의 개념은 자신과의 잘못 맺은 관계에서 비롯되는 것인데, 이는 불가피하게 세상 속에서 다른 사람들과의 잘못된 관계를 통해 표현된다는 것이다.** 불안으로 얽힌 자유는 죄로 뒤틀린 인류의 역사 속에 인간의 삶을 얽히게 한다.

키르케고르 초기 강화인 "신앙의 기대"와 "신을 필요로 하는 것이 인간의 최고의 완전성이다."에서 이 부분에 대한 신학적-심리학적 연구를 찾아 볼 수 있다. 첫 번째 강화에서 '미래와 싸우는' 사람은 결국 '자신과의 싸움'을 하고 있기 때문에 '위험한 적'을 가지고 있는 것이라고 묘사한다.

미래에 몰두하는 능력은 인간의 고귀함의 표시이다. 미래와의 투쟁은 가장 고귀한 것이다. 현재와 씨름하는 사람은 자신의 에너지를 총동원하여 특정한 대상과 싸우는 것이다. 만약 어떤 사람이 더 이상 투쟁할 대상이 없다면, 그는 자신이나 그 자신의 힘에 대해서 미처 알지 못하고도 그의 인생에서 승리하며 살아갈 수 있을 것이다. 미래와 싸우는 자는 더 위험한 적을 가지고 있다. 자신과 싸우고 있기 때문에 자기 자신을 모른 채로 남겨져 있을 수 없다. 미래는 그럴 수 없다. 미래는 그로부터 힘을 빌리고, 그를 속이고, 그가 마주쳐야 할 적의 모습으로 외부에 나타난다. 아무리 강한 사람이라도, 자기 자신보다 강하다고 할 순 없다. 한 사람이 미래와 씨름할 때, 자신이 아무리 강해도 더 강한 적, 자신이 이길 수 없는 적이 하나 있다는 것을 알게 된다. 바로 그 자신이다.(EUD, 17-18)

---

7 이번 인용과 그 이전의 인용은 다음에서 찾을 수 있다. Stephen Dunning, *Kierkegaard's Dialectic of Inwardness* (Princeton: Princeton University Press, 1985), 148-150.

한 사람이 외부 세계에서 인식하는 다양한 '적들' 과 투쟁하는 것, 그리고 영적 미래와 투쟁하는 것 사이에 관계가 있다는 생각을 드러낸다. 만약 전쟁과 폭력이 인류 역사에서 끝없이 계속되는 것처럼 보인다면, 그것은 자기(self)가 스스로를 극복하지 못하는 무능력과 관련이 있을 것이다.

다른 강화에서 키르케고르는 불안한 자아의 굳어진 껍질을 의미하는 **'첫 번째 자기**(first self)'와 하나님이 창조의 과정 속에 빚어가시는 더 성숙한 자기인 **'더 깊은 자기**(deeper self)' 사이의 대조를 보여준다. 첫 번째 자기는 더 깊은 자기가 대변하는 가능성을 인식하고 있지만, 자기 보호 욕구 때문에 움츠러든다.

> 사람이 자신을 이해하기 위해 몸을 돌려 자신을 바라볼 때, 그는 첫 번째 자기의 방식을 단념한다. 자신의 주변 세계를 갈망하고 추구하면서 바깥으로 향하던 몸짓을 멈추고, 자신의 내면으로 돌아선다. 첫 번째 자기의 이런 방향 전환을 촉진하기 위해, 더 깊은 자기는 주변 세계를 있는 그대로, 불확실한 채로 둔다. 우리 주변의 세계는 일정하지 않고 언제든지 정반대로 변할 수 있다. 자신의 힘이나 소망의 마법으로 이런 변화를 강요할 수 있는 사람은 한 명도 없다. 더 깊은 자기는 첫 번째 자기에게 이제는 더 이상 매력적이지 않은 방식으로 주변 세계의 기만적인 유연성을 만든다. 그러고 나면, 첫 번째 자기는 더 깊은 자기를 죽이고 잊게 하고, 모든 문제가 포기되도록 하거나, 아니면 더 깊은 자기가 옳다는 것을 인정해야 한다. 왜냐하면 어떤 것이 변화한다는 것을 고백하고 나서 곧바로, 끊임없이 변화하는 것의 불변성을 단언하길 원하는 것은 모순이기 때문이다. 첫 번째 자기가 아무리 움츠러들더라도, **더 깊은 자기의 영원한 주장**을 무효화시킬 수 있을 만큼 기발한 달변가는 없다. 유일한 출구는, 변화의 소용돌이가 더 깊은 자기를 물에 잠기게 함으로써, 침묵시키는 것이다.(EUD, 314)

첫 번째 자기는 창조에 대한 저항으로서, 더 깊은 자기와 그것이 나타내는 가능성을 없애려고 한다. 그렇지 않다면, 더 깊은 자기가 옳다는 것을 인정하

고 그의 영원한 주장을 수긍해야 한다.[8]

첫 번째 자기와 더 깊은 자기 사이의 씨름은 《사랑의 역사》(Works of Love)에서 확장된다. 여기서 키르케고르는 편애적인 사랑이란 실제로는 자신에게 심취한 형태라고 묘사한다. 자신이 다른 사람과 사랑에 빠졌다고 생각하는 사람은 잘못된 것이다. 그는 실제로 자신과 자기중심적인(solipsistic) 관계에 있다. 왜냐하면 편애적인 사랑은 상대방이 자신의 필요와 욕구를 충족시켜주는 한에서만 상대방을 사랑하기 때문이다. 편애적인 사랑은 하나님이 명령하는 진정한 이웃사랑이 아니다. 그것은 이웃을 진정으로 마주하지 않는 **이기주의의 한 형태**이다. 이런 식의 사랑을 하는 **'첫 번째 나'는 타인 안에 있는 '다른 나'를 사랑하는 것이다.**(WL, 57-58) 다시 말해서, 편애적인 사랑은 미성숙한 자아가 심리적 감옥에서 탈출하는 것을 허락하지 않는다.

그러나 키르케고르가 말하는 편애적 혹은 자발적 사랑은 "정반대인 증오로 바뀔 수 있다."(WL, 34-35) 하나님의 명령을 듣고 자신의 영혼을 조율하기를 거부하는 개인은 본질적으로 불안정한 사람이다. 그의 자기는 얽히고 설켜 있고, 혼란스럽다. 그러므로 어떤 때는 사랑하고 다른 때는 미워할 수 있다. 어떤 순간에는 자기중심적으로 자신을 사랑하고 다른 순간에는 자살 충동을 느끼듯이 자신을 증오할 수 있기 때문이다. 이런 상황에서 **상대방에 대한 사랑이 실제로는 자신에 대한 사랑인 것처럼, 상대방에 대한 증오도 실제로는 자신에 대한 증오인 셈이다.**[9] 이 시점에서 우리는 '인간에 대한 인간의 비인간성'

---

8   브루스 킴즈(Bruce Kirmmse)는 이 생각을 되풀이한다: "한 사람의 자연적 자기와 영적 자기는 이렇게 서로 완전히 대립된다. 그것은 마치 두 사람 사이의 싸움 같다. 문제는 자신이 어떤 자기가 될 것인가 하는 것이다. " *Kierkegaard in Golden Age Denmark* (Bloomington: Indiana University Press, 1990), 466.

9   도스토옙스키는 이 양면성을 심오하게 묘사하고 있다. 르네 지라르는 이 지점을 잘 지적한다. "도스토옙스키의 예술은 말 그대로 예언적이다. 그는 미래를 예언한다는 의미에서가 아니라 성경에 나오는 진정한 의미에서 예언적이다. 끊임없이 우상숭배에 빠지는 하나님의 사람들의 타락을 비난하기 때문이다. 그는 이 우상숭배에서 비롯된 망명, 분열, 그리고 고통을 드러낸다. 그리스도에 대한 사랑과 이웃사랑이 다른 것이 아니라 진정한 하나의 사랑이기에, 진정한 시금석은 다른 사람들과의 관계가 된다. 지하 깊

에 대한 키르케고르의 가장 심오한 이해에 도달했다.

하나님의 부름은 창조의 부름이다. 더 깊고, 진실되고, 성숙한 자아의 형태는 하나님이 항상 이끌어서 인도하려는 인간의 가능성이다. 그러나 인간이 창조의 부름에 적극적으로 저항하는 한, 그는 내적 갈등 상태에 존재한다. 자신을 사랑하고 자아에 대한 통제력을 유지하려고 노력하며, 더 성숙한 사람이 되라는 압박감을 싫어한다. 그는 이 가능성을 싫어한다. 가능성을 죽이거나 창조주를 죽이는 것이 불가능하기 때문에, 죄 많은 인간은 하나님의 창조를 막을 수 없는 자신의 무능력에 엄청나게 좌절한다.[10] 더 깊은 자기를 죽이지 못하는 무능력에 대한 분노 때문에, 다른 사람을 죽여야 하는 필요를 키워나간다. 잠재의식 속에서 다른 사람을 자기 안에서 그가 죽이려고 하는 것의 표상으로 간주한다. 그의 내적 소외를 자신의 문제로 다루려고 하기보다, 자신의 분노를 세상에 투사한다. 현재 자신에게 낯선 사람, 즉 새로운 자신이 되는 것을 회피하려고 하기 때문에, 다른 사람(적)을 공격해야 하는 심리적 필요를 가지게 되는 것이다. **타인에 대한 악의의 가장 기본적인 뿌리는, 새로운 자신이 되어 가는 과정에 있는 자신에 대한 악의이다.**

사회 전체가 이 심리 상태에 있는 사람들로 구성되면, 사회 전체가 이 정신적인 질병에 기초해 행동한다. 사회는 적을 식별하고 공격할 필요성을 키운다. 사회는 자아 보호 충동을 강화하는 방법으로 희생양을 선정하고 희생시킨다. 조지 슈타이너(George Steiner)는 그의 작품 《푸른 수염 사나이의 성에서》(In Bluebeard's Castle)에서 키르케고르의 이런 통찰력을 잘 반영한다.

은 곳에서 타인을 우상화하고 미워하기를 원하지 않는다면, 우리가 자신처럼 사랑해야 할 상대는 타인이다." *Resurrection from the Underground: Feodor Dostoevsky*, trans. James G. Williams (New York: Crossroad, 1997), 129.

10   하나님을 죽이려는 인간의 시도에 관해서는 다음을 참조하시오. CD, 66-67 and 172-173.

예언서, 산상수훈, 그리고 예수의 비유는 예언적 관용구와 매우 밀접하게 관련되어 있으며, 탁월한 도덕적 행동을 요구한다.…우리는 목표나 이상을 우리에게 제시하는 사람들을 싫어한다.

1936-45년 동안 유럽과 소련에서 일어난 대량학살은…정치적 전술, 중하층민들 불안의 폭발, 또는 자본주의의 쇠퇴의 산물 그 이상이었다. 그것은 단순한 세속적인 사회경제적 현상이 아니었다. 그것은 서구 문명에 자살 충동을 불러일으켰다. 그것은 미래를 무너뜨리려는 시도였다. 더 정확히 말하자면, 성숙되지 않은 인간의 자연적 야만성, 지적 무기력, 물질적 본능에 역사를 상응하게 만드는 시도였다.(42-46)

다시 말해서, 사회적 타자의 살인은 사회를 구성하는 **개인의 내면적 소외와 정신적 게으름에서 비롯된다.**[11]

이러한 관점에서 폭력의 심리가 "너희는 온 마음으로 하나님을 사랑해야 하고, 이웃은 너 자신처럼 사랑해야 한다."는 위대한 계명에 정확히 반대되는 이미지임을 알 수 있다.[12] 폭력적인 사람은 하나님을 사랑하는 것이 아니라 하나님의 계속되는 창조 과정에 대한 근본적인 불신과 함께 살고 있다. 하나님이 요청하는 자기를 사랑하지 않는다. 따라서 그는 자신의 '삶'을 보존하기

---

11   이 생각은 칼 바르트에 의해 반복된다: "우리가 서로 하나가 되지 않는 것은 인간이 그 자신 속에 하나가 아니기 때문이다. 개인의 삶에 내면의 일관성과 연속성이 결여되어 있기 때문에 인간 사이에 동료관계가 존재하지 않는 것이다." *Church Dogmatics* (Edinburgh: T. & T. Clark, 1957). II/2, 726-727 세르지오 코타(Sergio Cotta)는 현대 허무주의에 의해 만들어진 '현기증'과 타자로부터의 소외 안에 담긴 주관성의 고양에서 폭력의 뿌리를 찾는다: "내 존재에 대한 참여에서 제외되고 대화에 끼일 수도 없는, 그래서 더 이상 존경할 가치가 없는 타자는 나의 계산적이고 지배적인 의지의 대해서 수동적인 대상 또는 구제할 수 없는 적으로 전락한다. 나는 그를 더 이상 좋아하지 않는다. 그는 실제로 나의 지옥, 증오의 근원이자 대상이다.이 증오는 내 자신이 필수불가결한 파트너와 분리됨으로써 야기되는 무수한 패배와 좌절에 의해 증폭된다." Sergio Cotta. *Why Violence*, trans. Giovanni Gullace (Gainesville : University Presses of Florida, 1985). 134. 여기에는 중요한 통찰이 있지만, 나는 코타의 "내 존재에 대한 참여에서 제외됨"이라는 구절이 불편하다. 왜냐하면 내가 주장하는 이론은 정치적 폭력의 뿌리를 무능력, 내 존재에 대한 참여로부터 타자를 분리시키지 못하는 무능력에 두고 있기 때문이다.

12   "키르케고르는 하나님의 초월성이란, 그것 없이는 이웃에 대한 사랑도, 진정한 관계도 없고 증오, 유혈, 혼돈만 있게 되는 영원한 기준이라고, 가장 예리하게 보고 있다."고 스탠리 무어(Stanley Moore)는 말한다. "Religion as the True Humanism." *Journal of the American Academy of Religion* 37 (1969): 20.

위해 세상의 이웃을 죽어야 할 적으로, 낯선 타인으로 만들고자 하는 필요성을 발전시킨다.

폭력의 근원을 이해하는 나의 접근법이 완전히 독창적인 것은 아니다. 일종의 '구름같이 허다한 증인'이 비슷한 주장을 한다고 말할 수 있어서 오히려 기쁘다. 그럼에도 불구하고, 이러한 접근법이 일반적으로 인간의 의식에 스며들지 않은 것은 여전히 사실이다. 만약 그랬다면, 세상은 지금과 매우 다른 곳이 되었을 것이다. 예를 들어, 코네티컷 주 복권 사무소에서 불만을 품은 직원이 총기를 난사했다는 뉴스를 우리는 기억한다. 주지사는 텔레비전 인터뷰를 통해 "이와 같은 무의미한 폭력 행위를 우리는 결코 이해하지 못할 것입니다."라고 말했다. 그러나 이런 종류의 체념은 필요하지 않다.

나는 이 주제에 대해 다양한 저자들의 견해를 제시하고자 한다. 오웬 바필드(Owen Barfield)는 현대 사회의 정신분열증에 대해 다음과 같은 용어로 설명한다.

우리 각자의 자기는 현대 문화의 상식에 의해 표현된 적나라한 물리적 현실에 압축되어 있어서, 그 자신의 실존적 원천으로부터 고립되고 단절되어 있다고 느낀다. 문제는 그런 경험적인 자기가 자신의 물리적 압축 위에 기반하고 있어서, 현실성이 결여된 거짓된 자기라는 것이다. 행동주의 심리학에서 그 존재를 부정하기 위해 이따금씩 언급하는, 바로 그런 종류의 자기이다. 모든 사람의 진정한 자기는 본래적인 영적 근원과 함께 연합되어 있다. 이는 단순한 공존이 아니다. 진정한 자기를 위해서는 가공의 자기를 깨닫고, 그것을 단념하는 법을 배워야 하는데, 감금된 인격은 이 가공의 자기를 파괴로부터 보호하고 강화하기 위해 애쓴다. 이 미친듯한 노력, 때로는 공격적이고 때로는 방어적인 이 노력이 현재는 정신분열증으로 인식되고 있는 정신질환을 낳는다. 이런 비정상적인 노력으로 인해 생긴 갈등과 질병 심지어 정신질환은 인공적인 자기의 침입으로부터 기인한다. 인간은 자신이 고안한 속임수의 장치를 써서, 참된 자기의 고

요하고 작은 목소리에 의식적으로 저항하지만, 실존적인 차원에서는 자신이 이 참된 자기에 절대적으로 의존하고 있음을 무의식적으로 알고 있다. 따라서 환자의 불안정한 행동은 위장된 형태의 회피 행동이다.…

그리고 어원적으로 말장난에 지나지 않아 보이지만, 그럼에도 불구하고, 이 것은 심오한 진실이다. 우리는 공허하고 거짓된 자기(self)를 고립시키고 방어하려는 모든 전략들을 버려야 한다. 우리의 존재 근원을 기억해냄(remembering)으로써, 우리는 진정한 인간 공동체 안에 우리의 진정한 자기를 귀속(re-member)시키는 희망을 엿볼 수 있다.[13]

지적 풍토가 매우 다른데도 장 폴 사르트르(Jean-Paul Sartre)는 비슷한 방식으로 반유대주의를 분석한다. "이성적인 사람은 진실을 더듬어 찾아나가면서, 신음 소리를 낸다.…그는 '열려 있다'.…하지만 돌의 내구성에 매력을 느끼는 사람들이 있다. 그들은 거대하고 뚫을 수 없는 것을 원한다. 그들은 변하지 않기를 바란다. 실제로 변화가 그들을 어디로 데려가는가? 우리는 자기 자신과 진실에 대한 기본적인 두려움을 가지고 있다."[14] 스캇 펙(M. Scott Peck)은 《아직도 가야 할 길》(The Road Less Traveled)에서 폭력에 대한 키르케고르의 이해를 정확하게 반영한다. 펙은 안티 클리마쿠스의 '연약함의 절망'과 악마 같은 '반항의 절망'의 차이에 대해 이렇게 쓰고 있다.

몇몇 게으른 사람들은 억지로 해야 하는 경우가 아니면 손가락 하나 까딱하지 않을 수도 있다. 그들의 존재는 사랑의 부재를 나타낸다. 그래도 그들은 악하지 않다. 반면 진정한 사악한 사람들은 수동적이 아닌 적극적으로 자신의 성장을 피한다. 그들은 자신의 나태함을 지키고 병적 자아의 온전함을 지키기 위해 자신들의 힘으로 어떤 행동도 취할 것이다. 그들은 다른 사람을 세워주기보다

---

13   Owen Barfield. History, Guilt, and Habit (Middletown: Wesleyan University Press. 1981), 52-53. 62.

14   Jean-Paul Sartre. Anti-Semite and Jew, trans. George J. Becker (New York: Schocken, 1948), 18-19.

는 오히려 이런 이유로 다른 사람을 파괴할 것이다. 필요하다면, 그들은 심지어 자신의 영적 성장의 고통에서 벗어나기 위해 살인을 할 것이다. 그들의 **병적 자아의 온전성이 주위를 둘러싼 영적 건강으로 인해 위협받는다면, 그들은 모든 수단을 동원하여 주변에 존재할 수 있는 정신적 건강을 파괴하고 깨부술 것이다.**[15]

세바스찬 무어(Sebastian Moore)는 십자가에 대한 키르케고르의 이해를 반영하고 있다.

우리가 거부하는 것은 직접적인 "하나님에 대한 순종"이 아니라 삶의 충만함이다. 하나님은 우리를 그 충만함으로 몰아붙이고 있고, 우리의 모든 존재는 그 충만함을 두려워한다. 참을 수 없는 인격, 정체성, 자유의 요구는 우리의 편안한 가명성과 죽음의 선택보다 우선한다. 더 나아가, 쉽게 만족할 수 있는 자아의 욕구를 충족하기 위해 우리는, 존재의 중심에 있는 자신은 지속적으로 무시한다.…예수님이 십자가에 못 박히는 사건은 진정한 자기에 대한 인간의 거부를 보여주는 이야기 속에서 핵심을 이룬다.

그리고 나서 무어는 **아주 훌륭하고 좋은 사람의 존재 자체**가 영적 변화의 가능성을 거부하는 사람들에게는 기본적인 분노를 불러 일으킨다고 주장한다. '완전한 인격'으로의 부름은 '우리의 평범함'에 대한 도전이다. 평범함의 보호를 위해서는 "살인이 필요할 것이다."[16] 지라르를 옹호하는 신학자인 레이문드 슈워거(Raymund Schwager)는 이렇게 말한다.

지라르가 분석한 바와 같이, 근거 없는 공격성은 고의로 하나님으로부터 멀어지려는, 근거 없는 행동의 결과이다.…분노가 한 대상에서 다른 대상으로 쉽

---

15 *The Road Less Traveled* (New York: Simon & Schuster, 1978), 377-378. 펙은 이러한 생각을 아래의 책에서 심화시키고 있다. *People of the Lie* (New York: Simon & Schuster, 1983).

16 *The Crucified Jesus Is No Stranger* (Minneapolis: Seabury Press, 1977), x, 13.

게 도약하는 이유는 궁극적으로 분노가 이 대상들 중 어느 것에도 초점을 맞추지 않기 때문이다. 그것은 **본질적으로 하나님에 대한 원한**이다. 하나님의 사랑에 대한 자유로운 거절은 근거가 없기 때문에 인간은 자신의 행동을 철저히 숨겨야 한다. 자신이 마음에 품고 있는 적대심조차 스스로 알아차리지 못할 정도로 철저히.[17]

끝으로, 다른 지라르주의 신학자 제임스 앨리슨(James Alison)에 대해 살펴보자.

사람들이 예수님이 행하셨던 일들을 목격했음에도, 예수를 증오하고 없애려한다는 사실은, 그들이 단지 예수로 인해 불편함을 느끼는 것이 아니라, 사실 그들이 창조 자체에 대한 깊은 혐오감에 갇혀 있다는 것을 암시한다. 허무하고 쓸모없는 형태(form), 죽음으로 가득한 불완전한 창조의 형태에 매달리고 있고, 완전히 창조되는 것에 저항하고 있다.…예수님이 죽기까지 자기를 희생한 것은 창조의 완성이며, 창조를 노동의 상태(만들어져 가는 상태)에 넣는 것이다. 그래서 우리는 죽음의 질서 속에서 예수를 창조적으로 모방함으로써, 하나님이 항상 원해왔던 완전한 창조물이 될 수 있는 것이다. 또한 창조물 전체 역시도 우리와 함께 완전한 창조물이 된다.[18]

키르케고르와 지라르에 관한 2차 문헌에서 발견한 그 어떤 구절보다 위 인용구는 이 책에서 주장하는 나의 중심 논지와 일맥상통한다.

우리는 이제 정치적 폭력의 뿌리에 대한 키르케고르의 이해를 분석하여 정리할 수 있게 되었다. (1) **창조**는 계속되는 과정이다. (2) 인간은 창조 사건을 **불안**의 감정으로서 경험한다. (3) **죄**의 뿌리는 창조의 과정을 멈추기 위해 창조주로부터 등을 돌림으로써 불안을 관리하려는 시도이다. (4) 죄는 단순한 미성숙이 아니라 의도적으로 강화된 미성숙이다. (5) 자신에게 낯선 새로운 자아

---

17   *Must There Be Scapegoats?* trans. Maria L. Assad (San Francisco: Harper & Row, 1987). 199.

18   James Alison, *Raising Abel* (New York: Crossroad. 1996). 73-74.

가 되는 것을 피하려는 개인은 다른 사람을 공격하여 **희생양**으로 만들 필요성을 발전시키게 된다. (6) **그리스도의 십자가형**은 폭력의 근원을 가장 분명하게 드러내는 역사적 사건이다.

지금까지는 군중이 **하나님의 부름을 피하려는** 사람들의 집합이라고만 언급했었지만, 5장에서 군중의 개념에 대해 좀 더 포괄적인 조망을 하고자 한다. 또한 키르케고르의 사상을 르네 지라르와의 대화의 장으로 이끌 것이다. 르네 지라르는 신약성서의 관점에서 '군중'을 이해하는 데 크게 기여했다.

5. 키르케고르와 지라르

세상이 나아지지 않고 후퇴하는 것은 인간이 하나님과 개인적으로 상의하지 않고 서로에게 의지해서 상의하기 때문이다.(JP, 4:4148 [1848])

군중이나, 숫자로만 기능하는 사람들의 모임은 또한 실제로 기계처럼 작동한다.(LD, 269 [1848])

창조와 결핍

나는 르네 지라르가 20세기에 등장한, 폭력에 대한 가장 중요한 이론을 확립한 사상가라고 생각한다. 나는 키르케고르를 폭력 이론가로 해석하고 있기 때문에, 키르케고르 생각을 지라르 생각에 견주는 것은 이치에 맞다고 생각한다. 이 주제에 대해 쓰여진 2차 자료[1]는 많지 않으며, 지라르의 작품들 자

---

1   Cesareo Bandera, *"From Girard to Shakespeare, Kierkegaard, and Others,"* South Central Review 12 (1995): 56-68; *works that make some reference (usually in passing) to Kierkegaard and Girard Include Gil Bailie, Violence Unveiled* (New York: Crossroad. 1995): Robert Hamerton-Kelly, *Sacred Violence* (Minneapolis: Fortress Press, 1992): David McCracken. *The Scandal of the Gospels* (New York: Oxford University Press, 1994), *"Scandal and Imitation in Matthew. Kierkegaard, and Girard,"* Contagion 4 (1997): 146-162: George Pattison, *Kierkegaard: The Aesthetic and the Religious* (London: Macmillan, 1992); Marjorie Suchocki, *The Fall to Violence* (New York: Continuum, 1994): Eugene Webb, *Philosophers of Consciousness* (Seattle: University of Washington Press, 1988), and *The Self Between* (Scattle: University of Washington Press, 1993).

체는 키르케고르에 대해 몇 가지 지나가는 언급[2]만을 포함하고 있다. 이것은 아쉬운 점이다. 그러나 나는 이 책 5장을 통해 사실 이 두 사람에게 공통점이 많다는 점을 보이려고 한다. 이들을 함께 살펴보는 것은 매우 의미 있는 작업이다.[3]

지라르는 신학자로서가 아니라 문학 평론가이자 사회 철학자로서 글을 쓴다. 그러나 성경을 인식론적 출발점으로 삼아 인간 행동을 해석하는 것을 목표로 하고 있다는 점에서는 분명히 종교 사상가이다 (《세상의 시작부터 숨겨진 것들》 2부를 참조하라). 지라르가 세속적인 사회과학자들과 학문적인 논의를 이어가려고 하는지, 아니면 자신의 글을 기독교적 영역에 남겨두려고 세속의 학문적 접근을 거부하는 건지 명확하지 않기 때문에, 지라르의 주장은 모호하게 들리기도 한다. 이 문제에 대해 보다 광범위한 논의로 6장을 구성할 계획이지만, 지금은 창조와 인간 심리 사이의 관계에 초점을 맞출 필요가 있다.

우리는 지금까지, 계속적인 사건으로서의 창조라는 개념이 불안의 개념에 반영되어 키르케고르 심리학의 기초를 형성한다는 것을 살펴보았다. 불안은 인간만이 느끼는 감정이며, 인간 존재 과정에서 지속해서 경험되는 것이다. 지라르도 비슷한 생각을 하고 있는가? 그는 창조 자체를 언급하지는 않지

2　다음을 참조하라. *Deceit, Desire, and the Novel*, trans. Yvonne Freccero (Baltimore: Johns Hopkins University Press, 1965), 58; *The Scapegoat* trans . Freccero (Baltimore : Johns Hopkins University Press, 1986), 173; *To Double Business Bound* (Baltimore: Johns Hopkins University Press, 1978), 26-27 : *The Girard Reader*, ed. James G , Williams (New York : Crossroad, 1996), 268; and p. xi of Girard's " Foreword " to Robert Hamerton-Kelly, *The Gospel and the Sacred* (Minneapolis: Fortress Press , 1994): "모방 이론은 너무 현실적이고 상식적이어서 독일 관념론의 허무주의적 의붓아들과 혼동될 수 없다. 그럼에도 불구하고, 실증주의적 사회과학과는 달리, 그것은 역설에 맹목적이지 않다. 모방 이론은 키르케고르나 도스토옙스키가 그랬던 것처럼 인간 관계의 복잡성을 정확히 포착해 낸다."

3　지라르에 대해 아직 잘 모르는 독자들은 다음과 앞의 책을 통해 지라르의 사상 전반에 대한 이해를 얻을 수 있다: *The Girard Reader*. James G. Williams, ed. (New York: Crossroad, 1996); James G. Williams, *The Bible, Violence, and the Sacred* (San Francisco: HarperCollins, 1991): Eugene Webb, *Philosophers of Consciousness: Polanyi, Lonergan, Voegelin, Ricoeur, Girard, Kierkegaard* (Seattle: University of Washington Press , 1988). 183-225.

만, **인간의 모방 욕망에 대해 기본적인 실존적 결핍에 대한 생각에서부터 분석하기 시작한다.** 지라르에 의하면, 개인들은 종종 열등감, 불안감, 두려움, 불확실함을 느낀다고 한다. 다음의 내용을 함께 살펴보자.

> 현대 이론가들이 인간을 자신이 원하는 것이 무엇인지 아는 존재, 혹은 적어도 자신에 대해 아는 '무의식'을 가진 존재로 간주할 때, 인간의 불확실성이 가장 극단적으로 드러나는 지점을 놓치고 있는지도 모른다. 인간은 일단 기본적인 욕구가 충족되고 나면 (때로는 심지어 충족되기 전에도), 자신도 정확히 알지 못하는 그 어떤 것에 대해 강렬한 욕망을 가진다. 자신에게는 결여되어 있으나, 다른 사람이 소유하고 있는 것처럼 보이는 어떤 것을 갈망하기 때문이다. 따라서 인간은 자신이 무엇을 욕망하고 무엇을 가져야 하는지 알기 위해 다른 사람을 바라본다. 이미 우월한 존재로 인정받은 모델이 어떤 것을 원한다면, 그것은 훨씬 더 많은 존재론적 의미를 줄 수 있어야 한다.(Violence and Sacred,145-146)

인간의 타락에 대한 생각은 미묘한 형태로 지라르의 사유 가운데 존재한다. 자신이 성공적으로 존속하기 위해 필요한 정의를, 다른 사람에게 얻고자 의지할 때 타락이 발생한다. 아담과 이브는 뱀에게 설득당한다. 그들이 인간으로서 더 완전한 존재가 되기 위해서는 힘과 능력이 아직 부족하다고 뱀이 말해주었다. 뱀은 그들을 하나님과의 '수직적' 관계에서 멀어지게 했고, 다른 사람들 혹은 인간의 삶을 형성하는 내적 힘들과 맺는 '수평적' 관계로 향하도록 만들었다. '수평'으로의 전환이라는 관점에서 지라르의 사상을 볼 때, 인간이 타락한 결과에 대해 전반적으로 탁월하고 확장된 형태로 이해할 수 있다. 그러나 인간 존재의 수직적 차원에 대해서는 키르케고르가 우리에게 더 깊은 통찰력을 제공하는 것은 여전히 사실이다.

지라르의 심리학 이론은 **실존적 결핍**의 느낌에서 시작하는데, 이것은 모방 욕망과 경쟁의 동력이다. 왜 인간은 이런 결핍감을 가질까? 과거 '경험적' 물리학이 빅뱅 이전의 것을 말할 수 없었던 것처럼, '경험적' 사회과학이 대답할 수 없는 근본적인 질문이다. 키르케고르는 이 질문에 대해 신학적인 답을 우리에게 준다. 인간은 미완성의 피조물이기 때문에 부족함을 느낀다.[4] 성숙되지 못하였고, 인간 존재의 텔로스(*telos*, 목적)에 아직 도달하지 못했다. 우리는 현재 진행 중인 창조 과정에 관여하고 있다. 지라르가 제시한 세속적이고 수평적인 이론이, 더 깊은 신학적 수준의 통찰에까지 어떻게 하면 도달할 수 있는지, 우리는 키르케고르의 사상을 통해 배울 수 있다.

키르케고르 사상 속 모방 욕망

이러한 **실존적 결핍의 느낌**이 인간이 다른 사람을 모방하도록 만든다고 지라르는 주장한다. 존재의 더 큰 충만함을 나타내는 성공적인 모델에 비해 자신을 부정적으로 경험한다. **자기는 자신 안에 중심을 가지고 있지 않다.** 자신에게 만족스러워하지도 않고, 편안하지도 평온하지도 않다. 이러한 결핍감 때문에, 사람들은 사회적 영역으로 나아가게 된다. 다른 사람들이 가진 재화나 힘을 그곳에서 획득함으로써 자기 **존재의 더 큰 충만함**을 얻을 수 있다고 생각하는 것이다. 우리는 키르케고르의 생각에서도 모방 욕망과 유사한 개념을 찾을 수 있을까? 모방 욕망은 키르케고르에게 있어서 중요한 현상이며, 다음에 인용할 구절에서 풍부하게 설명된다. 이러한 관점에서 키르케고르의 글들은 지라르가 "소설적 천재의 일치"라고 부르는 인간 존재에 대한 비전의 다

---

4   Robert Hamerton -Kelly, *Sacred Violence*, 166.

른 예로서 세르반테스, 플로베르, 도스토옙스키의 작품들과 어깨를 나란히 하는 것으로 이해될 수 있다.[5]

《다양한 정신의 건덕적 강화》(Upbuilding Discourse in Various Spirits)에서 키르케고르는 자신이 가장 좋아하는 주제 중 하나인 들의 백합과 공중의 새에 대한 세 가지 강화를 포함하고 있다. 이 중 첫 번째는 "사람인 것에 만족하기"에 관한 그리스도의 가르침에 대한 묵상이다. 시대착오적이지 않다면 누군가는, 인간 상태에 대한 지라르의 분석에 대응하여 키르케고르가 이 강화를 썼다고 말하고 싶을 것이다. 우리는 이 강화에서 **염려하는 백합의 비유**를 발견한다. 이야기에 따르면, 외딴 어느 곳에 백합이, 다른 꽃들과 쐐기풀 몇 개와 함께 살고 있었다. 어느 날 작은 새가 백합에게 다가와, 다른 곳에는 백합보다 더 아름다운 다른 백합들이 많이 있다고 말했다. 다른 왕관초들(Crown Imperial)과 비교했을 때, 고독한 백합은 '아무것도 아닌 것처럼 보였다'. 이 말을 들은 백합은 매우 걱정이 되고 화가 났다. "작은 새는 '왕관초가 모든 백합 중에서 가장 아름답고 다른 백합들의 부러움의 대상'이라고 말했다."(UDVS, 168) 그래서 백합은 뿌리에서 흙을 쪼아 더 아름다운 백합들이 사는 곳으로 데려다 주라고 새에게 부탁했다. "그러나, 아, 가는 길에 백합이 시들어 버렸다." 키르케고르는 다음과 같은 비유를 설명한다.

백합은 사람입니다. 개구쟁이 작은 새는 비교(Sammenligning)의 불안한 정신 (spirit, 영)입니다. 이 정신은 이리저리 방황합니다. 변덕도 심합니다. 이 정신은

---

5 _Deceit, Desire , and the Novel._ 245. 고프리 클리브(Geoffrey Clive)는 비슷한 언급을 한다: "《죽음에 이르는 병》은…저승에서 온 편지들에 가장 훌륭하고 유일한 동반자가 된다. 도스토옙스키의 이야기에 대한 해석의 어려움은 키르케고르의 훌륭한 분석에 의해 명확해지고 해결된다. 내용적인 면에서뿐 아니라 언어적으로도 이것은 근대 지성사에 있어서 표면적인 근거로는 설명할 수 없는 위대한 정신의 결합 중 하나이다." "The Sickness unto Death in the Underworld: A Study of Nihilism." _Harvard Theological Review_ 51 (1958): 135-167

다양성의 병적 지식들을 끌어 모읍니다. 새가 백합 입장에 서 본 적이 없는 것처럼, 우리가 비교할 때는, 나를 다른 사람의 입장에 놓든, 다른 사람을 내 입장에 놓든 상관없이, 우리도 새와 다를 바가 없습니다.*(UDVS, 169)*

이 이야기가 우리에게 주는 교훈은, 인간은 하나님이 창조하신 대로 나만의 독특한 개성에 만족해야 한다는 것이다. 만족하지 못한다는 것은 '세상 염려'에 병드는 것이고, 이것은 비교의 심리로 이어진다. 이 강화에서 키르케고르는 지라르의 모방 욕구 개념과 정확히 일치하는 방식으로 Sammenligning(비교)이라는 덴마크어를 사용한다.

제4장에서 우리는 《사랑의 역사》(*Works of Love*)의 한 구절을 살펴보았다. 그것은 예수 그리스도가 십자가에 못 박힌 장면에 대한 놀라운 묘사였다. 키르케고르의 다음 책인 《기독교 강화》(*Christian Discourses*)에서, 특별히 한 강화는 지라르 사상에 익숙한 독자들에게는 똑같이 놀랄 만한 것이다. "비천의 염려(*The Worry of Lowliness*)"[6]라는 글 속의 이 강화는 지라르의 사회심리를 분명히 예상하는 인류학적 분석을 담고 있다. 여기서 키르케고르는 **새, 이방인, 기독교**로 대표되는 세 가지 형태의 존재를 묘사한다. 새는 자연의 영역을 상징한다. *(쉴 사이 없는 비교의 심리가 아니다.)* 이방인은 인간의 죄를 상징한다. 기독교는 믿음의 삶을 나타낸다. 키르케고르의 '이방인'의 행동에 대한 묘사는 지라르의 '나쁜 모방(*bad mimesis*)'과 거의 일치한다.

실제로 인간은 자신이 되기 위해, 먼저 다른 사람들이 어떤 존재인지 완전히 알아야 하고, 그런 정보를 토대로 자신이 어떤 존재인지 알아가게 되는 것처

---

6   월터 라우리(Walter Lowrie)는 그 제목을 "비천의 불안(The Anxiety of Lowliness)"이라고 번역한다. 이것은 수긍할 만하지만, 독자가 여기서 그리고 키르케고르의 중요한 책 《불안의 개념》(The Concept of Anxiety) 에서 사용된 단어와 같은 단어가 사용되고 있다고 가정할 가능성이 높다는 것을 고려하면, 오해의 소지가 있다. 사용되는 단어는 Angest(불안)가 아니라 "걱정, 문제, 염려"를 의미하는 Bekymring이다.

럼 보인다. 그러나 만약 그가 이 착시현상의 덫에 빠지면, 결코 자신이 될 수 없다.(CD, 39 [수정번역판])

모방 욕망의 기본 요소가 여기에 분명하게 드러난다. **인간은 일관성 있는 자기를 가지고 있지 않기 때문에,** 자신을 위해 자기를 정의하려면 다른 사람들을 바라봐야 한다. 사회적 매개는 이런 형태의 존재에 있어서 꼭 필요한 것이다. 그러나 이런 삶의 방식은 잘못된 것이다. 그것은 환상이고 병이다. 키르케고르는 **인간 존재의 신학적 차원**을 열면서 이 같은 노선을 이어가고 있다.

> 물론 사람은 타인들이 어떤 존재인지 규명할 때, 또 다른 '타인들'의 모습에 근거할 수밖에 없다. 그리고 이것이 자기 자신이 되려고 하는 사람을 속여서 방해하는 세상의 방식이다. 결과적으로 사람들은 그들 자신이 어떤 존재인지 스스로 아는 것이 아니라, 계속해서 '타인'이 어떤 존재인지만 알게 된다. 자신을 완전히 알고 계신 한 분이 계시다. 그분은 자신이 어떤 존재인지 스스로 알고 계신다. 그분은 하나님이다. 하나님 앞에 존재하지 않는 사람은 자기 자신이 아니다. 사람은 스스로 계신 분 안에 거함으로써 자기 자신이 될 수 있다. 스스로 계신 분께 거함으로써 자기 자신이 된다면, 타인 앞에, 타인에게 있을 수는 있으나 타인 앞에 존재함으로써 자기 자신이 될 수는 없다.(CD, 40)

여기서 키르케고르는 모방 욕망의 체계란, 그 자체 안에 멈추는 곳이 없는 악순환임을 분명하게 드러낸다. 모방 욕망을 통하여 장님이 장님을 인도하고, 병든 자가 병자의 귀감이 되며, 무지한 자가 무지한 자를 가르치게 된다. 특정 개인들은 어떤 때에는 더 적극적인 역할을 하고 다른 때에는 더 수동적이고 모방적인 역할을 할 수 있다. 하지만 이 시스템은 닫혀있다. 그 체계 자체 안에 출구가 없다. 이 시스템에서 벗어나는 유일한 진정한 방법은 **종교적 초월**이다. 여기서 키르케고르와 지라르는 완전히 일치한다.

자기가 중심을 가지고 있지 않다는 것은 무엇을 의미하는가? 창조주와의 관계 속에서만 확립되는 일관된 개인적 정체성 속에 구멍이 나 있다는 것을 의미한다. 키르케고르는 '이교도'에 대해 설명하면서, 이 지점에 대해서 언급한다.

주변의 모든 사람들은 거대한 무게로, 갑절의 절망의 무게로 그를 짓누른다. 이 무게는 자신이 대단한 인물이라는 생각의 무게로 그를 짓누르는 것이 아니다. 그는 자신이 아무것도 아니라는 생각에 짓눌린다. 사실, 어떤 국가나 사회도 아무것도 아닌 이런 존재에게 모든 짐을 짊어지게 할 만큼 사람을 비인간적으로 대한 적이 없다. 절망하고 있는 비천한 자, 저 이방인만이 자신을 이렇게 비인간적으로 대우한다. 그는 점점 더 깊이 절망적인 염려 속으로 침몰하고 만다. 그는 짐을 짊어질 만한 디딤판을 찾을 수 없다. 결국 아무것도 아닌 존재이다. 다른 사람들의 있는 그대로의 모습에 대한 생각 때문에 고통당하며, 자신이 아무 것도 아닌 존재라는 것을 의식하게 되는 것이다. 그는 점점 더 바보 같아 보인다. 오, 아니다. 그는 점점 더 불쌍해진다. 혹은 오히려, 점점 더 사악한 냉혈인간이 되어가면서, 스스로 생각하기에 대단한 인물이 되기 위해 어리석은 고투를 하고 만다. 아무리 하찮은 것일지라도 그가 생각할 때는, 존재할 만한 가치가 있는 대단한 존재 말이다.

이런 식으로 절망하고 있는 비천한 자, 저 이방인은 비교의 거대한 무게 아래로 침몰하고 만다. 그는 스스로 그 무게를 자신에게 놓는다.…그럼에도 불구하고 그는 가장 비참한 상태로 이 세상에 속하고 싶어 한다. 그는 이 세상에서 도피하고 싶어 하지 않는다. 그는 자신이 아무것도 아닌 존재라는 사실에 단단히 매달려 있다. 그럴수록 점점 더 단단히 매달린다. 세속적인 방식으로, 헛되이, 대단한 자가 되기 위해 노력하기 때문이다. 이제 그는 절망에 빠져든 상태에서 점점 더 대단한 자가 되어야 한다는 사실에 매달린다. 절망의 정점에서 그는 더 이상 대단한 자가 되기를 구하지 않는다. 이런 식으로 살고 있으나 이 땅에서 살고있는 것이 아니다. 그의 상태는 마치 지하 세계로 내동댕이쳐진 것 같기 때문이다.

그물에 걸려들어, 아무런 소망도 없는 두려움 가운데 생사를 건 싸움을 하고 있는 새처럼, 비천한 이방인은 훨씬 더 불쌍하게 '무(nothingness)'의 포로가 되어

자신의 영혼을 파멸시키고 만다.(CD, 45-47)

이 대목에서 키르케고르는 **허무주의의 뿌리에 대한 인류학적 비전**을 제시하고 있다. 존재의 근원인 하나님으로부터 인간이 자신을 단절할 때, 그들은 내면적으로 공허해진다.[7] 자신 안에 일관된 정체성의 중심이 없기 때문에, 그들은 바깥으로 눈을 돌리고, 다른 사람들을 세상의 모델로 바라볼 수밖에 없다. 하지만 결국, 이런 외부 지향은 내면의 결핍을 드러내고, 무(Nothingness)를 나타내며, 절망에 의해 이끌려지는 것이다. 그물에 걸린 채 스스로를 학대해 죽음에 이르는 새에 대한 시적 묘사는, 현대 문화의 자살 현상을 강렬하게 그려내고 있다. 연장선상에서 그것은 또한 약물 및 알코올 남용에 의한 사망에도 적용될 수 있다.

물론 절망은 《죽음에 이르는 병》(The Sickness unto Death)의 핵심 주제이다. 절망은 영원한 것과의 잘못된 관계라고 정의된다. 자신을 세워줄 수 있는 유일한 힘을 가진 존재인 하나님과 의도적이고 자의적으로 결별한 상태이다. 이 작품에서도 우리는, 지라르가 모방 욕망으로 분석한 현상에 대해 키르케고르가 이미 주목하고 있었던 것을 볼 수 있다.

한 종류의 절망은 무한으로 맹렬히 뛰어들어 자신을 잃는 반면, 다른 종류의 절망은 '다른 사람들'에 의해 스스로 속아 자기를 잃어 버린다. 많은 사람들에게 둘러싸인 채, 모든 종류의 세속적인 문제에 몰두하고, 세상사에 점점 더 영악해

---

7   유진 로즈(Eugene Rose)도 이와 같은 생각을 제시한다.
무에서 유를 창조하신 바로 그 하나님과 싸우는 자는, 맹목적이거나 혹은 자신의 힘을 과신하고 있을 것이다. 그러나 어떤 허무주의자도 자신의 행동의 궁극적인 결과를 감지하지 못할 정도로 맹목적이지는 않다. 오늘날 많은 사람들이 가지고 있는 이름 모를 "불안"은, 유신론을 반대하는 입장에 수동적이나마 참여했다는 것을 증명하고 있다; 더 많은 사람들이 인간의 마음 속에 열려 있는 "심연"을 말한다. 이 "불안"과 "심연"은 바로 무(Nothingness)이다. 하나님이 이 무로부터 우리를 창조하셨다. 우리가 하나님을 부정할 때 우리는 다시 무로 돌아가게 되며, 결과적으로 하나님의 모든 창조와 우리 자신까지도 부정하는 상황에 이르게 된다. *Nihilism* (Forestville: Fr. Seraphim Rose Foundation, 1994). 69.

지면서, 그는 자신을 잊고, 하나님이 알고 있는 자신의 이름을 잊어버리고, 감히 자신을 믿으려 하지 않는다. 자신이 되는 것은 너무 위험하며, 차라리 남들처럼 **복사품(en Efterabelse)**이 되고 군중 속에서 숫자가 되는 것이 더 쉽고 안전하다는 것을 깨달아 간다.(SUD, 33-34 [수정 번역])

안티 클리마쿠스가 여기서 선택한 단어(en Efterabelse)는 문자 그대로 모방자(an after-aper, mimicker)로 번역될 수 있다. 절망이 단순히 개인적인 현상이 아니라는 것이 이 작품을 통해 분명하게 나타난다. 심리적 상태로서의 절망은 사회학적 결과를 낳는다. 절망하는 사람들끼리 모여 모방 욕망의 체계로 구성된 사회를 형성한다. 이 시스템을 움직이는 기본적인 동력은, 자기의 지속적인 성숙을 수반하는 관계 속에서 하나님 앞에 사는, 그런 가능성으로부터 탈출하려는 각 개인의 시도이다. '군중'이란 영적 회피로부터 발생하는 현상이다. 따라서 하나님이 창조 시에 의도했던 인간의 '본성'을 표현하지 않는다. 군중들은 자연의 왜곡이다. 사회적인 건강 상태이어야 할 것을 대체하는 **사회적 질병**이다. 안티 클리마쿠스는 같은 맥락에서 이렇게 말한다.

절망에 빠진 그는 이제 삶에 대한 약간의 이해를 얻었고, 다른 사람들을 모방하는 법을 배우고, 그들이 어떻게 자신의 삶을 관리하는지를 배우고, 그도 이제 같은 방식으로 살아간다. 기독교에서 그는 또한 기독교인이며, 매주 일요일 교회에 가고, 목사의 설교를 듣고 이해하는데, 그들은 서로 이해하게 된다. 그는 죽고, 10억 달러 유산을 헌금했고, 목사는 그를 영원으로 인도했다. 그러나 그는 자기(self)가 아니었고, 자기가 되지 못했다.(SUD, 52 [수정 번역])

기독교 세계 안에 있는 '기독교인'은 '이방인'와 같은 방식으로 살고 있다. 두 경우 모두 타인을 모방함으로 더 쉬운 존재 방식을 선호하여, 진정한 자기를 찾으라는 요구는 회피되고 있다. 기독교 세계는 이상한 현상이다. 왜냐하면 기독교 진리의 증인인 목회자들이 성경 본문에 대해 끊임없이 설교하고, 그 설교를 들을 수 있는 곳이지만, 정작 그 메시지를 듣고 응답하는 사람은 아무도 없기 때문이다. 모방 욕망의 방식은 여전히 사회의 기본 원칙으로 작동되고 있다.

여기서 우리는, 지라르가 모방 욕망이라고 묘사한 것과 같은 현상을 이미 키르케고르가 확실히 인식하고 있었다는 것을 보았다. 이러한 형태의 삶의 기본 동기는 하나님 앞에서 진정한 존재로 성장하기를 거부하는 것이다. 이러한 태도는 영적 게으름이나 비겁함으로 묘사될 수 있다. 우리는 이제, 사회적 존재와 관련하여 키르케고르가 이 생각을 더욱 발전시키고 있는 에세이로 눈을 돌려보자.

군중은 거짓이다

키르케고르는 일찍이 모방 욕망을 알아차렸지만, 지라르가 했던 것처럼 모방 욕망으로부터 폭력 이론을 발전시키지는 않았다. 그들 사이의 이 중요한 차이점은, 사상가로서의 지라르가 실질적으로 독창적임을 보여준다. 앞 부분에서 내가 제시했듯이, 폭력에 대한 키르케고르의 이해는 사회 집단보다는 **개인의 영적 상태**에 더 직접적으로 초점을 맞추고 있다. 그러나 키르케고르를, 사회적 현실에 대해 전혀 이해가 없는 "급진적 개인주의" 사상가라고 가정하는 일반적인 함정에 빠지는 것은 큰 잘못이다. 사실, '군중'은 그의 저서에서 가장 중요한 주제 중 하나이다.

"군중은 거짓이다."라는 키르케고르의 말은 지라르의 사회 이론을 완벽하게 보여주는 말이다. 지라르에 있어 군중의 거짓됨은, 자신의 심리적 욕구를 충족시키기 위해 희생자를 붙잡아 죽이는 방식으로 실현된다. 새로운 사회적 만장일치와 결속력을 만들어 낼 희생양을 선택하고 죽임으로써, 사회가 자멸의 혼란 속으로 떨어지는 것을 막는다. 지라르가 글을 통해 밝히려 했던 중심목표는, 이러한 형태의 '구원'이 가지는 도덕적, 심리적 허위성을 밝히고 비난하는 것이었다. 그는 의심의 해석학을 사회 현상에 적용함으로써 이것을 밝혀낸다. 만약 사회가 어떤 이를 처형하면서 그는 낯선 자요, 인간 이하의 본성을 지녔고, 죄를 지었다고 주장한다면, 여기에는 더 큰 사회적 선을 위해 한 개인을 갈기갈기 찢는, 사회적 메커니즘이 작동된 것이라고 인식한다. **희생양 메커니즘**은 인간 실존의 양 갈래 길(이것이냐 저것이냐) 중에서 한 가지 선택지이다. 그것은 사회의 '존재론적 질병'에서 발생하는 심리적 필요를 충족시키기 위해 사회가 희생자를 처형하는 것이다. 다른 선택지는 이웃을 사랑하라는 하나님의 나라의 법을 따르는 것이다.

키르케고르가 그의 저술을 통해, 인간의 상태에 대해 지라르와 거의 동일하게 분석했던 것을 발견할 수 있다는 사실에, 우리는 놀라지 말아야 한다. *(지라르가 "모방 욕망"이라고 명명했던 현상을, 키르케고르가 '희생양 메커니즘'과 명시적으로 연결시키지 않았음에도 불구하고 말이다.)* 다음의 에세이가 이것을 명확히 보여준다. "군중은 거짓이다."라는 주제에 대한 이 에세이는 "'개인'을 향한 헌신에 대하여"(*Concerning the Dedication to 'The Individual'*)로 영어로 출판되었다. 이 에세이는 이전에 내가 이 책(CD, 45-47)에서 인용한 기독교 강화를 통해, 지라르의 사회학적 의심에 대한 해석학을 정확하게 예언하고 있다. 키르케고르는 인간 존재의 위대함을 다음과 같이 표현한다.

군중이 있는 곳에 진리도 있다고 보는 인생관이 있다. 진리는 진리 그 자체의 필요이며, 진리가 군중을 자기 편으로 삼아야 한다는 것이다. 다른 인생관도 있다. 그 견해는 군중이 있는 곳은 어디든지 거짓이 있기 때문에, 비록 모든 개인이 개인적으로 진실될지라도, 그들이 군중으로 모이게 되면(그래서 군중은 최종적인 결정권과 중요성을 가지게 된다.), 문제에 대한 결론을 내리는 동안 거짓이 등장한다고 말한다.(PV.106 저자 번역)[8]

인간은 두 가지 기본적인 인식론적 입장으로 살 수 있다. 한 가지는 군중의 방식이다. 군중은 내부 메커니즘을 수행하기 위해 필요한, 자신만의 '지식'을 생성한다. 군중의 '진실'에 따르면, 살해당하고 있는 사람은 죽어 마땅하다는 것이다. 그러나 근본적으로 다른 인식론적 입장이 있는데, 그것은 군중의 허위를 꿰뚫어 본다. 이 대안적인 인식 방법은, 인간이 군중으로부터 그들 자신을 분리하고 군중의 거짓을 인식할 수 있게 한다. 이 대안적인 인식을 얻을 수 있는 방법은 회개하는 것, 즉 군중을 떠나 신성한 진리의 근원으로 향하는 것이다. 군중의 인식 방식은 오랫동안 굳어진, 회개하지 않는 마음에서 나온다. 키르케고르는 군중이 개인들을 뉘우치지 않게 만들고 무책임하게 만든다고 본다. 군중 속에서 개인은 자신의 결정이 부분적이라고 느끼기 때문에, 군중 속에서 각 개인들의 책임감은 약화된다.(PV. 107)

여기서 설명한 **회개하지 않는 태도**는, 우리가 앞서 살펴보았던 **계속되는 창조에 대한 저항**과 같은 영적 상태이다. 그것은 영적인 나태함으로 묘사될

---

8 뒤이어 나오는 인용구는 오로지 나의 번역이다. 키르케고르가 공격하는 관점의 예로서, 히틀러의 옹호자였던 슈트카르트(Stuckart)와 한스 글롭케(Hans Globke)의 말들을 살펴보기 바란다. "국가사회주의 개념에 따르면, 신적 의지가 반영된 세상의 질서를 구성하는 것은 개별적인 인간이 아니라 인종, 민족, 국가이다. 개인은 운명적으로 그의 가문에 뿌리를 두고 있다. 사람들의 공동체는 개인의 삶뿐만 아니라 전체의 삶에 있어서도 주요한 가치이다.(George Mosse, ed.. Nazl Culture (New York: Grosset & Dunlap, 1966). 330에서 발췌) 또한 키르케고르를 전혀 언급하지 않은 것에 주목해야 한다. 지그문트 바우만(Zygmunt Bauman)은 키르케고르의 에세이의 중심 논제를 확인했다. 그는 사회과학이란 "도덕은 사회가 운영되는 가운데 생겨나고, 사회 기관들이 작용하는 가운데 유지된다."는 가정 하에 정상적으로 작동한다고 주장한다. 이 가정은 안타깝게도 홀로코스트로 인해 깨졌고, 철학적으로 더 이상 지지될 수 없게 되었다. 다음을 참조하라. Modernity and the Holocaust (Ithaca: Cornell University Press, 1989). 198.

수도 있고, 키르케고르가 이 에세이에 사용하는 용어인 비겁함으로 묘사될 수도 있다.

> 단독자(single individual)가 누구이건 간에, 일찍이 그렇게까지─군중이 항상 비겁했던 것처럼─비겁해 본 적이 없다. 군중 속으로 도피한 모든 단독자, 그리하여 단독자가 되지 못하고 비겁함으로 도망친 단독자는 누구나…'비겁함'에 그의 비겁함의 몫을 보탠다. 이 비겁함이 바로 군중이다.
> 최고의 예를 들어보자. 그리스도를 생각하라. 앞서 태어난 모든 인류와 앞으로 태어날 모든 인류도 생각하자. 상황은 이렇다. 개인으로서 단독자가 고립된 환경에서 그리스도와만 있다고 치자. 그는 혼자서 그리스도에게 걸어와서 그에게 침을 뱉는다. 인간은 그런 일을 할 만한 무례와 용기를 가지고 태어나지도 않았고, 앞으로도 그렇게 하지는 않을 것이다. 이것은 사실이다. 그러나 그들은 군중 속에 있기 때문에, 그 짓을 할 용기를 가지게 된다. 이 얼마나 무서운 거짓인가.(PV, 108)

우리가 보았듯이, **영적인 비겁함, 즉 창조에 대한 저항**은 폭력의 뿌리에 대해 키르케고르가 이해한 것의 중심 주제이다. 사람들은 정확히 말해서 그들이 하나님을 대면하는 개인(신 앞에 선 단독자)이 되는 것을 피하려고 하기 때문에 군중 속에 숨는다. 군중으로의 이러한 이동은 본질적으로 폭력적인 사회적 구성을 초래한다.

> 군중은 거짓이다. 그래서 그리스도가 십자가에 못 박히셨다. 그리스도께서는 모든 사람에게 자신을 전했으나 군중과 흥정하려고 하지 않았고, 어떤 방법으로든 군중이 자신을 돕는 일을 허용하시지 않았고, 그런 경우에는 오히려 사람들을 단호하게 물리치셨으며, 또 당파를 만들려고 하지 않았고, 다수의 의사결정을 허락하시지 않았고, 그분 자신이 그 자체였던 진리, 즉 단독자와만 관계하는 진리이길 원하셨기 때문에 결국 십자가에 못 박히셨던 것이다. 그러므로 진정으로 진리에 봉사하려고 하는 자는 누구나 어떤 식으로든 순교자일 수밖에

없다.(PV, 109)

지라르의 생각은 어떻게 하면 폭력을 끝낼 수 있는지에 대한 의문에 다다른다. 분명히, 군중에게 다가가 그들을 사로잡을 수 있는 메시지로 소통하는 것에 그 해답이 있다. 군중을 그 비겁함에서 벗어나게 하고, 참된 인간 존재로 끌어올려 줄 수 있는 메시지이다. 키르케고르에 따르면, 이것은 **그리스도의 메시지**이다.

> 진리에 대한 증인은 정치와 관련이 없어야 하며 가능한 한 정치꾼과 혼동되지 않게 주의해야 한다. 진리를 증언하는 신성한 일은 가능한 한 항상 개인적으로, 각각의 개인들을 길거리나 골목에서 만나 개인적으로 접촉해서 이야기를 나누는 일이다. 군중을 만드는 것이 아니라 그들을 쪼개서 개별적으로 만나서 얘기해야 한다. 그래서 그들이 군중을 떠나 개별적으로, 집으로 돌아가 단독자가 되게 하려는 것이다.(PV, 109)

그리스도는 각각의 개인에게 개별적으로 말씀하신다. 진정한 의사소통은 실존적 진리를 전달하기 때문에 이런 형태를 취한다. 이런 의미에서 진리는 비인격적인 사실이나 지식의 문제가 아니라 **한 사람의 윤리적이고 영적인 차원에서의 온전함의 문제**이다. 그러한 진리는 오직 한 사람에 의해 다른 사람에게 전달될 수 있고, 그 한 사람은 그러한 의사소통의 과정에서 새로운 존재로 거듭나게 된다. 이 사건은 사람을 창조하는 것이기 때문에, 창조주 하나님은 소통하는 행위에서 항상 중간 매개자이시다.

> 그것(진리)은 허황된 것, 거짓을 통해 작용될 수 없다. 진리의 전달자는 오직 단독자일 수밖에 없다. 진리의 전달은 다시 단독자와 관계한다. 삶의 관점에서

볼 때, 단독자가 명확히 진리이기 때문이다. 하나님이 진리이시기 때문에, 하나님과 대면함 없이, 하나님의 도움 없이, 하나님께서 중간 매개자로서 관여하심 없이, 진리는 전달될 수도 전달받을 수도 없다. 진리는 오직 '단독자'에 의해서만 전달되고 또한 받아들여질 수 있다. 이것은 추상적이고 환상적이며 비인간적인 '군중' 혹은 '대중'과는 대조되는, 진리의 가늠자이다. 군중 혹은 대중은 중간 매개자로서의 하나님을 배제하며(인격적인 하나님은 비인격적인 관계 속에서 매개자가 될 수 없다), 따라서 진리도 배제한다. 왜냐하면 하나님은 진리이시기도 하고, 진리의 매개자이기도 하기 때문이다.(PV, 110-III)

군중의 방식은 이웃을 내 몸처럼 사랑하라는 계명에 표현된 하나님 나라의 방식과 정반대이다. 군중의 영적인 부정직함은 희생자들을 이웃으로 인식하고 사랑하는 것을 불가능하게 만든다. 그러므로 사랑에 대한 계명은 군중으로부터 자신을 떼어내고, 하나님을 대면하는 자신이 되라는 부름과 동일한 것이다. 키르케고르는 이 주제에 대해서도 다음과 같이 말한다.

모든 개인을 조건 없이 존중하는 것, 이것은 진리이고, 하나님을 경외하는 것이며, 이웃에 대한 사랑이다. 그러나 종교윤리적으로 볼 때, 군중을 진리에 대한 마지막 수단으로 인식하는 것은 하나님을 부정하는 것이며 '이웃'을 사랑하는 것이 될 수 없다. '이웃'은 인간 평등을 위한 절대적으로 참된 표현이다. 만약 진실로 모든 사람이 이웃을 자신처럼 사랑한다면, 완전한 인간 평등이 달성될 것이다. 진실로 이웃을 사랑하는 모든 사람은 무조건적인 인간 평등을 표현한다. 우리의 과제가 이웃을 사랑하는 것임을 아는 모든 사람은(비록 그가, 나처럼, 그의 노력이 연약하고 완전하지 않다고 할지라도) 또한 인간 평등이 무엇인지 알고 있다. 그러나 나는 성경에서 이런 계명을 읽은 적이 없다. "너는 군중을 사랑하라. 너는 '진리'에 관한 최후의 수단으로 군중을 인정하라." 이웃을 사랑하는 것은 자기 부인이다. 그러나 군중을 사랑하거나 혹은 사랑하는 것처럼 행동하는 것, 그 군중을 '진리'를 위한 최후의 수단으로 삼는 것은 권력을 얻는 방법이며, 모든 종류의 일시적이고 세속적인 이익을 얻는 길이다. 그러나 그 길은 거짓이다. 군중이 거짓이기 때문이다.(PV, 111)

키르케고르는 "군중 속에 숨어 스스로 자신을 방해하지 않는 한, 누구도 자신이 단독자가 되는 것을 막을 수 없다."는 생각을 전하며 에세이를 마무리한다. 각 개인은 '자신의 참된 모습인, 단독자'가 될 수 있다.(PV, 112) 비겁함, 게으름, 폭력은 인간 존재의 피할 수 없는 모습이 아니다. 군중이 '약하고 힘없는 자'를 폭압적으로 학대하는 방식은 바꿀 수 없는 현상처럼 보일 수도 있지만 절대 그렇지 않다. 절대로 그것이 인간의 진실일 수 없다. 군중은 거짓이 아닌 다른 것이 될 수 없다. 그러나 인간의 거짓이란, 신적 진리를 영원히 견뎌낼 수 없는 일시적 현상이다. 신적 진리는 그리스도라는 한 개인에 의해 구체화되었다.

군중들에 대한 키르케고르의 생각에 대한 이 연구는, 키르케고르와 지라르에 있어, 각자의 출발점(개인 vs. 문화)을 기준으로 보면 상당한 차이가 있음을 암시하는 것처럼 보인다. 키르케고르는 오직 한 개인에게만 관심이 있고 반대로 지라르는 사회 전체에만 관심이 있는 것이 아닌가? 이 점에 있어 두 사람은 상당한 거리를 두고 있는 것 아닌가?

사실, 지라르의 생각의 중심에는, 모방 욕망이란 **개인화의 실패**에서 비롯되었다는 생각이 자리하고 있음을 발견할 수 있다. 이제 이런 지라르의 생각이, 키르케고르의 죄에 대한 이해와 정확히 일치한다는 것이 분명해질 것이다. 지라르가 생각할 때, 모방 욕망의 원리로 조직된 문화는 진정한 개인을 포함하지 않는다. 거기에는 오직 경쟁과 경쟁자들, 사회적 만장일치와 붕괴, 소유와 정신병으로 이루어진 연속적 패턴들의 무한한 반복과 교체만 존재할 뿐이다. 그리스도는 **모방 경쟁의 문화 밖에** 서 있었기 때문에 한 개인으로 존재하는 것이 가능했다. 인간은 일반적으로 개인이 아니다. 그들은 《세상의 시작부터 숨겨진 것들》(*Things Hidden from the Foundation of the World*)에서 언급했듯이 개인화의 실패(*the failure of individuality*)이다.

> 쟝 미셸 오를리안(*JEAN-MICHEL OUGHOURLIAN*): 만약 우리가 당신의 추론을 따른다면, 실제 인간들은 왕국의 지배에서 나올 수 있습니다. 이 규칙 외에는, 모방과 '개체 간 관계' 밖에 없습니다. 이 사건이 일어나기 전까지, 유일한 주제는 모방의 구조입니다.
> 르네 지라르: 네, 맞습니다.(199)

키르케고르가 죄에 대해 이해한 생각은 '개인화의 실패'라는 개념과 함께 간다. 《죽음에 이르는 병》을 통해, '더 깊은 의미에서는 자기가 결여된' 사람을 묘사하고 있다. "모든 것 중에서 가장 위험한 일이 자기를 잃어버리는 것인데, 그런데도 이것은 마치 아무 일도 아닌 것처럼, 세상에서 매우 조용히 일어날 수 있다. 다른 일들은 그렇게 조용히 일어날 수 없다. 팔, 다리, 5달러, 아내 등을 잃어버린다면, 그것은 분명 눈에 띌 것이다."(*SUD, 32-33*) 절망의 결과는 자기의 상실이다. 달리 말하면, 자기가 되는 데 실패하는 것이다. 《죽음에 이르는 병》에서의 심리 분석은 주체적 존재로의 가능성에 대한 인간의 저항에 초점을 맞추고 있다. **이러한 저항과 군중의 형성 원리** 사이에는 직접적인 연관이 있다. '군중'은 사람들이 하나님을 피해 숨는 곳이며, 하나님 앞에서 진정한 자기, 진정한 개인이 되는 과제를 회피하고 있는 곳이다. 이러한 관점을 갖고, 지라르는 키르케고르의 목소리를 되풀이한다.

'개인'이라는 범주는 키르케고르의 사상에서 핵심이다. 그러나 논평가들이 이런 사실을 알아차리고 키르케고르가 '개인주의적' 사상가였다고 즉시 결론짓게 되면, 잘못된 길로 빠져드는 것이다. 개인의 범주는 역사적인 지칭 대상(그리스도)을 명확히 가지고 있다는 것을 항상 기억할 필요가 있다. 그리스도는 한 개인이다. 키르케고르는 독자를 군중으로부터 분리하기 위해 독자들에게 말을 걸 때, 개인화의 전형으로서의 그리스도와 독자들의 관계를 맺어주려고 했다. 그리스도와의 관계를 통해 한 개인이 된 사람은 "네 이웃을 네 몸과 같이 사랑하라."는 계명을 듣는 사람이다. 이 계명은 집단적 이기주의 사회[9]인 군중과는 구별되는 새로운 종류의 사회인, 모든 사람을 사랑하고 존중하는 공동체로 가는 길을 열어준다. 따라서 개인과 문화를 대비시키는 구도를 적용하여 키르케고르와 지라르를 분리하려는 시도가 성공적이지 않다는 것을 알게 된다. 두 사상가 모두, 결함 있는 개인화와 결함 있는 사회적 성격에 대해 이해하고 있으며, 동시에 **진정한 개인화와 진정한 공동체**에 대한 비전을 가지고 있다.

모방 욕망의 심리적 양면성에 관하여 키르케고르와 지라르 사이에 연결점이 있을 수 있다. 키르케고르가 가명의 작가로 내세운 하우프니엔시스 (Haufniensis)에 있어서, 불안은 인간이 지닌 가장 근본적인 감정이며, 이것은 양면성에서 비롯된다. 불안은 "공감적 반감이면서 반감적 공감"이다.(CA, 42) **사람은 어떤 가능성에 끌리면서도 그것에 의해 거부당한다.** 바로 이런 문제시되는 가능성이 자기의 성숙과 관련이 있다고 나는 주장해 왔다. 창조의 과정을 통해, 자기는 이전의 자신과는 다른 존재가 될 수 있다. 자기는 변화하고, 성장하고, 발전하고, 다시 변화할 수 있다. 이러한 가능성이 불안을 낳는다. **하우프니엔시스에 의해 밝혀진 이 불안이 급진적으로 개인주의적인 것이 아**

9　John Elrod, *Kierkegaard and Christendom* (Princeton: Princeton University Press, 1981), especially 114-118.
《고르기아스》(Gorgias)에서의 소크라테스처럼, 키르케고르는 사회적, 정치적 불의는 인간의 내면적, 인격적 결함에 뿌리를 둔다고 믿었다. 올바른 사회 질서의 창조는 개인의 자의식 안에 있는 타인에 대한 생각의 재정립에 달려있다. 실제로 새로운 질서를 가져오는 참된 변화는 인간의 자의식의 변혁을 요구한다. 그리고 키르케고르의 관점에서 보면, 그런 변혁은 오직 윤리와 종교의 힘을 통해서만 생겨난다.(118)

니라 오히려 대인 관계적이고 사회적인 것이라고 제시하면서, 우리는 이것과 지라르 사상 사이의 연관성을 확립할 수 있다. 하우프니엔시스는 "전 인류가 개인에 참여하고, 개인이 전 인류에게 참여한다는 점을 강조한다."(CA.28) 다시 말해, **개인의 불안은 필연적으로 자신뿐만 아니라 다른 인간과도 양면적인 관계에 빠지게 한다.** 개인이 창조의 과정을 통해 변화된 '다른 사람'의 모습은 불안 속에서, 실제로 내가 아닌 타인과 혼동될 수 있다. 이러한 관점에서, 지라르가 분석한 것처럼, 모방 욕망의 체계가 사실 키르케고르가 제시한 불안, 타락, 원죄 개념에 대한 확장이라고 제안할 수 있다.

실족과 스캔들

데이비드 맥크라켄이 지적했듯이, '스캔들(scandal)'은 현대 철학과 신학에서 흔히 언급되는 주제가 아니다. 이 통념에 있어, 두 가지 가장 주목할 만한 예외가 키르케고르와 지라르의 경우이다.

지라르는 그리스어 스칸달론(skandalon)이 신약성서에서 중요한 역할을 한다고 지적한다. 이 말에 세심한 주의를 기울이는 독자는 복음 계시라는 심리적이고 신학적인 핵심 메시지를 이해할 가능성이 높다. 스칸달론이라는 단어의 근본적 의미는 장애물, 걸림돌 또는 올무이다. 지라르는 신약성서에서 이 단어의 의미가 육체적 영역에서 영적, 대인적 영역으로 옮겨갔다고 제안한다. 사람들에게 장애물이 되는 존재는 다른 사람이라는 것이다. 사람이 타인들로부터 소외되고 동시에 그들에게 매료되는 정도만큼 타인은 장애물로 작용한다. 즉, 스칸달론은 '모든 공허한 야망과 우스꽝스러운 적대감'을 가진 모방 욕망의 시스템의 결과이다. 스칸달론은 **모방 욕망의 근본적인 양면성의 산물**이다. 내가 모방하려는 다른 사람은 존재로서 더 큰 충만함을 지닌 매혹적인 모델이지만, 동시에 그는 나의 목표 성취를 향한 발걸음을 가로막는 경쟁자이다. 이 모델은 매력적인 힘인 동시에 반발력이다. '병적인 매력의 끊임없는 원천'이 되는 것이다.*(Things Hidden, 416)*

　스칸달론이라는 단어는 마태복음의 주요 구절에서 나타난다. 마태복음 11장 6절은 키르케고르에 있어, 결정적으로 중요한 구절이다. "누구든지 나로 말미암아 실족하지 않는 자는 복이 있도다." 믿음 안에서 그리스도의 메시지를 듣는 사람은 **모방 욕망의 체계에서 해방**된다. 그리스도는 그들에게 병적인 매혹스러운 대상이 아니라, 진실로 인간적이고 사랑스러운 삶의 길로 인도하시는 분이다. 마태복음 16장 23절에서 그리스도께서 베드로가 자신의 사역의 의미를 오해한 것을 꾸짖을 때 "사탄아, 내 뒤로 물러 가라! 너는 내게 스칼달론이다(너는 나를 넘어지게 하는 자로다). 네가 하나님의 일을 생각하지 아니하고 도리어 사람의 일을 생각하는도다."라고 말씀하신다. 베드로는 그리스도가 고통받고 죽을 것이라는 생각에 화가 났다. 그는 그리스도가 세속적인 지도자이자 왕이 되기를 기대했다. 베드로는 그리스도를 진정으로 대안적인 삶의 형태를 제시해 주는 자로 올바르게 인식하지 못했고, 모방 욕망의 세속적 세계를 다스릴 통치자로 오해했다. 그리스도는 실제로 정복자가 아니라 거짓된 세상에서 진리의 증인이었다. 누군가는 베드로가 이 대목에서 무언가를 배웠겠다고 생각할 수 있지만, 그는 분명히 깨닫지 못했다. 마태복음 26장 31절에서, 그리스도는 체포되기 직전에 이렇게 말씀하신다. "오늘 밤에 너희가 다 나를 버리리라(문자적으로는 be scandalized, 나로 인해 걸려 넘어지리라). 기록된 바 '내가 목자를 치리니, 양의 떼가 흩어지리라' 하였느니라.…베드로가 대답하여 이르되

'모두 주를 버릴지라도 나는 결코 버리지 않겠나이다.' 예수께서 이르시되 '내가 진실로 네게 이르노니 오늘 밤 닭 울기 전에 네가 세 번 나를 부인하리라.'"

신약성서 용어 **스칸달론**(skandalon)은 키르케고르의 사상에서 **실족**(offense)의 개념으로 나타난다. 《죽음에 이르는 병》에서 죄가 실족라는 것은 명백하다. 실족의 기본적인 의미는 무엇인가? 하나님 앞에서 실족하는 것은 하나님이 그 사람을 위해 의도하신 미래로 나아가는 것을 적극적으로 거부하는 것이다. 실족한다는 것은 하나님 앞에서 자신이 되는 것을 거부하는 것이다. 안티 클리마쿠스의 실족의 표현은 개인과 그의 모델 사이의 관계라고 지라르가 묘사한 심리적 양면성에 대한 이해와 유사하다.

> 실족이란 무엇인가? 실족은 **불행한 감탄**이다. 실족은 질투와 관련이 있지만, 그것은 자신에게 등을 돌리는 질투이기에, 자신에게 더 나쁜 것이다. 평범한 사람들은 창조 시에 하나님께서 그에게 의도하신 특별한 것을 자신에게 허락하지 않는 몰인정함을 가지고 있다. 그래서 실족한다.
> 실족을 이해하기 위해서는 인간의 질투심을 연구하는 것이 필요하다. 질투는 비밀스런 감탄이다.…존경은 행복한 자기 포기이다. 질투는 불행한 자기 주장이다.
> 실족도 이와 마찬가지다. 왜냐하면 사람과 사람 사이에 감탄하거나 질투하는 것이, 결국 하나님과 사람 사이에서의 예배나 실족으로 나타나기 때문이다.(SUD, 86)

지라르를 잘 아는 독자들에게 주목할 만한 반향을 불러일으키는 대목이다. 안티 클리마쿠스는 인간관계 안에서의 모방 욕망의 역학을 포착하지만, 그것을 인간과 하나님 사이의 수직적 관계의 맥락에 위치시킨다. 궁극적으로, 인간의 내면 건강을 만들어 가는 것은 다름 아닌 사랑이다. 하나님의 목소리에 실족하고 화를 내는 것은 자신에 대한 자비심이 없는 것이며, 실족의 외부 효과는 대인 관계 차원에서 드러난다.

사도 바울에 의해 명시된 세 가지 주요한 신학적 덕목은 믿음, 소망, 사랑이다. 키르케고르의 생각과 지라르의 생각을 종합해 보면, 우리는 이러한 미덕들을 그에 상응하는 반대 요소들과 대조하여 더 명확하게 볼 수 있다.

믿음	소망	사랑
실족/죄	절망	증오/폭력

《죽음에 이르는 병》은 실족, 죄, 그리고 절망에 관한 논문이다. 나는 어떻게 이것이 폭력의 심리적 뿌리를 이해하는 토대가 되는지를 제시했다. 지라르는 스칸달론(*skandalon*)이 복음서의 핵심에 놓여 있음을 보여주었다. 두 사상가 모두 **실족에서 믿음으로** 넘어가는 그리스도의 길을 제시하고 있다. 믿음의 사람은 창조주 하나님에 대한 열린 태도 속에서 살고 있으며, 따라서 절망과 회피보다는 소망으로 미래를 만날 수 있다. 믿음의 사람은 자신과 이웃과 하나님에 대한 사랑으로 지탱되는 인격을 발전시켜 나간다.

6. 폭력에 대한 세속적 견해는 충분한가?

진정한 기독교적 관점은 세상 사람들이 보편적으로 기독교를 설명하는 시각이 아니며, 기독교가 단순히 세상 속의 또 하나의 요소라고 여기는 것도 아니고, 오히려, 기독교가 세계를 설명하는 방식이다.…이런 점이 간과되고 있다.(JP. 3: 3276 [1839])

지라르의 생각은 아직까지도 우리가 확실한 답을 찾지 못하고 있는 한 의문을 제기한다. 지라르는 폭력의 뿌리에 대해서 세속적인 설명을 전개하는 것인가, 아니면 신학적 설명을 제시하는 것인가? 즉, 모방 욕망과 희생양 메커니즘이, 비종교적 사상가들에게 타당하고 설득력 있는 이론으로 받아들여질 수 있는가? 아니면 그는 성경적 인식론에 너무 많이 의존하는 터여서, 그의 이론이 실제로 전혀 세속적이지 않은가? 만약 그것이 비종교적 사상가들에게 받아들여진다면 그것은 트로이 목마인가, 아니면 그렇지 않은가? 페이즐리 리빙스턴(Paisley Livingston)은 이 질문에 부정적으로 대답한다.

나는 종교적 현상에 대해 사회학적, 심리학적 설명만 추구되어야 한다고 가정한다. 이런 점에서 나의 접근은 뒤르켐적이라고 할 수 있다. 이는 과학적 접근과 이론은 성경이 제시하는 '심층적' 계시의 '부산물'이라는 지라르의 가설이 필요 없다는 것을 의미한다. 지라르가 제시했던 인간의 상호 작용과 행동의 동기에 대한 많은 독창적인 통찰들이, 신학적 주장과 논리적으로 분리되어 있다고 나는 가정한다.[1]

이 마지막 문장은 그 자체로 의문을 제기한다. 리빙스턴은 "지라르의 독창적인 통찰력"에 대해 말한다. 그러나 지라르 자신은 그가 말하는 것이 셰익스피어, 도스토옙스키, 성경 등에서 발견되는 사상을 단순히 제시할 뿐이라는 점에서 독창적이지 않다고 분명히 말한다. 생각의 아이디어를 조율하고 제시하는 그의 특별한 방법은 독창성을 가지고 있지만, 지라르는 독창성에 대한 리빙스턴의 진술을 강하게 거부하였다.

리빙스턴은 또한 사회학적 주장과 신학적 주장을 구별하기 위해 "논리적으로 분리되어"라는 문구를 사용한다. 물론, 이것은 인간의 마음이 어떻게 "논리적"이 될 수 있는지, 즉 우리의 로고스가 어디에서 유래했는지에 대한 질문을 제기한다. 기독교 전통은 인간이 이성적이고 논리적이라는 입장을 견지해 왔는데, 인간이 이성과 논리의 궁극적 원천이신 하나님의 형상대로 창조되었기 때문에 가능한 생각이다. 우리가 이성의 발전을 통해 현실을 이해하게 될 때, 신적 근원을 닮아가는 방향으로 성장하고 있다. 뵈겔린의 언어로 표현하자면, 우리는 창조된 질서의 진리에 맞춰지고, 그 질서의 타락으로써 무질서의 비진리를 인식하게 되며, 창조의 초월적 근원과 영적으로 연결된다. 리빙스턴은 이 모든 신학적 넌센스가 없어져도 된다고 믿는 것 같다. 현실은 완전히 세속적인 용어로 이해될 수 있고, 지라르의 생각이 이러한 세속적 이해에 기여한다고 그는 주장한다. 그의 이런 주장은 지라르의 생각 속의 실제적

---

1   *Models of Desire* (Baltimore: Johns Hopkins University Press, 1992), xvii-xviii.

인 모호함을 드러낸다. 지라르는 양쪽 다 갖고 싶어하는 것 같다. 리빙스턴과 같은 세속적인 사상가들이 자신의 말에 동의하기를 원하지만, 또 한편으로는 철학적 표현으로 제시되는 진리가 신적 계시의 신비로운 사건에 토대를 두고 있다는 것을 주장하고 싶어한다. 다시 말해, 지라르는 자신의 사상이 세속주의를 위한 트로이 목마이기도 하고 그렇지 않기도 하다고 믿는 것 같다.

나는 지라르가 사회과학 방법론적 무신론을 버려야 한다고 생각한다.[2] 사회과학의 방법론은 신학적 교리가 인간의 행동을 이해하기 위한 기초로써 받아들일 수 없다고 전제하기 때문이다. 그는 기독교 변증론자로서 직설적으로 글을 써야 하고, 인간의 행동에 대한 진정한 통찰을 위해서는 신학적 지식이 필요하다고 주장해야 한다. 그의 글과 연설은 최근 몇 년 동안 이런 방향으로 나아가는 경향이 있었고, 에릭 뵈겔린, 존 밀뱅크, 알래스데어 매킨타이어 등과 생각을 공유했다. 이 작가들은 21세기 사회과학 철학을 위한 새로운 패러다임을 형성하고 있다. 이 패러다임은 조지 마즈든(George Marsden)이 "기독교 학문의 도발적인 생각"이라고 부른 것과 맥을 같이 한다.[3] 이런 관점은 종교 심리학자, 사회학자, 역사학자가 신앙인으로서 한 모자를 쓰고, '과학자' 또는 '학자'로서 또 다른 불가지론적인 모자를 쓸 필요가 없다는 것을 암시한다. 다시 말해, 계몽주의 패러다임의 강요된 불가지론에 겁먹지 않고, 신학적 전통의 관점에서 인간의 행동을 해석할 수 있다는 것이다.

나는 키르케고르도 여기서 대화 파트너로 고려되어야 한다고 주장한다. 내가 보기에 키르케고르는 신학적 사회 이론가였다.[4] 다시 말해서, 그는 신학

---

2   이런 사유 방식에 대한 고전적 진술은 피터 버거(Peter Berger)에게서 발견된다. Peter Berger, *The Sacred Canopy* (Garden City: Anchor Books, 1969), 179.

3   George M. Marsden, *The Outrageous Idea of Christian Scholarship* (New York: Oxford University Press , 1997).

4   마이클 플레콘(Michael Plekon)은 다음과 같이 말한다. "키르케고르는 결국 신학자이자 사회 사상가이

적 해석 체계를 사용하여 인간 심리 및 문화의 '경험적' 자료를 해석하려고 노력했다. 키르케고르의 사유에서, 하나님과 대면하는 인간의 실존을 제거한다면, 진짜 키르케고르다운 사상은 하나도 남지 않는다. 키르케고르를 비신학화하려는 시도는 불가피하게 실패한다.

하지만 리빙스턴이 믿고 있는 것처럼, 인간의 행동에 대해 독자 생존 가능한 세속적인 이해가 가능한 것인가? 현대의 수천 명의 사회과학자들과 철학자들이 신학적 사유에 근거하지 않고 인간의 행동에 대한 그들의 견해를 내세웠다는 단순한 의미에서 그것은 가능하다. 하지만 이러한 견해들이 궁극적으로 만족스럽고 설득력이 있는가? 이것이 내가 이 장에서 제기하는 질문이다.

이 시점에서 두 권의 책을 살펴보는 것이 도움이 될 것이다. 제임스 길리건(James Gilligan)의 《폭력: 전국적인 전염병에 대한 성찰》(Violence: Reflection on a National Epidemic)과 프레드 알포드(C. Fred Alford)의 《악이 우리에게 의미하는 것》(What Evil Means to Us). 길리건의 책은 폭력을 이해하려는 접근이 모호한데, 이 모호성을 면밀히 살펴볼 때 여기서 다루는 문제들을 명료하게 해 줄 것이다. 이 책을 처음 접하는 독자는 이 책의 관점이 완전히 세속적일 것이라고 추측할 가능성이 높다. 길리건은 여러 해 동안 감옥에서 정신과 의사로 일했기에, 독자들은 그의 글이 방법론적인 무신론에 부합될 것이라고 기대했을 것이다. 그러나 이 책의 첫 장은 종교적인 언어와 이미지로 가득차 있어, 독자들을 놀라게 한다.

다. 나는 그의 이 두 역할은 뗄래야 뗄 수 없는 것이라고 말하고 싶다.…신학과 사회사상이 밀접하게 관련되어 있고, 심지어 한 개인의 생각에 융합되어 있다고 상상하는 것이 어려운 것은 오직 우리 시대에만 그런 것이다. 그러나 이것이 바로 우리가 키르케고르의 기독교 선포와 인류학적 사색의 작업을 이해할 수 있는 방법이다." 다음을 참고하라. "Moral Accounting." *Kierkegaardiana* 12 (1982): 80.

길리건은 범죄 폭력과 감옥의 세계에 대한 장중한 그림을 그린다. 그는 '지옥'을 헤매는 '죽은 영혼'에 대해 말하는 것을 꺼리지 않는다. 그는 논의를 선과 악, 죄의식, 신화, 제의, 비극의 관점에서 프레임 씌운다. 그는 단테, 도스토옙스키, 욥기, 카인과 아벨. 셰익스피어, 그리고 멜빌을 거론한다. 길리건은 과학자들의 무미건조한 방법론적 무신론에 국한되지 않는다. 그리고 다음과 같이 말한다.

> 폭력적인 사람들의 심리를 이해하려고 노력하는 와중에, 나는 종종 신화적이고 비극적인 문학에 눈을 돌린다. 그리스 비극과 셰익스피어의 비극, 투키디데스와 성경에 묘사된 공포만이 내가 감옥에서 매일 보고 듣는 인간 폭력의 우주를 충실하게 그려낸다.…내가 매일 보고 듣는 비극들에 비하면, '사회과학'의 추상적 설명들은 마치 플라톤이 동굴 비유에서 말한 그림자처럼 현실에 대한 생기없는 모사(模寫)처럼 보인다.(57-58)

나와 같이 종교를 가지고 있는 독자는 특히 저자의 두 가지 핵심 주제에서 깊은 인상을 받을 것이다. 자아(selfhood)의 취약함과 폭력이 말하는 것을 '들어야' 할 필요성이 그것이다. 자아에 대한 길리건의 논평은 때때로 키르케고르적인 인상을 준다. 가장 폭력적인 범죄자들을 "살인이 시작될 때 이미 자신이 마비되고 죽은 것처럼 느끼는 사람들"이라고 묘사하고 있다. 그는 이어서 이렇게 말한다.

> 난폭한 자들에게 '죽음'은 육체의 죽음을 기다리지도 않고, 육체의 지속된 생명과 양립할 수도 없다. 죽음은 자기(self)의 죽음이다. 이런 현상은 육체가 아직 살아 있는 동안 일어난다. 그래서 우리는 그들을 생물학적으로 살아있으면서도 영적으로나 감정적으로 죽은, "살아 있는 죽은 자"라고 말한다.(36)
> 이 사람들은 자기의 죽음이 너무 참을 수 없어서 보통의 사람들이 "생명"이라

고 부르는, 살아 있는 고통의 지속보다 육체적인 죽음(자신이나 다른 사람들의 죽음)을 선택한다. 폭력적인 사람들은 자신과 다른 사람들의 삶을 싫어하게 된다고 해도 과언이 아니다. …

다른 사람을 죽이는 사람들은 부분적으로 그들 자신은 죽어 있는데, 다른 사람들이 살아 있다고 생각하는 것을 견딜 수 없기 때문이기도 하고, 자신의 살아 있는 죽음(자아의 죽음)을 견딜 수 없기 때문이다.(38)

길리건은 충격적인 많은 사건들의 역사에 대한 자신의 성찰을 요약하고 있으며, 키르케고르가 말한 "죽음에 이르는 병"과 같은 정신적 상태를 분명히 이해하고 있다. 자기(self)가 너무나 심각하게 삐뚤어졌을 때 폭력이 생겨난다는 것을 명확히 알아차리고 있다. 자기의 기형 상태에서 개인이란, 신이 처음에 완전하게 창조한 인간 형태의 왜곡된 그림자에 불과하고, 이런 상태에서의 인간의 존재는 생명에 반하는 존재가 된다. 다른 사람의 생명뿐 아니라 자신의 생명조차도 소중하게 여길 능력이 더 이상 없는 것이다. 길리건은 살인 성향과 자살 성향 사이의 밀접한 연관성을 인식하고 있다. "방금 살인을 저지른 사람들의 자살률은 평범한 사람들보다 수백 배 더 높다."(41). 그는 이 두 가지 정신적 성향이, 동전의 양면이라는 것을 알고 있다. 우리가 키르케고르에게서 이미 배운 바이다.

이 책의 두 번째 주요 주제인 '폭력 행위가 말하는 것을 듣는 것'은 매우 중요하다. 길리건은 폭력을 이해하는 열쇠는 폭력을 일종의 언어로 해석하는 것이라고 주장한다.

행동은 의식적인 생각보다 앞서 드러나고, 그것을 대신한다. 만약 그 행동이 단어와 생각으로 해석되거나 번역되지 않는다면, 행동은 말로 하는 사고를 대신할 수 있다. 철학자이자 문학평론가인 케네스 버크(Kenneth Burke)는, 문학을 이해하기 위해서는 언어를 상징적인 행동으로 해석하는 법을 배워야 한다고 썼다. 우리도 폭력을 이해하기 위해, 그 절차를 뒤집고 행동을 상징적인 언어로 해석하는 법을 배워야 한다고 제안하고 싶다.(61)

가장 폭력적인 사람들은 자신들의 동기나 감정을 이해하고 표현하는 것을 방해하는 "언어적 표현의 불명료성(verbal inarticulatedness)"을 가지고 있다고 길리건은 묘사한다. 그들의 폭력적인 행동은 자신들이 말로 할 수 없는 것을 표현하는 방법이다. 폭력적인 사람에게 왜 그 폭력적인 행동을 했는지 묻는 것은 무의미한 일이다. 우리가 그런 질문을 할 때는, 그 사람이 스스로 답을 알고 있다고 가정한 상태에서 묻는 것이기 때문이다. 사실, 그는 스스로 답을 가지고 있지 않다. 그가 어떤 대답을 한다고 해도, 그 대답조차도 자신의 왜곡된 렌즈로 본, 왜곡된 세상에 대한 대답일 뿐이다. **폭력 행위의 동기에 대한 진정한 해답은 폭력적인 사람에게서 찾을 수 없다.** 그러나 이것이 그 사람에 대한 진정한 이해조차 불가능하다는 것을 의미하지 않는다. 기형적인 자기의 병을 앓고 있지 않은 '관찰자'로부터 이 사람을 이해하는 것이 시작될 수 있다. 관찰자는 폭력 행위자의 아픈 감정, 두려움, 충동을 '인간의 언어'로 표현해 줄 수 있다. 길리건은 자신이 이 역할을 수행하고 있다고 인식한다.

이러한 폭력적인 행동을 해석하는 과정을 보여주는 극적인 예시가 있다. 길리건은 스무살의 "로스 L"에 대한 이야기를 하는데, 로스 L은 어느 날 편의점에서 우연히 고등학교 여자 동창생을 만나게 된다. 자신의 차가 고장났다면서 여자 동창생의 차에 태워달라고 부탁했고, 그녀가 태워 주었는데, 차를 타고 가는 동안 그는 칼을 뽑아 그녀를 찔러 죽였다. 그녀의 눈을 뽑고, 혀를 잘라냈다. 그녀를 성폭행하지도 않았고, 차도 훔치지 않았다. 그런데도 이런 끔찍한 살해와 신체 훼손의 동기는 무엇이었을까? 이 젊은이와의 인터뷰를 통해, 길리건은 그가 자신의 순수한 마음에 깊은 상처를 받았다고 느낀다는 것을 알게 되었다. 로스 L은 전 세계가 어떻게 자신을 반대하는 음모를 꾸미고 있는지에 대해 끊임없이 불평했다. 사람들은 항상 그의 뒤에서 그에 대해 수군거리고 그를 모욕했다. 그가 죽인 소녀도 잘못된 방식으로 그를 바라보았다. 길리건은 이 남자가 엄청난 수치심, 심리적 허약함과 취약함을 가지고 있다는 것을 이해하게 되었다. 그의 성격은 이러한 감정들을 억누르고 자신이 "진짜 남자"라고 스스로를 납득시키려는 의도로 구축되어 있었다. 자신의 차를 직접 수리할 줄도 모르고, 차를 고칠 넉넉한 자금도 없는 터에, 여자 동창에게 도움을 구해야 하는 상황에서 그의 폭력적 행동이 촉발되었던 것이다. 범행 후 그는 자신을 과시하기 위해서 지인에게 그 일을 떠벌렸다.

그 폭력 행위에 담긴 의미를 길리건은 다음과 같이 해석한다.

> "눈을 없애버리면, 수치심을 없애는 것이다." (남의 눈에 비친 나의 모습에서 수치심을 느끼는 것이니까.) 다시 말해, "눈을 없애버리면, 나는 수치심을 느끼지 않을 것이다." "내가 혀를 잘라내면, 나는 수군거림이나 조롱을 당하지 않을 것이다. 내 수치가 다른 사람에게 드러나지 않을 것이다."
> 내가 수치심의 논리라고 불렀던 이 특정한 범죄의 근저에 있는 감정적인 논리는 다음과 같은 마법적 사고의 형태를 취한다. "이런 식으로 이 사람을 죽인다면, 내가 수치심에 노출되고, 상처받기 쉽고, 잠재적으로 수치심에 압도되는 것으로부터 내 자신을 보호할 수 있을 것이다."(65-66)

이 사건 뿐만 아니라, 마찬가지로 충격적이고 놀라운 많은 다른 사건들에 대해 언급하면서, 길리건은 폭력의 언어에 목소리를 입혀주고 있으며, 그것이 수치심의 현실에 대해 가장 큰 소리로 말하고 있다는 것을 발견한다.

이어지는 논의에서 나는 수치심의 주제로 돌아가려 한다. 그 전에 먼저,

여기서 제시되는 통찰력의 중요성을 강조하고 싶다. 폭력 이면에 숨겨진 언어를 분명하게 말할 수 있는 것은, 인간을 이해하고자 하는 사람들이 직면한 가장 어려운 과제이다. 동시에 그것은 인류 역사를 통해 계속되어져 온 폭력의 악몽에서 우리가 벗어날 수 있는 가장 효과적인 방법이다. 이 책을 통해 나도 같은 목표를 추구하고 있다. 폭력의 심리적 뿌리가 실제로 우리에게 이해되고 또한 표현될 수 있다는 것을 보여주려 한다.

길리건은 폭력에 대해 많은 중요한 통찰력을 보여줬지만, 안타깝게도 거기에도 결함이 있다고 결론짓고자 한다. 이 책이 가진 결정적인 흠은, 종교적인 측면에까지 논의를 열어놓으려다가 그만 둔, 저자의 이런 어중간한 태도 때문에 생겼다. 앞서 인용한 대로, 길리건은 성경을 인간의 행동에 대한 지식의 원천으로 간주한다고 주장했다. 하지만 이 주장은 시종일관 진지하게 다뤄지지 않았다. 사상가로서의 지라르의 강점은 이와 비슷한 종류의 주장을 하고 그것을 일관되게 관철하는 능력에 있다. 하지만 길리건은 성경 텍스트를 진지하게 자신의 사유 속에 끌어들이지 않았다. (우리는 또한 길리건이 지라르를 읽었다는 어떤 증거도 발견하지 못했다. 이것은 길리건의 연구에 대해 아쉬운 점이다.) 길리건은 근본적으로 세속적이고 수평적인 관점에 묶여 있다. 즉 개인적이고 대인 관계적인 심리학이 인간 이해에 있어 유일한 통로라는 것이다. 자기(self)는 하나님과 대면하며 살아가는 존재이고, 이것이 인간을 이해하는 데 결정적인 점이라는 통찰은 길리건의 지적 연구 범위를 넘어서는 것이다. '자기의 죽음'에 대한 논평은 다분히 키르케고르적임에도 불구하고, 자아(selfhood)의 수직적 측면에 대한 온전한 신학적 인식은 빠져 있다.

이런 결핍은 이 책의 핵심 요점에서 분명히 드러난다. 예를 들어, 아동학대가 아동의 심리에 미치는 영향에 대해 언급하면서, 그는 다음과 같이 말한다.

> 자기(self)는 사랑 없이는 살아남을 수 없다. 사랑에 굶주린 자기는 죽는다. 폭력이 육체를 죽이지 않을 때에도 자기가 죽는 이유이다. 자기에 대한 사랑의 두 가지 가능한 원천은 타인으로부터 받은 사랑과 자신에 대한 자신의 사랑이다.(47)

세번째 가능한 사랑의 원천은 하나님의 사랑이며, 이 사랑이야말로 인간으로서 우리를 존재하게 하는 원천이다. 그러나 이 세 번째 사랑의 원천은 길리건의 생각의 범주를 벗어난다. 길리건은, 사랑을 주고받는 능력에 의해 형성되는 영혼의 건강에 대해 바르게 인식하고 있지만, 인간이 창조주 하나님의 사랑으로부터 소외된 것이 바로 폭력의 뿌리라는 점을 인식하지 못했기에 그의 주장이 진실에서 멀어지게 된 것이다. 본문의 또 다른 대목에서, 길리건은 다음과 같이 주장한다.

> …모든 폭력은 정의(justice)를 성취하기 위한 시도이거나, 또는 폭력을 행사하는 사람이 정의로 여기고 있는 어떤 것을 성취하려는 시도이다. 그것은 폭력을 행사하는 사람이 당연히 그렇게 되어야 한다고 여기는, 자신이나 혹은 누군가를 위한 보상이나 응징이다. 그러므로 정의를 성취하고 유지하려는 시도, 또는 불의를 되돌리거나 막으려는 시도가 폭력의 유일하고 보편적인 원인이다.(11-12)

책장을 넘길수록, 길리건이 말하는 '정의'가 수치심 현상과 연결돼 있다는 사실을 우리는 분명히 알게 된다. 수치심에 짓눌린 폭력적인 사람은 나르시시즘적(자기애적) 기형으로 뒤틀린 자신의 영혼의 관점에서 '정의'를 세우려 하고 있다. 그러나 내가 주장하는 신학적 비전은 이와는 다른 관점에서 비롯한다.

길리건이 '정의'라고 부르는 것은 사실 심리적 안정에 대한 욕망이다. 그것은 창조의 부름을 피하려는 시도이다. 폭력적인 행동에 의해 달성된 '정의'는, 하나님으로부터 소외되고 자신의 진정한 미래를 스스로 차단한 사람이 인식하는 왜곡된 세상을 강화할 뿐이다. 수치심 때문에 일어나는 분노는 키르케고르가 말하는 "자연인(*natural man*)"의 분노다. 그는 그에게 짐 지워진 영적 성장에 대한 압박감 속에서 분노를 느낀다.

　나는 길리건의 책이 읽을 가치가 없다고 말하는 것이 아니다. 반대로, 나는 그의 책을 강력히 추천한다. 그것은 매우 통찰력이 있고 다양한 방식으로 생각을 자극한다. 그러나 그의 책을 주의깊게 읽으면, 주류 사회과학을 특징짓는 세속적인 인식 지형이 드러난다. 시작점에서는 세속적이고 또한 종교적인 사회이론들을 뒤섞었던 저자의 모호성이 마침내 세속적인 쪽으로 기운다. 여러 구절에서, 길리건은 버질이나 단테가 아닌 칼 마르크스를 지옥 같은 감옥 생활의 안내자로 선택한 것처럼 보인다. 예를 들어, 그의 책 7장은 사회주의 전문용어로 가득차 있다. 폭력의 지옥에서 벗어나기 위해, 우리는 칼 마르크스보다 더 나은 안내자, 창조로 인도하는 이끄심에 열려 있는 안내자가 필요하다.

　C. 프레드 알포드의 책도 이런 맥락에서 고려할 가치가 있다. 《악이 우리에게 의미하는 것》(*What Evil Means to Us*)은 저자가 감옥 수감자와 일반 시민 모두를 상대로 악의 본질에 대한 수많은 인터뷰를 진행해 온 것을 공개한다. 알포드는 인간의 행동을 이해하려는 심리학적 접근에 강한 관심을 가진 정치학자이다.

　알포드는 18세부터 80세까지 다양한 배경과 관점을 대표하는 50명의 비수감자들을 인터뷰했다. 그는 각 사람과 개별적으로 대략 두 시간 정도씩 이야기를 나누었다. 또한 1년 동안 매주 만나는 교도소 수감자들의 토론회를 조직했다. 이 그룹은 19세에서 48세까지의 연령대였으며, 18명의 정규 멤버를 포함했다. 정규멤버 중 5명은 여성 교정시설 소속이었다. 이 그룹 토론은 알포드와 교도소 정신과 의사가 공동으로 이끌었다. 그는 두 가지 유형의 참여자들에게 악에 대해 다음과 같이 물었다. 악에 대해 당신이 내린 정의는 무엇입니까? 당신은 세상에 왜 악이 있다고 생각합니까? 지금까지 항상 악이 있었는데 앞으로도 계속 있을까요? 무고한 사람들을 해치라는 명령을 따르는 것은 악한 일인가요? 악한 생각을 하는 것도 악한 일인가요? 당신의 종교는 악을 이해하는 데 어떤 도움을 주나요? 등등.

이 긴 설문조사를 수행하고, 포드는 답변을 면밀히 검토한 후에 그의 생각을 종합하여 책을 썼다. 그가 내린 결론은 키르케고르적 사유의 관점에서 매우 인상적이다.

길리건이 생각한 핵심 키워드는 수치심(shame)이지만, 알포드에 있어서는 두려움(dread)이다. 그것은 키르케고르의 책(Begrebet Angest) 첫번째 영어 번역본의 책 제목《불안의 개념》(The Concept of Dread)》을 떠오르게 한다. 알포드는 연구를 다음과 같이 전개한다.

> 두려움(dread)이 악의 전부는 아니다. 아마도 가장 중요한 부분조차 아닐 것이다. 그러나 두려움은 그 기반을 형성한다. 자신이 인간이고, 취약하며, 우주에서 혼자이고, 죽을 운명인 것에 대한 두려움이다.
> 악은 두려움을 경험하는 것이다. 악을 행하는 것은, 다른 사람들에게 악을 가하고 다치게 해서, 그들로 하여금 두려움을 느끼게 함으로써 자신의 두려움을 몰아내려는 시도이다. 악을 행하는 것은 고통의 끔찍한 수동성과 무력감을 능동적 활동으로 바꾸려는 시도이다.[5]

---

5   C. Fred Alford , *What Evil Means to Us* (Ithaca : Cornell University Press, 1997) . 3.

이 대목만 보면, 알포드가 단순히 어니스트 베커의 관점을 반영하고 있는 것 같다. 그러나 자신이 말하는 두려움은 "죽음에 대한 두려움이 아니라 삶에 대한 두려움"이라는 점에서 베커와 다르다고 알포드는 말한다.(10) 이것이 우리에게 열려 있는 관점의 핵심적 변화이며, 키르케고르의 사유 속에서 발견할 수 있는 것이다.

알포드의 책은 많은 훌륭한 통찰들과 기억에 남는 구절들로 가득차 있다. 예를 들어 일레인 페이걸스(*Elaine Pagels*)가, 악이 단순히 '차이'를 받아들이지 못하는 데서 비롯된다고 주장을 했는데, 알포드는 이것을 비판한다. 악인들도 자신이 정치적 올바름(*political correctness*)의 길을 걸을 수 있다고 말한다는 것이다.(16) 알포드는 가장 잔인하고 비이성적인 형태의 폭력의 근저에 있는 '편집-분열적 자리(*paranoid-schizoid position*)'에 대해 매력적인 분석을 우리에게 제공한다. 이러한 심리상태에서, "우리 자신과 이 모든 소유를 파괴하려는 사악한 외부 박해자들의 손에 우리의 운명이 놓여 있다는 사실을 우리는 두려워한다."(40) 이 문장에서 알포드는 일인칭 복수형을 사용하고 있다. 하나의 방어기제로서 악을 손닿을 데 두는 독선적인 행태에 그는 관여하지 않는다. 악은 모든 사람에게 근본적이고 현실 가능성 있는 문제라고 독자들에게 가르치면서, 그 방어 기제를 무너뜨리려고 지속적으로 노력한다. 오클라호마시에서 있었던 폭탄 테러에 대해 알포드는 이렇게 말했다. "우리의 무능은 악에 대해 이해할 수 없는 것인데, 다름 아닌 우리 자신의 마음을 알려고 하지 않는 의도적인 실패다."(8)

알포드가 "악의 패러다임"(고문하는 사람과 희생자의 이미지)이라고 부르는 것이 있는데, 그의 중심 주장은 여기에 달려 있다. 인간이 저지르는 악은 나약함과 고통, 버림받은 감정을 극복하려는 시도이고, 이를 위해 인간은 타인으로 하여 금 그런 감정을 불러일으킨다. "모든 악은 고문의 성질을 갖는다. 자신이 공포로부터 벗어나기 위해 다른 사람에게 공포를 가하는 것이다."(52) 알포드는 악을 "속이는 것" 혹은 "나쁜 믿음"으로 묘사한다. 악은 끊임없이 다른 사람을 파멸시킴으로써 자신은 이 파멸에서 도망칠 수 있다는 '거짓'을 믿으려 하기 때문이다.

알포드는 폭력에서 벗어나는 길에 대해 긍정적으로 언급하면서, 지속적인 도움을 주며 독자 스스로 생각하게 하는 아이디어를 제공한다.

> 도덕성은 사람이 자신과 타인을 기본적으로 구별할 수 있는 능력에 달려 있다. 이 구별은 너무나 명백한 것이어서, 종종 사람들은 이를 그냥 주어진 것 혹은 당연한 것으로 여긴다. 그러나 사실 이 구별도 그저 주어진 것이 아니다. 악을 피하는 것은 이 구별을 어떻게 잘 해내느냐에 달려있다.(47)

다음 장에서 다룰 내용이지만, 내가 나치즘에 대해 직접적으로 언급할 때, 이 통찰력은 절대적으로 필요하다. 나치가 유대인을 다르게 봤기 때문에 이들에 대해 폭력적이었다고 생각한다면, 우리는 상황을 명확하게 보지 못한 것이다. 폭력의 근원은 미숙한 자기가 다른 사람을 볼 때, 자신으로부터 분리된 존재로 보지 못하는 무능력에 있다. 편집-분열적 자리(the paranoid-schizoid position)는 서로 관계 맺을 수 있는 독립된 자기가 존재하지 않는, 스스로만 만족하는 환각의 세계다. 거기에는 거대하고, 뒤틀리고, 자기혐오적인 자아가 한 명 존재할 뿐이다. 알포드는 다음과 같이 말한다.

자신의 내적 대상인 약탈적인 낯선 사람과 철저히 그리고 구체적으로 자신을 동일시하기 때문에, 사이코패스에게는 다른 사람들을 위한 공간이 없다. 그가 맺는 다른 사람과의 관계라는 것은 어떤 대상과 맺는 관계가 아니며, 더군다나 그 대상은 인간이 아니다. 다른 사람들은 단순한 수단으로서, 이 세상에 흩뿌려진 도구로서만 존재한다. 그가 관계하는 방식은 엄청난 댓가를 치르고 얻은 방어 기제다. 그는 참된 인간이 되는 내면 세계를 잃어버렸다.(56)

인류가 폭력을 넘어서기 위해 진정으로 해야 할 일이 무엇인지 알포드가 우리에게 가르쳐 주고 있다. "도덕성은 상상력을 필요로 하고, 도덕적 상상력은 우리의 필요와 상관없이 존재하고 고통을 느끼는 다른 사람들에 대한 관심을 필요로 한다."(48)

알포드는 폭력을 이해하는 가장 좋은 방법(내가 주장하는 바에 따르는)에 매우 가까이 다가간다. 예를 들어, '심리적 성장에 맞서는 저항'이라는 주제에 대해 이렇게 쓰고 있다. "냉담한 사람의 목표는 어떤 것에 의해서도 간섭받지 않는 자립(autarky)이다. 어떤 사람이나 어떤 것에 의해서도 움직이지 않는 정적 상태(stasis)는, 그들로 하여금 항상 변화를 겪게 만드는 이 세상을 초월한 것이다."(92) 한편, 멜라니 클라인에게 빚지고 있는 질투에 대한 알포드의 논평(70-71)은 여전히 놀라울 정도로 정확하다.

질투는 단지 자신을 위해 세상 모든 좋은 것들을 갖기 원하는 것뿐만 아니라, 자신이 그렇게 할 수 없기 때문에 그것들을 파괴하려는 것이라고, 클라인은 주장한다. 내가 갖지 못한 좋은 것들은 파괴적인 자기애적 분노를 불러일으킨다. 그것이 좋기 때문에 그 좋은 것을 파괴하려는 분노이다.

만약 악에 대해 심리적 정의를 적절하게 내린다면, 그것은 바로 질투일 것이다. 악은 질투라고 불리는, 지독하게 나쁜 특질이다. 자기(self)의 밖에 존재하는 순수함과 선함은, 그 존재 자체가 공허한 자기에게는 참을 수 없는 모욕이 된다. 질투는 다만 질투일 뿐이라서, 그저 그 순수함과 선함을 파괴하려는 욕망이 생기는 것이다.

다른 사람이 무섭고 나쁘기 때문에 단순히 다른 사람을 평가절하하는 것이 아니다. 악은 상대방이 선하기 때문에 상대방을 파괴하는 것이며, 이것은 칸트와 페이걸스 둘 다 인식하지 못한 훨씬 더 가혹한 진실이다.

내가 "창조의 부름"이라고 묘사했던 것에 대한 암시가 여기에 들어 있다. 우리는 진정으로 선하고 사랑스러운 인간이 될 수 있는 가능성을 거부한다. 그러나 그 가능성은 하나님이 우리에게 원하시는 바다. 우리는 자신의 파멸로부터 도피하려는 것이 아니라, 우리의 구원과 재창조로부터 도피하려 한다. 이 가능성이 우리에게는 파멸로 보이는 것은 하나님을 피해 숨어 있는 자아의 관점 때문이다. 이것은 알포드의 말이 아니고 내 방식의 표현이다. 알포드도 어느 정도 이 사실을 감지하기는 했지만, 전체적인 밑그림을 그리지는 못했다. 죽음에 대한 두려움보다는 삶에 대한 두려움에 초점을 맞추면서 자신의 견해는 베커의 것과 다르다고 주장하지만, 실제로 텍스트에서의 논지 전개 과정을 보면, 인간이 자신의 유한성을 인정하고 받아들이기를 거부하는 것에서 악이 발생한다는 생각으로 계속해서 되돌아가고 있다. "인간으로서의 두려움, 연약하고, 우주에서 혼자이고, 죽을 운명인 것에 대한 두려움" 말이다.(3) 우리는 여기서 다시 한 번 사회과학의 방법론적 무신론이 인간의 근원적 사유 위에 덮어 놓은 덮개를 본다. 우리는 그들이 니체를 철학자들 중에서 "악에 대해서 가장 심오한 학생"이라고 묘사할 때 놀라지 않는다. 요약하자면, 우리 시대 주류 세속 철학의 지평선 내에서, 폭력의 뿌리를 이해하는 데 있어 알포드의 책은 더할 나위 없이 좋다. 하지만 그 지평선이 모든 생명의 신성한 근원을 이해하기 위한 방향으로 열릴 때, 우리에게 더 좋은 미래가 있다.

방법론적 무신론에 내재된 초월에 대한 폐쇄성 때문에, 이론가들은 스스로 파악하고자 하는 현상에 대해 완전히 이해하지 못하고 있다고 나는 주장한다. 인간과 창조주와의 관계에 대한 종교적 시각에 관해, "우리는 그런 가설을 필요로 하지 않는다."고 그들은 전제하고 있다. 그러나 인간을 이해하려는 노력 가운데 '신과 창조에 대한 가설'이 필요하다고 키르케고르는 생각한다.[6] 인간의 정신 건강과 병리에 대한 키르케고르의 비전은 본질적으로 그리고 불가피하게 신학적이다. 그의 사상의 이러한 측면이 세속적인 이론가들의 이론보다 우리에게 더 큰 설득력을 준다. **폭력의 가장 깊숙한 뿌리는 창조주로부터의 인간의 소외에 있다는 것이다.** 폭력에 대한 비신학적 설명 자체가, 폭력의 뿌리가 하나님으로부터의 인간의 소외임을 표현하고 있으면서, 또한 그 소외 안에 갇혀 있다.[7] 결국, 그들은 주제를 제대로 소화할 수 없다. 이것을 설명하는 것 자체가 인간의 비극적 역사의 덫에 걸려 있는 것이다.[8]

에릭 뵈겔린은 세속적 사상의 실존적 뿌리를 비판해 왔다. 그의 견해에 따르면, 현대 사상은 지식인들이 신적 이끌림에 저항하고 벗어나서, 개방적인 삶의 태도로 향해 가려는 특징을 지닌다는 것이다. 하나님과의 대면에서 움츠러드는 행태는, 현실을 효과적으로 이해할 수 없는 위축되고 수축한 자기로 이끈다. 현대 지식인의 자기중심적 자아는 '제2의 현실' 즉 하나님이 없는 세상을 만들어내야 살 곳이 생긴다. 철학적 움츠림의 사건은 헤겔, 마르크스, 니

---

6 데이빗 구웬스(David Gouwens)는 이렇게 적고 있다. "키르케고르에게 있어서는 종교적, 기독교적 개념들이 심리적 성찰을 위한 주요 개념들을 제공한다. 그는 특히 기독교 심리학자로서, 심리학적, 인류학적 성찰과 실천을 기독교 진리에 대한 그의 믿음에 기반을 두고 있다." 다음을 참조하시오. *Kierkegaard as Religious Thinker* (Cambridge: Cambridge University Press, 1996). 69; also pp. 70.75, and 76 on the doctrine of creation in Kierkegaard. Along similar lines see Robert C. Roberts, *Taking the Word to Heart* (Grand Rapids: Eerdmans, 1993), 296-297, and C. Stephen Evans, *Søren Kierkegaard's Christian Psychology* (Grand Rapids: Zondervan, 1990), 39-40.

7 밀뱅크는 《신학과 사회 이론》(Theology and Social Theory)에서 세속적인 사회 철학은 "폭력의 존재론"과 공모한다고 주장한다. 세속적인 세상은 힘의 논리를 따라가며, 이 힘이 어떻게 관리되고 반대 힘에 의해 어떻게 제한되는지를 알려준다고 말한다. 키르케고르가 '초월성을 향한 개방'에 뿌리를 둔 대안적인 사고방식을 제공한다고 그는 설명한다.

8 다음의 자료는 이 주제에 대한 세속적 입장을 정확히 확인해 준다. Ron Rosenbaum's article. "*Explaining Hitler.*" *The New Yorker, May 1, 1995, 50-70, is a haunting "secular" confirmation of precisely this point.

체, 하이데거 등의 저서에서 볼 수 있으며, 철학적으로 신을 살해한 결과는 레닌과 히틀러가 병든 이미지 가운데 세계를 재창조하려던 시도에서 뚜렷하게 나타난다. 오늘날의 지식인들이 이런 움츠린 철학적 '거인들'에 여전히 사로잡혀 있는 한, 20세기 이후의 시대에서도 폭력을 절대로 이해할 수 없다. 하나님으로부터 소외된 '닫힌 자기(self)'로 키르케고르와 뵈겔린이 정의했던 이 움츠린 자기는, 폭력 행동의 근원이면서 동시에 현대 지식인들이 인간의 행동을 진정으로 이해하지 못하는 근본 이유이기도 하다.[9]

---

9 뵈겔린의 이 주제에 대한 논의는 다음의 자료를 참조하라. The bibliography for "The Eclipse of Reality": "On Classical Studies" and "Wisdom and the Magic of the Extreme" in Published Essays, 1966-1985: and *Science, Politics, and Gnosticism.*

7. 기독교 폭력의 문제

내가 주장하는 바는 기독교가 공식적으로 선포하는 지배적인 메세지 전체가 성경과 반대되는 음모라는 것이다.—우리는 우리에게 맞지 않는 것들은 억압하고 있다.(JP. 6.6688 [1850])

기독교의 지적 전통이야말로, 내가 잘 알고 있는 다른 어떤 대안들보다도 더 폭력 해석에 대해 강력한 토대를 제공한다고 나는 생각한다. 그러나 기독교 역사의 몇몇 기본적인 사실들은 나의 이런 믿음과 상충된다는 점 또한 인식하고 있다. 만약 신약성서가 폭력의 뿌리를 그렇게 깊이 드러낸다면, 역사 속에서 기독교인들은 왜 그렇게도 지속적으로 폭력적이었을까? 이것이 바로 내가 이번 장에서 고려하는 핵심 문제이다. 첫 번째 소단락에서는 기독교 역사상 있었던 폭력 사건에 대한 간략한 요약을 제시한다. 그러나 그에 대한 자세한 설명도 그 자체로 책 한권 분량이 될 것이기에, 여기서는 주목할 만한 몇 가지 사건들만 언급할 것이다. 이어지는 소단락에서는 키르케고르와 지라르의 관점에서 이러한 사건들을 이해시키는 설명들을 제시하고자 한다. 이 두 저자 모두 아나뱁티스트 사상의 기초를 이루는, 기독교 역사 해석 패러다임을 전제로 하고 있다고 나는 생각한다. 이 패러다임에 따르면, 기독교의 윤리적 몰락은 콘스탄티누스 시대에 일어났다. 기독교가 명백히 세상을 이긴 것처럼 보였던 시대에 기독교는 몰락하고 있었던 것이다.

기독교 폭력의 역사

1. 기독교가 처음 3세기 동안 로마 제국으로 확장될 때의 일이다. 기독교 는 정부 당국으로부터 상당한 저항에 부딪혔으며, 정부는 종종 기독교 순교자 들을 직접 박해하는 형식을 취했다. 이 기간에 기독교인들은 일반적으로 폭력 의 가해자라기보다는 피해자였다. 그러나 기독교가 공식적으로 인정되고 제 국의 종교가 된 후로부터, 기독교인들에 의해 행해지는 폭력이 훨씬 일상화되 었다. 교황 다마수스 1세의 선출은 이러한 변화의 극적인 예이다.

교황 리베리우스(Liberius, 366년)가 죽고, 일부 사제들과 부제들은 다마수스 (Damasus)를 선출했고, 바실리카 율리아 성당의 다른 사제들은 티부르의 주교 바오로에 의해 봉헌된 우르시누스(Ursinus)를 선출했다. 다마수스를 지지하는 사 람들은 즉시 3일 동안 성당을 포위하고 여러 희생자들을 성 밖으로 끌어냈다. 그 사이 다마수스는 라테란에 자리를 잡고 성직을 받았다. 우르시누스와 그를 선출한 자들은 도시의 총독에 의해 추방되었지만, 그의 추종자들은 반대파들에 의해 포위되고, 대학살이 일어났다.[1]

---

1   A. DiBernardino. "Ursinus," *Encyclopedia of the Early Church.*

이런 경우, 기독교의 경쟁 파벌들은 교황 선거의 결과를 결정하기 위해 폭력을 사용하는 것을 주저하지 않았다.

2. 이 기간에 또 다른 주목할 만한 사건은 프리실리안(Priscillian)의 처형이다. 그는 스페인 출신 금욕주의자로서, 세미영지주의(semignostic) 교리를 설파하고 점성술과 마법에 손을 대기 시작했다. 스페인 교회에 있는 그의 적들은 막시무스 황제에게 로비했고, 프리실리안을 이단으로 정죄하는 데 성공했다. 프리실리안과 그의 추종자 중 한 명인 에우크로티아(Eucrotia)는 384년에 참수당했다. 이는 이단자들이 교회와 국가의 협력을 통해 공식적으로 재판에 회부되어 유죄판결을 받고 처형된 최초의 사례였으며, 중세 종교재판의 광범위한 힘을 예고했다.[2]

3. 390년에 데살로니가 사람들은 도시의 군사 지휘관을 살해했다. 기독교인이었던 황제 테오도시우스는 도시 주민들을 학살하라고 명령했고, 이로 인해 7,000명 이상의 사망자가 발생했다. 암브로시우스 주교가 파문 압력을 가하자 테오도시우스는 공개적으로 자신의 죄를 뉘우쳤다.[3]

4. 십자군 원정은 11세기부터 13세기에 걸쳐 서유럽 기독교인들이 무슬림으로부터 성지를 되찾기 위해 조직한 일련의 군사 원정이다. 제1차 십자군 원정은 군사적으로 매우 성공적이었으며, 서방 군대가 예루살렘으로 진격하면서 터키군에 몇 차례 승리를 거두었다. 1097년 7월 1일, 주요 이슬람 군대 중 하나가 십자군에 의해 패배하고 거의 완전히 소멸되었다. 2년 후 십자군은 예루살렘에 도착했고 비교적 짧은 포위전 끝에 예루살렘을 점령했다. 십자군이 도시를 점령하는 동안, 대부분의 주민들, 즉 남자들, 여자들, 그리고 아이들

---

2   Tim Dowley, ed., *Introduction to the History of Christianity* (Minneapolis: Fortress Press, 1995), 150-151.

3   Ibid., 151.

을 학살했다. 목격자들은 예루살렘이 "피바다에 잠겼다."고 묘사했다. 십자군은 자신들의 행동에 대해, 그리스도를 거부하고 성도를 모독한 죄로 인해 죽어 마땅한 무슬림 '이교도'에 대한 하나님의 정의로운 심판을 실행한 것으로 생각했다. 이후 200년 동안 다양한 십자군 전쟁이 계속되었고, 대부분은 군사적 실패나 짧은 수명의 동방 라틴 왕국으로 마감됐다. 십자군 전쟁의 결과로 동방과 서방 기독교는 더욱 분열되었고, 이슬람 세계는 기독교로부터 더욱 소외되었다. 이런 상황은 오늘날까지 이어지고 있다.[4]

1209년과 1229년 사이에 남부 프랑스에서 알비파 이단자들에 대항하는 십자군이 조직되었다. 이 지역의 귀족들 중 상당수는 알비파의 편을 들었기 때문에, 싸움은 길어졌고, 이로 인해 엄청난 인명 손실을 초래했다. 베지에(Bezier)의 로마 가톨릭 주교는 포위를 하고 있는 병사들이 이단자와 정통파를 어떻게 구분하느냐고 묻자 "모두 죽여라. 하나님이 그들을 구분할 것이다."라고 말했다고 전해진다.

5. 종교재판은 외부 십자군 원정에 대응하는 유럽 내부의 기관이었다. 그것의 주요 기능은 사회에 위협이 되는 서구 세계의 '이교도들'을 확인하고 처벌하는 것이었다. 종교재판은 13세기 전반 프랑스에서 일어난 알비파 이단 사건에 대응하여 조직되었으나, 곧 유럽의 여러 지역으로 그 세력이 확장되었다. 전형적으로, 조사관들은 도시에 들어가 법정을 설립했다. 그들은 모든 이단자들을 불러모아 그들의 이단을 자백하게 했다. 자백한 사람들은 비교적 관대하게 다루어졌다. 다른 사람들에 의해 이단으로 고발되어 유죄 판결을 받은 사람들은 더 심한 처벌을 받았고, 때로는 죽임을 당했다(심문관들이 아닌 시민 당국의 손에 의해서). 1252년 교황 이노센트 4세는 종교재판에서 피고들로부터 '진실'

---

4 Ibid. 278-279.

을 추출하기 위해 고문을 사용하는 것을 공식적으로 승인했고, 이 절차에 대해 정당성을 확립하기 위한 논리는 로마법의 전통에서 발견되었다. 고문 방법에는 고문대를 사용하는 것과 발바닥에 뜨거운 석탄을 놓는 방법도 포함되어 있었다. 법정 절차가 끝날 때, 유죄로 판명된 사람들의 선고는 "믿음의 행위"(auto-da-fé, an act of faith)라고 일컬어지는 의식에서 공개적으로 발표되었다.[5]

1478년 스페인에서 교황의 승인을 받아 비교적 자치적인 종교재판부가 설립되었다. 기독교로 개종한 유대인과 이슬람교도 중에서 불성실한 사람들을 상대로 캠페인을 벌였고, '마녀들'에 대항했으며, 이후 수십 년 동안 개신교 성향으로 고발된 사람들을 상대로 캠페인을 벌였다. 악명 높은 스페인의 대심문관 토마스 데 토르케마다(Tomás de Torquemada)는 1487년에서 1498년 사이에 이단자로 추정되는 수천 명의 이단자를 화형에 처했다. 스페인 종교재판은 1834년까지 공식적으로 해산되지 않았다.

도미니카회는 13세기 동안 대부분의 주요 조사관들을 제공했고, 그들 모임에서 핵심 역할을 했던 신학자인 토마스 아퀴나스는 《신학 대전》에서 이단자들을 처형하는 관행을 정당화하려고 시도했다. 이단자 처형의 정당성을 입증하기 위해 그는 디도서 3장 10~11절을 인용한다. "이단에 속한 사람을 한두 번 훈계한 후에 멀리하라 이러한 사람은 네가 아는 바와 같이 부패하여 스스로 정죄한 자로서 죄를 짓느니라." 토마스는 "이단에 속한 사람을 멀리하라."라는 구절이 그들에 대한 처형을 정당화한다고 추정했다. 돈을 위조한 사람들이 민간 당국에 의해 사형당하는데, 이단자들은 돈을 위조한 사람들보다 더 심각한 문제를 야기하기에[6], 이단자들이 살해되는 것이 타당하다고 주장

5 Ibid. 321-324.

6 St. Thomas Aquinas, *On Law. Morality, and Politics,* ed. William P. Baumgarth and Richard J. Regan (Indianapolis: Hackett, 1988), 256, [ST 2-II 11. 3.1]

한다. 교회는 이단자들이 회개하기를 바란다. 그래서 한두 번의 훈계로 기회를 준다. 그러나 만약 회개하지 않는다면, 교회는 그를 파문하고, 교회로부터 분리함으로써 다른 사람들을 보호하며, 더 나아가 그를 세속적인 법정으로 넘겨서 거기서 처형되게 할 것이다. 이런 절차를 옹호하기 위해 아퀴나스는 제롬의 말을 인용했다. "썩은 살을 잘라내고, 병든 망아지를 우리에서 쫓아내라. 그렇지 않으면, 온 집, 온 반죽, 온몸, 온 무리가 불타고, 폐허가 되고, 썩고, 죽는다."

발도파들(Waldensians)은 종교재판에서 박해 대상이 된 집단 중 하나였다. 박해받은 집단이 저지른 주요 범죄는 로마 교회가 진정한 그리스도 교회라는 주장에 의문을 제기한 것이었다. 그들은 엄격한 가난 속에서 성경에 순종하는 생활을 함으로써 로마 교회의 탐욕과 도덕적 해이로부터 자신들을 구별하고자 했다. 그들은 성경 본문에 근거한 설교를 하며 이 마을 저 마을을 돌아다녔다. 유럽의 많은 지역에서 개종자들을 얻는 데 성공하자 교황청 세력은 놀라움을 금치 못했고, 종교재판을 통해 공식적으로 탄압을 가했다. 그러나 이러한 시도도 발도파들을 소탕하는 데 성공하지는 못했다. 다만, 13세기부터 16세기 동안 그들의 사상이 개신교 종교개혁의 주류로 진입할 때까지 지하 생활을 하거나 시골에서 지내야 했다.[7]

6. 15세기 초, 보헤미아에서도 비슷한 개혁 운동이 일어났다. 그들의 지도자인 얀 후스(Jan Hus)는 존 위클리프의 글에 큰 영향을 받았다. 그래서 그는 교황과 추기경들 위에 존재하는 최고 권위로서 성경을 강조했다. 그는 성직자들의 부패, 형상(images) 숭배, 그리고 '미신적인 순례'를 비판했다. 그는 1415년 콘스탄츠 공의회에 소집되어 이단 혐의에 대해 자신을 변호했다. 그는 '안전

---

7   Dowley, ed. *Introduction to the History of Christianity,* 327-329.

통행'을 약속받았음에도 불구하고, 자신의 견해를 변호할 충분한 기회가 주어지지 않은 채 화형에 처해졌다.[8] 16세기 동안, 많은 개신교 신자들이 후스파 신자들과 비슷한 견해를 가졌다는 이유로 로마 교회에 의해 살해되었다. 예를 들어, 윌리엄 틴들(William Tyndale)은 1536년에 제국 당국에 의해 화형당했는데, 허가받지 않은 영어로 성경을 번역한 것이 그의 죄명이었다.

7. 관료후원적 종교개혁가들인 루터와 칼뱅도 폭력에 대한 태도에 있어서는 당시의 로마 가톨릭 지도자들과 크게 다르지 않았다. 루터의 가르침은 1520년대 독일의 농민 반란에 간접적으로 기여했다. 다음과 같이 잘 알려진 말로 반항하는 농민들을 탄압할 것을 촉구하였던 것이다. "반역자만큼 독이 있고, 상처를 주며, 악마가 될 수 있는 것은 없다는 것을 명심하고, 가능한 한 모두 은밀하게 또는 공개적으로, 때리고, 죽이고, 찌르자. 지금은 마치 미친 개를 죽여야 할 때와 같다."[9] 1553년 제네바에 있는 칼뱅의 공의회는 반삼위일체주의 이단자 미카엘 세르베투스를 화형에 처했다. 칼뱅은 참수형이 인간적인 사형 집행의 형태라며 이를 선호한 것으로 알려져 있다. 그럼에도 불구하고 칼뱅은 의회의 결정에 찬성했고, 세르베투스가 불에 타 죽으면서 "스페인 사람처럼 울었다."고 전해진다.

8. 가톨릭 신자들과 개신교 신자들은 아나뱁티스트들에 대한 두려움과 증오로 단결했으며, 이들을 살해했다. 기독교인들이 살인에 관여해서는 안된다는 것을 이들이 담대히 선언하고, 또한 그것을 가르쳤기 때문이다. 아나뱁티스트 지도자인 마이클 새틀러의 재판 녹취록은 당시의 분위기를 효과적으로 전하고 있다. 법정에서 아나뱁티스트 교리의 기본 요점에 대한 연설을 한 후.

---

8   Ibid. 336.

9   J. M. Porter. ed., *Luther: Selected Political Writings* (Philadelphia: Fortress Press. 1974). 86.

새틀러는 다음과 같이 결론지었다.

그러나 우리는 하나님과 복음에 거역하지 않았습니다. 나와 나의 형제자매들이 언행에 있어서 어떤 권위에도 거역하지 않았다는 것을 여러분은 알게 될 것입니다. 여러분이 하나님의 말씀을 듣지도 읽지도 못하셨다면, 가장 학식 있는 사람들을 불러서 어떤 언어의 성경이든 상관없이 요청하셔서, 그들이 하나님의 말씀을 가지고 논의하게 하십시오. 성경을 토대로 우리가 잘못하고 있다는 것을 그들이 증명해 보인다면, 우리는 기꺼이 우리 입장을 단념하고 기소된 죄목에 따라 형벌이든 사형이든 기꺼이 감내할 것입니다. 그러나 만일 우리의 잘못이 입증되지 않는다면, 나는 당신이 개종하고 우리의 가르침을 받기를 소망합니다.

이 연설을 듣고 재판관들은 웃으며 머리를 맞댔다. 마을의 서기였던 엔시스 하임이 입을 열었다. "그래, 악명 높고 절박한 수도승 악당들아, 우리가 너와 논쟁해야겠느냐? 교수형 집행인이 너와 논쟁할 것이다. 내가 보장하지!"

…한 죄수가 말하길, "우리는 진리에서 벗어나서는 안되나이다."

마을 사무원. "그래, 이 절망적인 악당, 이단아, 교수형 집행인이 없다면, 내가 널 교수형에 처하고, 하나님을 위해 선한 일을 할 것이다."

…재판관들이 방으로 돌아온 후, 판결문을 낭독했다. 그것은 다음과 같다. "황제 폐하의 변호인 대 마이클 새틀러 사건에 관하여 판결은 다음과 같다. 마이클 새틀러는 사형 집행인에게 인도될 것이며, 집행인은 그를 사형 집행 장소로 인도하여 혀를 잘라내고, 마차에 단단히 고정해 태우고, 빨갛게 달아오른 집게로 그의 몸에서 조각을 두 번 떼어낼 것이다. 성문 밖으로 끌어온 후에, 내던져질 것이다. 같은 방법을 다섯 번 실행할 것이다.…"

이 일이 선고된 대로 행해진 후에, 그는 이단자로서 화형장의 재가 되었다. 그를 추종하던 형제들은 칼로 처형되었고, 자매들은 익사 되었다. 그의 아내는 많은 간청과 훈계와 협박을 받으면서도 입장을 고수했고, 결국 며칠 후에 익사 되었다.[10]

이러한 장면들은 16세기 동안 여러 번 반복되었고, 결과적으로 서양 기독

---

10   "The Trial and Martyrdom of Michael Sattler." in *Spiritual and Anabaptist Writers*, ed. George Hunston Williams (Philadelphia: Westminster Press, 1957), 141-144.

교 문화의 근간을 공격하는 위험한 이단으로 인식된 수천 명의 아나뱁티스트들이 죽음에 이르렀다. 실제로, 아나뱁티스트들은 그리스도의 가르침이 아닌 희생양 메커니즘에 의해 만들어진 이러한 기반들을 공격하고 있었다.

9. 가톨릭과 개신교 사이의 폭력은 16세기와 17세기 초에 산발적으로 일어났고, 마침내 30년 전쟁(1618-1648)에서 대규모로 폭발했다.[11] 이 기간 동안 신성 로마 제국의 가톨릭 군대는 보헤미아, 독일, 덴마크, 스웨덴의 개신교 군대와 싸웠다. 성공과 패배는 오랜 세월 동안 양측 모두에게 오고갔다. 대부분의 전투는 독일에서 이루어졌고, 광범위한 파괴를 초래했다. 역사학자들은 이때 독일 전체 인구가 15-20% 감소했다고 추정한다. 전쟁 후반에, 프랑스의 가톨릭 군대는 종교적인 동기보다는 정치적인 동기를 위해 제국의 가톨릭 군대와 싸웠다.

10. 미국 남북전쟁은 1861년에서 1865년 사이에 일어났다. 역사학자들은 이 전쟁에서 62만 명이 사망한 것으로 추정하고 있다. 남북 양쪽 기독교 병사들은 하나님이 자기 편이라고 주장하는 성직자들에 의해 보살핌을 받고 격려를 받았다.

기독교를 기독교에 다시 소개하기

앞서 살펴본 역사적 고찰은 역사에서 기독교의 역할에 대한 중요한 의문을 제기한다. 자신들을 그리스도의 추종자라고 주장하는 사람들이 어떻게 고문 행위를 저지르고, 다른 사람들을 산 채로 불태우고, 서로를 엄청나게 학살

---

11   Dowley, ed., *Introduction to the History of Christianity*, 427.

할 수 있을까? 기독교인들의 행동과 신약성서의 가르침 사이에는 너무나 큰 모순이 있기 때문에 이러한 역사에 대한 비판적 해석이야말로 기독교의 존립을 위해 필수적이다.[12] 그리고 그러한 해석이 키르케고르와 지라르 두 사람이 쓴 글의 핵심 내용이다.

내가 보기에 키르케고르와 지라르는 아나뱁티스트와 흔히 연관되는 사상의 전통과 맥을 같이 한다.[13] 그들이 모든 면에서 아나뱁티스트임을 의미하는 것이 아니라, 기독교 역사를 해석하는 이들의 기본적인 패러다임은 콘스탄티누스 시대에 어떤 결정적인 '판가름'이 났다고 가정한다는 것을 의미한다. 아나뱁티스트의 관점에서, "로마 제국에 대한 기독교의 승리"라는 주장은 사실 정반대였다. 교부 시대 후반기에, 그리스도의 가르침과 모범에 근거한 종교에서 반기독교적인 사고와 행동 방식을 정당화해주는 종교로, 기독교가 교묘하게 변화한 것이다. 그리스도를 십자가에 못 박고 스데반과 다른 초기 순교자들의 죽음을 초래한 폭력적인 사회구조는 사실 기독교에 의해 채택되었고, 그 과정에서 기독교는 그리스도를 닮아가려는 사람들의 공동체로서의 진실성과 일관성을 상실했다.

---

12 존 하워드 요더의 글은 기독교 역사에 대한 비판적 평가에 기여한다.
그것은 또한 과거의 사건들을 해석하는 새로운 방법으로 이어진다고 주장함으로써 우리는 자유 교회 윤리적 비전의 타당성에 대해 새로운 빛을 얻을 수 있는가? 현재의 결정은 종종 우리가 과거를 이해하는 방식의 결과물이다. 만약 우리가 새로운 미래를 열려고 한다면, 과거를 다시금 새롭게 읽고 나서야 가능하다. 역사학은 군사 역사학자들과 전투와 왕조의 연대기 작가들의 손아귀에서 벗어나, 사회적 질병이나 건강을 판단하는 다른 기준을 통해 재건되어야 한다.…'평화 교회 역사학' 같은 게 있던가?

다음을 참조하시오. *The Original Revolution* (Scottdale: Herald Press, 1971). 161. Yoder's vision is taken up and set in a very broad context by Nancey Murphy and George F. R. Ellis. *On the Moral Nature of the Universe* (Minneapolis: Fortress Press, 1996).

13 키르케고르에 대한 이러한 주장은 베르나르 엘러(Vernard Eller)에 의해 이루어졌다. 다음을 참조하시오. *Kierkegaard and Radical Discipleship* (Princeton: Princeton University Press, 1968). 이 글에서, 키르케고르는 많은 신자들이 모인 교회에서 기독교가 발견된다고 믿는 것은 말도 안되는 일이라고 말한다. 기독교의 정신은 이런 생각, 사람 수에 대한 이런 평범한 믿음과는 정반대의 것이다. 아니, 지난 역사의 과정에서 어떤 진정한 기독교가 발견된다면, 그것은 소종파에서나 있을 법한 얘기다." (JP, 3:2687). 적을 사랑하는 문제에 관해서는 WL, 67-68, 그리고 유아 세례에 관해서는 JP, 3:3086을 참조하시오.

아나뱁티스트들은 기독교가 처음 3세기 동안 로마 제국으로 전파되면서 개종의 의미에 매우 점진적인 변화가 일어났다고 주장한다. 초기 교회는 회심의 경험을 한 개인들로 구성되었고, 이들 대부분의 경우 이전의 사고 방식과 행동 방식을 근본적으로 바꾸었다. 그리스도를 따르고자 하는 이들의 이러한 헌신은 종종 박해와 순교로 이어졌다. 그러나 기독교가 점점 더 '성공'하게 되면서, 결국 콘스탄티누스 황제의 치하에서 로마 제국의 공식 종교가 되면서, 제자의 의미는 미묘하게 바뀌었다. 이제 그들의 왕자나 부족장을 통해 많은 사람들을 '회심'시키려는 방안이 가능하게 되었다. 그들의 믿음은 하향식으로 아랫사람들에게 강요될 수 있었기 때문이다. 기독교인이 되기 위한 과정은 그리스도의 제자가 되는 신약 성경적 이해에서, '기독교화'된 지리적 영역에서 단순히 태어나는 것으로, 미묘하지만 급진적으로 변화되었다. 점차로 이것이 좀 덜 엄격한 회심에 대한 이해가 되었고, 하나의 규범으로 자리잡았다. 그 와중에 기독교는 계속 서구 유럽, 러시아 그리고 급기야 신대륙으로 확산하여 나갔다. 한 역사학자가 지적했듯이, "기독교 문명은 개인의 회심하는 모든 가능한 과정보다 먼저 출현했다."[14] 톨스토이도 비슷한 견해를 나타냈다.

우리 사회의 삶의 방식과 이 사회가 공식적으로 채택한 종교적 이상 사이의 불협화음이, 지금까지 그렇게 컸던 적이 없다고 나는 믿는다. 이들은 사실상 이교도적인 삶을 계속 살고 있다.

초기 기독교 형성기에는 기독교적 인생관이 당시 기독교를 수용했던 사람들이 가지고 있었던 도덕적, 지적 수준을 훨씬 뛰어넘었기에, 오늘날 이런 불협화음은 더욱 두드러져 보인다. 기독교가 권면하는 행동 양식은 개인의 삶의 습관이나 기독교를 이름만 받아들인 이교도들의 전체 사회 조직의 관습에도 반대되었다.

14　John McManners. *The Oxford Illustrated History of Christianity* (Oxford: Oxford University Press, 1990), 267.

따라서 여러 민족들이 도리어 거짓된 기독교에 애착을 갖게 되었다. 그 거짓된 기독교는 이교도들의 원리와 다를 바 없는 원리를 추구하는 교회에 의해 대변되었다.[15]

얄팍한 기독교 신앙이 넓은 지역에 퍼져 있었지만, 현재 기독교인으로 분류되는 대부분의 개인들은 신약성경이 제시하는 제자도에 필수적인 영적, 윤리적 발전 과정을 거치지 않았다. 비록 지금 세상은 '기독교' 세상이 되었지만, 세상은 여전히 '세상'이었다.

앞 단락에서 나는 기독교의 역사적 현실과 기독교의 이상 사이의 불일치를 지적하기 위해 아이러니한 인용 부호를 포함했다. 이 시점에서, **키르케고르가 '기독교 세계(Christendom)'에 보낸 메시지는 이러한 불일치에 대한 그의 인식에서 비롯된다는 것**을 분명히 이해해야 한다. 작가로서 그의 주된 관심사는 역사적으로 회심에 대한 느슨한 이해로 인해 야기된 기독교의 형태를 거부하고 비난하는 것이다. 키르케고르의 관점에서 기독교 역사에 있어 최고의 아이러니는 기독교 교회가 성경의 가르침과 계시의 능력을 확고히 지키지 못한 것이다. 키르케고르는 다음과 같은 서술적 유추를 사용한다.

이렇게 상상해 보자. 평범한 마부가 아주 놀라울 정도로 흠이 없이 완벽한 5년생 말, 여태껏 본 적이 없는 코를 킁킁거리는 패기 넘치는 말의 이상(ideal)을 발견했다면, 다음과 같이 말할 것이다. "글쎄, 나는 이 말을 사기 위해 경매에 참여할 수 없고, 살 형편조차 안됩니다. 설사 내가 살 수 있다 해도 내가 부리기에는 적합하지 않습니다." 하지만 십여 년이 지나고 그 놀라운 말이 절름거리고, 못쓰게 되었을 때, 마부는 이렇게 말한다. "이제 나는 이 말을 사기 위한 경매에 뛰어들 수 있고, 살 만 합니다. 이제 나는 아직 남아있는 말의 가치로부터 이익을 얻을 수 있죠. 이제 약간의 돈만 쓰고 이득을 얻으려는 내 방식이 통할 것입

---

15   Leo Tolstoy, *The Law of Love and the Law of Violence*, trans. Mary Koutouzow Tolstoy (New York: Holt, Rinehart and Winston, 1970), 2-3.

니다."

국가와 기독교에도 마찬가지다. 세상 속으로 들어온 고매하면서도 구별된 기독교에 대해서, 모든 국가는 부득이하게 다음과 같이 말해야 한다. "나는 이 종교를 구매할 수 없습니다. 그뿐만 아니라, '하나님, 아버지, 나를 이 종교로부터 구하시고, 보호하소서.'라고 말할 것입니다. 이 종교는 나에게 확실한 파멸이기 때문입니다." 그러나 몇 세기에 걸쳐 기독교는 비뚤어지고 노쇠해졌고, 마지막 다리도 쓸 수 없는 상태가 되고 바보가 되었을 때, 국가는 다음과 같이 말했다. "보세요, 저는 그 경매에 참여할 수 있을 만큼 똑똑합니다. 저는 이제 기독교를 사용할 수 있고 충분히 이익을 얻을 수 있습니다. 제가 그것을 재정비하기 위해 약간의 돈을 쓸 수 있습니다."

만약 기독교가 재정비의 대가로 다시 그 본래의 모습이 된다는 농담을 국가에게 한다면, 이렇게 말할 것이다. "으악! 하나님, 아버지여, 우리를 구원하시고 보호하소서. 이 종교가 나의 파멸이라는 것을 어느 나라든 알 수 있을 것입니다." 그 마부는 자신이 똑똑한 구매를 했다고 확신하고 있다. 그는 위험을 무릅쓰고 20살의 늙은 말을 패기 넘치는 5살짜리 말로 되돌릴 생각이 없다. 모든 마부들이 만장일치로 낸 의견에 따르면, 국가는 영원히 젊은 기독교에 의해 섬김을 받을 수 없는 것처럼, 마부 역시 패기 넘치는 5살짜리 말로는 섬김을 받을 수 없다.(JP 4:4232 [1854])

키르케고르는 기독교가 서양으로 전파되면서, 덜 엄격한 메시지를 설교하기 시작했다고 믿었다. 기독교는 점차, 로마 제국의 특징이었던 영적 미숙함과 거의 같은 수준으로 퇴보하였다. 영적 수준의 현실에 비추어 보면, 로마 제국이 기독교를 이겼다고 말하는 것이 훨씬 정확하다.

화가 있을 것이다. 그리스도 교회가 이 세상에서 승리하게 될 때, 화가 있을 것이다. 승리한 것은 교회가 아니라 세상이기 때문이다. 그때 기독교와 세상의 이질성이 사라지고 세상은 승리하고 기독교는 패배한다.(PC, 223)

기독교의 몰락 뒤에, 신약성경의 비전을 추구하는 개인은 기독교 세계 자체를 향한 선교적 노력이 필요하다는 것을 깨닫는다. 키르케고르는 자신을 선교사라고 생각하며, 자신이 쓰는 글의 전체적인 목표를 다음과 같은 말로 묘사하였다. "기독교 세계는 자신이 무엇을 하는지도 모르는 채, 기독교를 망가뜨렸다. 그러므로 우리는 기독교(Christianity)를 기독교 세계(Christendom)에 다시 소개하려고 노력해야 한다."(PC, 36). 《저자로서 나의 작품에 대한 관점》(The Point of View for My Work as an Author)이라는 책에도 같은 주장이 반복된다.

> 단독자(single individual)—이 범주는 소크라테스가 이교도를 해체하기 위해 단 한 번, 그것도 처음으로, 결정적인 변증법적 방법으로 사용하였다. 이 범주가 기독교 세계에서는 두 번째 정반대의 방식으로 사람들을 기독교인으로 만들기 위해 사용될 것이다. 기독교를 이교도들에 선포하는 선교적 범주가 아니라 기독교 세계에 기독교를 소개하기 위한 선교적 범주이다.(PV, 123)

분명히, 신약 성경은 기독교인의 삶에 대한 높은 수준의 윤리적 비전을 표현하고 있다. '수백만 명'의 유럽 기독교인들이 이 비전에 따라 살고 있는가? 키르케고르는 이 질문에 대한 답을 "아니오"라고 믿는다. 기독교 세계는 그 안의 개인들로 하여금, 회개하지 않는 무책임한 '군중'을 만들어낸다. 군중이 행동하는 방식은 그리스도가 가르치고 행했던 이웃을 사랑하는 방식과 정반대이다. 이러한 관점에서 키르케고르의 《사랑의 역사》(Works of Love)는 윤리적 담론일 뿐만 아니라 기독교의 윤리적 붕괴에 대한 비판적 묵시이다. 기독교인들이 대계명을 이해하지 못한 채 살아가고 있기 때문에 대계명의 의미를 설명해야 한다고 키르케고르는 생각한다. '미학적' 기독교인들은 하나님으로부터 소외된 상태에서 생겨나는 '즉흥적' 사랑에 따라 살아간다. 따라서 그리스도의 십자가 처형에서 볼 수 있듯이 희생양에 대한 박해와 학대에 참여한다.

키르케고르는 주간 풍자 신문 '코르사르(Corsair)'에 두 개의 글을 실었다가 몇 달 동안 시달렸던 개인적 경험을 통해 이 사실을 배웠다.[16]

키르케고르에게 있어서 기독교 세계는 깊은 자기 모순의 상태에 존재한다. 한편으로는 신약성서의 윤리를 입 밖에 내어 말하지만, 다른 한편으로는 예언자들과 그리스도를 죽인 것과 같은 폭력의 구조에 의해 유지되고 있다. 키르케고르는 이러한 기독교의 상황을 아주 명확하게 묘사하는 신약성서 구절을 가리킨다. "만일 우리가 조상 때에 살았더라면 우리는 그들이 선지자의 피를 흘리는 데 참여하지 아니하였으리라 하니 그러면 너희가 선지자를 죽인 자의 자손임을 스스로 증명함이로다."(마23:30-31) 기독교가 말로는 "우리가 살았더라면…참여하지 아니하였으리라."라고 말하면서, 행동으로는 "예언자들의 무덤을 지음으로써 하나님을 섬기려 한다."고 키르케고르는 묘사한다. 기독교는 기독교 세계 안에서 놀이처럼 취급되는 것 같다고 인식한다. 따라서 성직자들을 "예술적인 건물에서 그들의 모습을 드러내는, 드라마틱한 의상을 입은" 예술가들에 비유하고 있다. "그들은 예언자들을 죽인 자신의 조상들보다 훨씬 더 나은 척하지만, 정의롭게 죽은 자들의 무덤을 짓고 그들의 무덤을 장식하고 있다."(TM, 133-134) 키르케고르는 자신의 《일기와 기록물》(Journals and Papers)에서 더 직접적으로 말한다.

기독교 세계는 하나님의 선지자들과 하나님의 아들을 죽인 포도원 일꾼들의 비유를 반복해 왔다. 왜냐하면 "이것은 우리의 포도원이기 때문이다." 진정한 기독교인 혹은 진리에 너무 관심이 많아서 진정한 기독교인이 된다는 것이 무엇인지에 대해 숨기지 않는 자가 때때로 나타난다. 사람들은 그를 반역자라고 호통을 치다가…그를 죽인다. 이 모든 거짓으로 얽어매어진 체계를 솔직하게

---

16   이 시기의 키르케고르에 관한 삶에 대해서는 다음을 참조하라. "Historical Introduction" to *The Corsair Affair*, trans. and ed. Howard and Edna Hong (Princeton: Princeton University Press, 1982).

폭로하는 것은 또한 반역이다. 그래서 그들은 그를 죽인다. 그들은 포도원에 있는 사람들이 그러했듯이, "포도원은 우리의 것이니 그를 죽이자고 말한다."*(JP, I: 383 ([1849])*

나는 기독교 역사에 대한 키르케고르의 해석에서 세 가지 주요 요점을 확립했다. (1) 기독교는 초기 몇 세기 동안 심오한 영적 '몰락'을 겪었다. (2) 이 '몰락'은 기독교인들이 사랑하는 방식으로 삶을 살아갈 수 있는 능력을 상실하는 거대한 윤리적 붕괴를 초래했다. (3) 국가와 연합되어 존재하는 국교*(The established Church)*는 사실 미학적인 환상에 불과하다. 이러한 착각에 빠져 살고 있는 사람들을 그리스도의 진정한 제자가 되도록 인도하고자 한 사람이 바로 키르케고르이다. 이를 위하여 미학적 영역에서 시작하여 윤리적 측면을 개략적으로 설명하고, 마지막으로 인간 삶의 종교적 측면으로 향하고자 한다. 이 종교적인 측면은 개인의 삶 속에 그리스도를 닮아가는 모습이 드러나는 것을 의미한다. "본받음은 모범이신 그리스도에 대한 대답이며, 기독교 세계에 어떤 의미가 있어야 한다면, 다시 한 번 본받음이 소개되어야 한다. 이것이 우리가 과거의 실수를 통해 배운 것이다."*(JFY, 190)*

지라르의 희생 제의적 기독교 비판

우리가 지라르의 생각에 눈을 돌릴 때, 기독교 역사에 대한 지라르의 해석이 키르케고르의 것과 유사하다는 것을 발견한다. 삶의 패턴으로서의 모방 욕망은 일반적으로 키르케고르가 존재의 미학적 측면이라고 설명하는 것과 동일하다. 키르케고르는 이것을 "이교도"라고 부른다. 인간이 윤리적 측면 혹은 더 나아가 종교적인 측면에서 더 성숙해짐 없이, 인간 존재의 기본 설정을 가지고 사는 것이다. 지라르는 인간 삶에 대한 기본 설정이 모방 욕망이라는 가정에서 출발하는데, 이것은 폭력을 중심으로 형성된 특정한 사회 구조로 이어진다. 유대교와 기독교가 역사 속에서 사회적으로 인정된 폭력에서 탈출하여 근본적으로 다른 삶의 방식, 즉 비폭력적인 왕국의 방식으로 이끈다고 키르케고르는 본다. 신약성경은 특히 갈등적 모방에서 벗어나 이웃 사랑으로 가는 길을 제시한다.

그러나 기독교가 걸어온 실제 역사는 비극이다. 기독교는 위대한 계시가 주는 추진력으로 시작되었지만, 첫 세기를 거치면서 기독교 이전의 존재 양식으로 다시 되돌아갔다. 기독교는 인간 문화의 구조적 허위에 대한 복음서의 비희생 제의적 통찰력을 배반하는 '희생 제의적 형식'으로 되돌아갔다. 기독교가 중세에 도리어 다른 이들을 박해하는 종교가 되었다는 사실은 성경의 계시의 힘이 기독교인들에 의해 저지되었다는 증거이다.

> 우리가 기독교 세계라고 부르는 것이 15세기 혹은 20세기 동안 존재할 수 있었던 것은 희생 제의의 작동 방식에 대한 이해(희생 제의적 독해) 덕분이다. 다시 말해서, 다른 모든 문화들처럼(적어도 특정 시점까지), 희생양을 희생시킴으로 공동체를 설립하는 메커니즘과 그 메커니즘을 미화시키는 거짓 신화에 토대를 두는 문화가 존재해 왔던 것이다. 기독교 성경이 역설적으로 희생 제의적 독해에 기초를 제공한다. 인류는 희생양 메커니즘을 명백히 폭로하는 텍스트를 오독하고, 희생 제의적인 문화를 재건하고, 희생 제의적 비전을 고수하는 사회를 형성하고 유지해오고 있다. 복음이 거부하는 희생 제의적 비전을 기독교 세계도 활용해왔다.(Things Hidden, 181)

지라르가 언급하는 복음서의 '희생 제의적 독해'는 인간에 대한 성부 하나님의 분노를 달래기 위해 성부 하나님이 요구하신 제물로써 그리스도가 십자가에 못 박힌 것이라는 이해를 포함한다. 하나님이 인간의 희생을 통해 분노를 달래기 때문에, 하나님을 원시적인 신 관념의 맥락에서 이해하는 것이라고 지라르는 말한다. 지라르가 생각할 때, 이것은 복음서에 대한 잘못된 해석이다. 실상은, 복음서에 따르면 하나님은 폭력 행위를 요구하지도 명령하지도 않는다. 폭력은 하나님에게 속한 것이 아니라 인간에게 속한 것임을 바로 복음서가 폭로하고 있다.

> 하나님이 전 인류를 위해 세우신 목표를 성취하시는 유일한 분이 바로 예수 그리스도이며, 폭력이나 폭력의 행사와는 무관한 유일한 분이다. "사람의 아들"이라는 호칭은 예수만이 모든 인류의 소명을 성취했다는 사실과 아주 분명하게 일치한다.
> 지상에서의 이 성취가 예수의 죽음을 불가피하게 요구한다면, 이는 성부 하나님이 이상한 희생 제의적 이유로 이 죽음을 요구하기 때문이 아니다. 아들과 아버지 모두 이 사건의 원인에 대해 추궁당하지 말아야 한다. 오히려, 온 인류, 인류만이 이 사건의 원인에 대해 질문을 받아야 한다. 인류 자신들이 이 폭력과 얼마나 관련되었는지 제대로 이해하지 못했다는 바로 그 사실 자체가, 하나님의 말씀을 들을 수 없는 우리의 무능력, 더불어 희생양 메커니즘으로 동작하는 살인이 인류사에서 아직도 계속되고 있음을 드러낸다.(*Things Hidden*, 213)

키르케고르가 그리스도의 십자가형에 대해 비슷한 관점을 발전시켰다는 것은 흥미롭다.

> 그리스도가 어떻게 십자가에 못박혀 생을 마감했는지(어떤 의미에서 그의 삶은 그 어떤 세속적 목적이 없었기에 다른 이들과 충돌할 껄거리가 없었다.) 이해하려고 하는 사람은 드물다. 사람들은 아마도 세상에 존재하는 악에 대한 암묵적인 증거에 대해 알게 되는 것을 두려워하는지도 모른다. 그래서 누군가는 그리스도 자신이나 하나님

의 섭리가 그런 방식으로 정한 것처럼 주장한다.…그리스도가 기꺼이 자신의 생명을 희생했다는 사실은, 그가 죽음을 추구했거나 유대인들에게 자신을 죽이라고 강요했다는 것을 의미하지 않는다. 그리스도께서 기꺼이 목숨을 바치신다는 것은 단순히, 세상이 너무 사악해서 거룩한 분은 죽을 수밖에 없다는 것을 의미한다. 세상에서 성공하기 위해 죄인이나 범인이 될 의향이 없었기 때문에, 이것 말고는 다른 선택의 여지가 없었던 것이다.(JP. I. 305. [1847])

여기서도 폭력은 하나님께 속한 것이 아니라 인간에게 속한 것으로 이해된다.

지라르가 기독교 역사에 대한 이야기를 승리주의 입장에서 말할 수 없는 것은 분명하다. 왜냐하면 이것은 인간이 받아들이고 의지할 수 있는 통찰이 아니기 때문이며, 너무 많은 인격적 자각과 문화적 자기비판을 요구하고 있기에 그런 어려운 통찰을 받아들일 수 없다. 그래서 역사 속의 기독교는 성경에 대한 희생 제의적 독해를 통해 '강화된 박해적인 성격'을 발전시켰다.(Things Hidden, 225)

지라르는 14세기 프랑스 시인 기욤 드 마초(Guillaume de Machaut)의 작품을 다룬 《희생양》(Scapegoat)의 첫 장에서 이러한 박해적 행동 양식의 예를 분석하고 있다. 마초의 작품은 흑사병으로 인한 피해망상을 계기로 기독교인들이 유대인에게 행한 폭력에 대한 이야기를 담고 있다. 마초의 설명에 따르면, 유대인들이 식수를 오염시켜 역병을 일으켰다고 기독교인들로부터 비난받는다. 그러나 "하늘이 내린 정의가 죄인들을 드러내고 이들 모두가 학살당했을 때," 기독교인들은 악행에 대한 보응을 받았다.(The Scapegoat, I) 지라르는 이 작품을 통해 마치 복음서가 전혀 쓰이지 않았던 것처럼 희생양 메커니즘이 '기독교' 중세 시대에 제대로 행해지고 있음을 보여준다.

지라르의 사상은 도스토옙스키의 영향을 많이 받았는데, 그의 대심문관의 비유는 지라르의 기독교 역사에 대한 설명의 배경이 된다. 그리스도의 업적은 대심문관이 '바로잡아야 했다'. 왜냐하면 그리스도가 요청하는 자유와 성숙은 인류에게 너무 버거워서 감당하기 어렵기 때문이다. 인류는 하나님께서 성경을 통해 소통하고자 하는 진리를 무시하고 '영원한 유아기' 상태로 남기를 선호한다.(Things Hidden, 242) 기독교 역사에서 희생양 메커니즘은 그 자체에 대한 가장 큰 위협을 끌어들임으로 발생할 수 있는 파괴로부터 자신을 보호하는 데 성공했다. 희생양 메커니즘은 복음서 본문을 백신이 되게 함으로써 스스로 계시의 힘에 대한 예방접종을 했다.

지라르는 진정한 신약성서 기독교가 존재할 수 있도록 희생 제의적 기독교를 해체하려고 한다. 그의 말에 따르면, "신성에 대한 이 희생 제의적 개념과 그것과 연관된 역사적 기독교의 기제들은 반드시 사라져야 한다. 그래서 복음서가 우리 가운데 다시 등장해야 한다. 그것도 가장 새롭고, 정교하며, 생기있고, 진실된 모습으로."(Things Hidden . 235-236)

우리는 키르케고르의 사상에서 사실상 동일한 모티브가 작용하고 있다는 것을 이미 보았다. 그는 또한 기독교 세계의 영적 허위와 게으름에 짓눌려 묻혀 있던 성경의 변화시키는 능력도 풀어내려고 한다. 키르케고르와 지라르 모두 성경은 사람들이 영적이고 윤리적인 성숙에 이르기를 요청한다고 강조한다. 그러나 인간이 죄인인 한, 우리는 성숙의 가능성에 저항한다. 우리는 유치한 상태에 머무는 것을 선호한다. 상당 부분 기독교의 역사는 미성숙한 '기독교인들'이 그리스도의 추종자가 될 수 있는 실제적인 가능성에 대해 저항해 온 역사다. '기독교인들'이 그들 자신의 영적 성장을 막기 위한 노력은 종교재

판이나 십자군 원정 같은 현상에서 가장 잘 확인된다.[17]

정치철학자로서의 키르케고르

키르케고르의 관점에서 보면, 모든 개인에게 열려 있는 기본적인 양 갈래의 가능성이 있다. 하나님과 대면하는 삶을 피하고 군중에 참여하는 자로 살거나 군중의 폭력을 견디면서 하나님 앞에 선 개인으로 사는 것이다. 후자의 가능성은 분명히 순교인데, 이것은 창조의 신성한 목소리를 듣고 응답하는 사람의 불가피한 역할이다. 여기서 우리는 키르케고르를 "급진적 개인주의"라고 비난하는 사람들이 어떻게 근본적으로 키르케고르의 메시지를 파악하는데 실패했는지를 다시 볼 수 있다. 순교자는 다른 모든 인간과 완전히 분리된 자신의 개인주의적 구원을 추구하는 사람이 아니다. 순교자는 다른 사람들의 회심과 속죄를 구하면서 다른 사람들과 깊은 관계를 맺어 간다.

> 나는 군중에게 자신들의 파멸을 알려 주려고 한다. 그들이 선을 행하려 하지 않는다면, 나는 그들을 악으로 제압할 것이다. 나를 이해해야 한다. 절대 오해하면 안된다. 나는 그들을 칠 생각이 없다. 전혀 그렇지 않다. 나는 그들이 나를 때리도록 만들 것이다. 그래서 나는 여전히 그들을 악으로 제압할 것이다. 그들이

---

17 스탠리 윈다스(Stanley Windass)는 이렇게 말한다: "겉으로 보이는 태평한 물질주의 사회 속에서도, 우리들 대부분은 여전히 마음속으로 혹은 환상 속에서 전사들이다; 거의 모든 군중은 곧 웅변가나 선전가들에 의해 자극될 수 있다. 그들은 우리 마음속 깊은 곳으로부터 인간의 모습을 한 숙적에 대항해서 죽을 때까지 싸우는 모습을 불러일으킬 수 있다. 이것이 복음이 없는 세상이고, 가장 적절하지 않지만 그런데도 현재의 위기의 세상 속에서 가장 보편적인 그리스도인들의 태도이다." 다음을 참조하라. *Christianity versus Violence* (London: Sheed and Ward, 1964). 149. 그는 또한 기독교인들이 어떻게 생각하고 행동해야 하는지 잘 말해주고 있다: "기독교인들이 느끼는 공포는 피살에 대한 것이 아니라 살해에 관한 것이다. 순교자가 되는 것에 대한 두려움이 아니라 살인자가 될까 봐 두려운 것이다. 그리스도와 함께 고난을 당할까 두려워하는 것이 아니요 다른 사람들 앞에서 그리스도를 십자가에 못 박는 짓을 할까 봐 두려운 것이다. 이것은 우리 전통의 뼈대이며, 성경에 근거한 기독교적 양심의 중추임이 틀림없다"(129).

먼저 나를 치면, 그들은 분명히 깨닫게 될 것이다. 그들이 나를 죽이면, 그들은 틀림없이 깨닫게 될 것이다. 그러면 나는 절대적인 승리를 거둘 것이다.

　사람들은 실제로 악을 원하긴 하지만, 그렇게 부패한 것은 아니다. 다만, 그들은 장님이고 그들이 무엇을 하고 있는지 정말 모른다. 중요한 것은 사람들에게 자기 자신이 결정하도록 몰아가는 것이다. 아이는 오랫동안 아버지에게 다소 제멋대로 굴 수 있지만, 아버지가 아이에게 실제적인 손상을 입힐 수 있는 결정을 하는 자리로 이끌 수 있다면, 아이는 머뭇거릴 것이다. '대중'이 반란을 도모할 때, 우리가 거기서 비켜서서 대중이 자신들이 무엇을 하고 있는지 결코 알지 못하게 된다면, 그들의 반란은 성공할 것이다. 군중은 본질적으로 자기 성찰적이지 않다. 따라서 군중이 사람을 죽음에 이르게 하면, 그제서 그들은 멈추고, 무슨 일이 일어났는지 깨닫고, 숙고하게 된다.

　권력(교황, 황제, 간단히 말하자면 한 개인)과 싸우는 개혁가는 그 강력한 권력자의 몰락을 초래해야 하지만, 정의만으로 '군중', 모든 부패의 근원지인 '군중'에 맞서는 사람은 그 자신의 몰락을 감수해야 한다.(JP. 5:5979 [1847])

"그들은 장님이고 자신들이 무엇을 하고 있는지 모른다." 우리는 키르케고르의 목표가 의식, 자기 인식의 발달이라는 것을 알 수 있다. 그의 기본적인 전제는 군중이 스스로 현실에 대한 명확한 인식을 가질 수 있는 자원을 가지고 있지 않다는 것이다. 진실을 이해함에 있어서, '진보'는 군중이 자신들이 살해하는 그 사람에게 구현된 진리를 마주할 때 가능하다. 그러므로 인간 역사의 어둠 속에 하나님의 빛을 가져오려는 진정한 그리스도인은 자신의 생명을 걸고 진리에 대해 증거할 수 있어야 한다.

　서양 정치철학의 표준적인 역사는 마키아벨리, 홉스, 로크, 루소, 헤겔에 관한 장이 포함되어 있다. 하지만 키르케고르는 없다. 왜 그럴까? 답은 간단하다. 주류 정치 철학은 세계 권력의 고삐를 잡고 있는 국가와 그 통치자들을 지도하고 형성하기 위해 쓰인다. 국가나 군중의 힘의 영향을 직접 겪는 순교자의 관점에서 쓰인 것이 아니다. 그러나 이 관점에서 '정치 철학'이 쓰일 수 있다. 그것은 진정한 인간 존재에 대한 이해에 뿌리를 두고 있을 것이며, 자신에 대한 진실로부터 '숨는' 거짓된 존재에 대한 비판을 명확하게 표현할 것이다. 그것은 계속되는 창조라는 비전에 의해 영감을 받을 것이며, 그 비전은 인간과 사회의 성숙은 인간 영혼이 신적 영감에 개방적 자세를 취할 때 가능하다고 제시한다. 이런 맥락에서의 정치철학이 그저 단순한 가능성에 지나는 것이 아니다. 신약성서, 아나뱁티스트 신학, 키르케고르, 본회퍼, 뵈겔린, 지라르, 그리고 여타의 글 속에, 그것은 기정사실이다.

8. 20세기의 정치적 폭력

사람들은 이렇게 생각한다. 아담의 타락이라는 이 일은 오래전에 일어났지만 잊혔고, 오늘날 우리는 착한 사람들이다. 우리 인류는 그리스도를 처형한 인류의 만행이 1,800년 전에 일어났던 것이고 이미 잊힌 일이라고 자신을 믿게 한다. 이제 우리는 좋은 사람들이다.(JP, 1:698 [1854], CD, 277-278)

만약 우리의 추정대로, 기독교 세계에 있는 더 많은 사람들이 자신을 기독교인으로 생각한다면, 그들은 과연 어떤 범주에서 살고 있을까? 그들은 심미적 범주, 아니면 기껏해야 심미적이고 윤리적 범주에서 살고 있다.(PV, 25)

이 장에서 나는 앞서 논의했던 정치적 폭력 이론의 역사적 적용을 계속해 나간다. 나는 키르케고르와 지라르의 글이 지난 세기의 대규모 폭력의 가장 중요한 두 가지 예인 나치즘과 스탈린을 이해하는데, 어떻게 도움이 되는지 보여주려고 한다. 이제 이 책의 기본적인 전제를 매우 분명히 할 필요가 있다. 우리는 정치적 폭력을 이해하는 데 필요한 철학적 범주가 부족한 것이 아니다. 우리는 정치적 폭력의 근원 문제에 대해 혼란스러운 '과학적' 이론과 논점을 회피하는 해답의 안개 속에서 살 필요가 없다. 인간 영혼의 올바른 질서에 잘 조응하는 저자들이 이해에 필요한 지적 도구를 이미 만들어 놓았다.

나치즘

《내가 아는 루즈벨트》(Roosevelt I Knew)라는 책에서, 프랜시스 퍼킨스(Frances Perkins)는 루즈벨트 대통령이 세계 2차 대전 동안 키르케고르를 연구하는 젊은 학자인 하워드 존슨(Howard A. Johnson)과 어떻게 알고 지냈는지 설명해 준다. 존슨은 대통령에게 키르케고르의 글을 읽도록 격려했다. 루즈벨트는 그렇게 했고(그는 적어도 《불안의 개념》을 읽었다.), 퍼킨스는 그와 나눈 대화를 다음과 같이 적고 있다.

> 몇 주 후에 나는 우연히 루즈벨트에게 전쟁 노동 위원회에 관한 문제에 대해 보고하고 있었다. 나를 쳐다보면서 고개를 끄덕였고, 나는 보고에 관한 생각을 하고 있었는데, 갑자기 그가 내 말을 가로챘다.
> "프랜시스, 키르케고르 읽어본 적 있어요?"
> "아주 조금요. 대부분 그의 글에 대한 리뷰를 읽었습니다."
> "그렇군요. 그의 책을 꼭 좀 읽어보면 좋겠네요."라고 그가 열정적으로 말했다. "뭔가를 배우게 될 겁니다."
> 아마 전쟁 노동 위원회에 대해 뭔가 배울 수 있다는 뜻이라고 생각했다.
> 그러나 그는 "나치에 대해서 배우게 될 거예요."라고 말했다. "키르케고르는 나치에 대해 아주 새롭게 설명해 주었어요. 나는 분명히 인간인 사람들이 왜 그렇게 행동하는지 이해할 수 없었어요. 그들은 인간이지만 악마처럼 행동합니다. 키르케고르는 독일인들이 그렇게 악해질 수 있는 가능성이 인간 본성 안에 있다는 것을 이해하게 해주었어요. 이 존슨이라는 친구, 키르케고르와 그의 이론에 대해 잘 알고 있어요. 읽어보면 좋을 거예요."[1]

루즈벨트는 키르케고르를 통해 나치를 이해하게 되었다는데, 존슨의 책에서 무엇을 깨달은 것인가? 나는 이 질문에 직접적으로 대답할 수는 없지만,

---

1 Frances Perkins, *The Roosevelt I Knew* (New York: Viking, 1946), 148.

어떻게 키르케고르가 히틀러와 그의 지지자들의 성격을 성찰하는 데 도움을 주었는지 가늠할 수는 있다.

그의 글에서 키르케고르는 존재의 심미적 측면에 대한 그림을 그려 낸다.[2] 심미적 측면에 사는 사람들은 인간 존재의 윤리적, 종교적 차원을 회피한다. 대신에 그들은 항상 흥미로운 경험을 추구하며 유아론적 자기표현의 세계에 산다. 그들은 매년, 매일, 매시간 그들 자신을 재창조하며 순간 안에서 순간을 위해 살아간다. 그들은 안정감이 없다. 사실, 안정을 지루함으로 인식한다. 그러나 만약 재미있는 경험에서 또 다른 재미있는 경험으로 옮겨가려는 그들의 노력이 실패한다면, 지루함에 빠지게 된다. 이것은 그들이 자기내면에 중심이 없기 때문이다. 그들은 목적, 비전, 그리고 진실성이 결여된 공허한 인격체로서 피상적인 현실 속에서 산다.

분명히, 존재의 심미적 측면은 인간의 미성숙의 한 형태이지만, 이 측면에 기대어 사는 개인이 성장으로 인도하는 창조로의 이끄심을 느낄 때 악마처럼 될 수 있다. 그들은 자포자기하듯 그들의 현재 사고 방식과 행동을 지속하기 위해 창조의 이끄심을 거부한다. 심미적 단계에 사는 자가 악마적이 될 때, 심미적 측면의 근저에 있는 유아론(solipsism)은 윤리적 책임을 거부하는 모습을 드러낸다. 유아론적인(solipsistic) 사람은 자신의 심리적 욕구를 충족시키기 위해 다른 사람을 이용하고 조종한다. 전체 사회가 그런 식으로 살고 있는 개인들로 구성될 때, 사회는 심리적 요구를 충족시키기 위해 다른 사람들을 이용하고 조종하기 시작한다. 그리고 조직된 사회구성체들은 사회 내에서 개인이나 소수 집단보다 훨씬 더 많은 힘을 가지고 있어서 악마적 폭력의 가능성이

---

2   다음을 참조하라. *Either/Or*, vol. 1, and *Stages on Life's Way*, "In Vino Veritas." 존재의 이런 측면에 대한 소개는 다음을 참조하라. Gregor Malantschuk, *Kierkegaard's Way to the Truth*, trans. Mary Michelsen (Minneapolis: Augsburg, 1963).

매우 크다.

나치는 심미적 측면에서 살았다. 사실, 그들은 세계 역사에서 비교할 수 없는 악마적 극단으로까지 심미적 측면을 가져갔다. 나치즘은 본질적으로 서구의 자유주의 정치 철학을 부정하고 기독교 이전의 게르만 원시주의로의 회귀를 지지했다. 지그문트 프로이트(Sigmund Freud)의 아래 논평은 매우 통찰력이 있다.

> 우리는 오늘날 유대인을 무척 증오하던 사람들이 종종 피비린내 나는 강압에 의해 역사적으로 중요한 시기의 끝자락에 기독교인이 되었다는 것을 잊어서는 안된다. 그들은 모두 "침례(세례)를 잘못 받은 사람들"이라고 불려질 수 있다. 피상적인 기독교 정체성의 껍데기 안에, 야만적인 다신교를 숭배했던 조상들의 피가 그들에게 남아 있다. 그들은 그들에게 부과된 새로운 종교(기독교)에 대한 원한을 극복하지 못했다. 그러나 그들은 그 원한을 기독교의 근원(유대교)으로 전환시켰다. 복음서가 유대인들을 배경으로 한 이야기를 들려주고, 실제로 유대인들만을 다룬다는 사실은, 그들의 이런 전환을 쉽게 만들었다. 유대인에 대한 그들의 증오는 근본적으로 기독교인에 대한 증오다. 독일 국가 ─사회주의 혁명에서 볼 수 있는 두 유일신 종교 모두에 대한 적대는 이 두 종교 사이의 가까운 관계를 보여준다.[3]

프로이트는 앞서 다룬 논제를 지지하는 것에 더해서, 광범위한 지역에 피상적인 종교성을 퍼뜨리려는 시도가 낳은 끔찍한 결과에 대해, 기독교인들은 책임을 질 필요가 있다고 제안한다. 거짓되고 물타기된 형태의 기독교가 한 문화에 강요될 때, 그것은 악마적 폭력의 반발로 거부되기 쉽다. 만약 기독교인들 자신이 이 폭력의 피해자라면, 신학적으로 불충분한 복음전파를 통해 이

---

3   Quoted in Aryeh Maidenbaum and Stephen A. Martin, eds., *Lingering Shadows: Jungians, Freudians, and Anti-Semitism* (Boston and London: Shambhala, 1991), 388; *from Moses and Monotheism* [Standard Edition, 105-106].

런 폭력이 발생하게 된 점에 대해서 기독교인들도 부분적으로 참여했다는 사실을 정직하게 인정할 필요가 있다.

나치즘은 명목상의 기독교를 거부하는, 이런 종류의 악마적 반발을 대표한다. 진정성이 결여된 종교성이 민족국가가 자기 자신을 심미적으로 숭배하는, 더 나쁜 다른 형태의 종교성으로 대체되었다. 그러므로 나치의 권력 장악의 핵심 요소는 법에 의한 통치라는 전통적인 정부 이해에 대한 거부였다.[4] 인간의 생명을 보호하는 법체계에 의해 인도되고 제한되는 인간 존재에 대한 전통적인 개념은 독재자의 의지에 따라 사회를 재구성하기 위해 버려졌다. 이것은 심미적 성격의 자의적인 의지를 따라 윤리적 측면을 거부하는 것이다. 독일 국민들은 전통적으로 이해되어 온 도덕률에서 벗어나 아돌프 히틀러에게 도덕적 책임을 넘겨주었다. 히틀러에 대한 그들의 의심할 여지 없는 심미적 숭배는 그의 의지가 현실을 정의할 수 있도록 허용되었다는 것을 의미했다. 그 자신이 악마적 심미주의자였기 때문에, 독일 국가에 도덕적 양심은 남겨져 있지 않았다. 양심 대신에, 독일 사람들의 생각은 '피', '흙', '인종' 그리고 '조국'과 같은 심미적 환상에 의해 통제되었다. 히틀러 자신은 윤리적 측면이 거부되어야 한다고 주장한다.

독일 민족주의의 시각은 인류에게 있어서 인종적으로 타고난 요소의 중요성을 수긍한다.…그러므로 결코 인종 간의 평등을 믿지 않으며, 인종 간의 차이와 더불어 열등하고 우월한 가치들도 인정한다. 그들은 더 좋고 더 강한 자들의 승리를 촉진하고 더 나쁘고 더 약한 자들의 복종을 요구하기 위해 이 우주를 지배

---

4   Mosse, ed., *Nazi Culture* (New York: Grosset & Dunlap, 1966), 320. Robert Hartman's Introduction to Picard's *Hitler in Our Selves*, trans. Heinrich Hauser (Hinsdale: Henry Regnery, 1947): 종말론적 선지자들이 적어도 이론적으로는 가능하다는 예견은 다음과 같다: 도덕 법칙을 무너뜨리는 데, 모든 에너지를 집중하는 사람, 순간적인 만족을 추구하는 사람, 욕망을 불러일으키고 그 만족을 세계 구원의 신조로 구체화하는 사람, 즉 순간의 구세주, 찰나의 성인, 불안을 위로 하는 자가 일어날 것이다. 그런 사람은 모든 지속성의 방해자, 인간 공동체의 파괴자, 세계에 대한 위협이 될 것이다(14).

하는 '영원의 의지'(the Eternal Will)에 따라야 할 의무를 느낀다.…만약 더 높은 수준의 윤리가 그들의 인종적 존속에 위험이 된다면, 그런 윤리를 존중해 줄 수 없다. 인종적으로 뒤섞인 세계에서는 인류의 이상적인 미래에 대한 모든 개념이 영원히 사라질 것이다.[5]

히틀러는 문자 그대로 화가라는 의미에서 미를 추구하는 사람이었다. 그가 정계에 진출하며, 권력을 잡았을 때 독일은 그가 새로운 현실, 즉 순수하고 고귀한 주인(노예가 아닌) 혈통을 창조할 수 있도록 캔버스가 되었다.[6] 그는 자신의 시간과 에너지의 대부분을 제3 제국의 건설을 위한 웅장한 건축 계획에 바쳤고, '혈통에 충성하는' 예술가들과 작가들에게 독일을 위해 그들의 재능을 사용하도록 격려했다. 1937년 그는 자연 풍경, 독일 농민들, 이상적인 아리안 혈통의 가족 등을 묘사한 그림들로 구성된 '독일 미술 전시회'를 세계에 선보였다. 이와 대조적으로, 근처의 또 다른 건물에서는 '유대인'의 영향으로 현대미술이 중독된 사례로 '퇴행 미술의 전시'가 열렸다. 괴벨스는 나치 독일에서 예술의 '재탄생'을 다음과 같이 묘사했다.

오늘날 우리는 기쁨과 만족을 가지고 위대한 발전이 다시 시작되었다고 주장할 수 있다. 어디에서나 사람들은 그림을 그리고, 건축하고, 시를 쓰고, 노래를 부르고, 연기를 한다. 독일 예술가들은 탄탄하고 생명력 있는 땅에 발을 내디뎠다. 좁고 고립된 틀에서 벗어난 예술은 다시 사람들의 한복판에 서게 되고, 거기로부터 전 국민에게 강한 영향력을 행사한다.[7]

그때, 괴벨스는 홀로코스트 이후 독자들을 오싹하게 만드는 말을 한다.

---

5   Mosse, ed., *Nazi Culture*, 5-6.
6   론 로젠바움(Ron Rosenbaum)과 베럴 랑(Berel Lang) 사이에 "예술로서의 악"이라는 주제에 대한 이목을 끄는 대화가 있었다. 다음을 참조하라. Rosenbaum's *Explaining Hitler*, 214-219.
7   Quoted in Mosse, ed., *Nazi Culture*, 154.

사람들은 기쁨을 추구합니다. 그들은 그럴 권리가 있습니다. 우리는 이 기쁨을 그들에게 줄 의무가 있습니다.…이 시간, 우리는 모두 당신을 존경합니다. 총통님. 당신은 예술을 의례적인 의무로 대하지 않고 신성한 사명와 숭고한 임무, 인간 삶의 궁극적이고 강력한 기록물로 여기십니다.[8]

존재의 심미적 측면과 함께, 또 다른 키르케고르의 범주는 나치에 대한 중요한 통찰을 제공한다. 그것은 '선을 마주하는 불안'이다. 《불안의 개념》에서 하우프니엔시스(Haufniensis)는 죄악된 현실과 개인의 관계 양상의 두 가지 주요 형태로서 "악을 마주하는 불안"(angst before the evil)과 "선을 마주하는 불안"(angst before the good)을 말한다. 선을 마주하는 불안은 하우프니엔시스가 '악령'을 일종의 심리상태로 해석하면서 지칭하는 범주이다. 죄악에 빠진 후에, 개인이 선에 대해 저항하고 더욱 이 죄악을 강화할 때, 새로운 상태에 들어가게 된다. 이 상태는 복음서의 귀신들린 자들에 의해 가장 두드러지게 나타난다. 하우프니엔시스는 무죄 상태에서, 자유는 어떤 가능성이라고 말한다. 그 가능성은 개인에게 불안을 야기하지만 실현되지 않은 채로 있는 무(nothingness)이다. 악마에게 있어서도 자유는 여전히 불안을 야기하는 무이지만 방향이 다르다. 왜냐하면 악마에게 있어서 자유는 박탈되는 것이고, 불안을 불러일으키는 외부 위협에 불과하다. 무죄한 상태는 자유를 지향하는 반면, 악마는 자유를 회피하는 상태이다. 악마는 자신을 선으로부터 완전히 차단하고 싶어 하지만, 궁극적으로 이것을 할 수는 없다. 복음서에 나오는 예수님과의 만남에서 알 수 있듯이, 악마적 불안은 선과 접촉하는 순간, 다시 등장한다.

---

8 Ibid., 157-158.

악마는 폐쇄적이고 의도치 않게만 드러난다. 이 두 성질은 동일한 것을 나타 낸다. 왜냐하면 폐쇄성은 소리내지 않는 것이기 때문이다. 그것이 자신을 드러 낸다면, 자신의 의지에 반하여 일어나는 것이다.…악마는 다른 어떤 것과 단절 하는 것이 아니라 자신을 은폐시킨다. 여기에 존재의 심오함이 있다. 비자유는 자신을 고립시킨다. 자유는 끊임없이 소통(교제)하고,[9] (교제의 의미를 다소 종교적인 성만 찬의 교제라고 생각해도 마찬가지다.) 비자유는 점점 더 폐쇄적이 되고 소통(교제)하지 않 는다. 폐쇄성은 정확히 소리의 부재이다. 언어, 말은 공허한 추상의 폐쇄성으로 부터 구원하는 것이다.…그래서 신약성경에서 악령은, 그리스도께서 자기에게 다가올 때, 이렇게 말한다. 나와 당신이 무슨 상관이 있나이까?($Ti\ \epsilon\mu o\iota\ \kappa\alpha\iota\ \sigma o\iota$ 막 5:7 /눅8:28) 그는 그리스도가 자기를 멸하시려고 왔음을 계속 얘기한다(이것이 선을 마주하는 불안이다). 다른 경우에, 악마를 추종하는 자들이 그리스도께 다른 길로 갈 것을 간청한다.(CA, 123-124)

하우프니엔시스에게 죄의 근원은 내면(inwardness)의 결핍이다. 내면은 개 인과 하나님 사이의 열린 관계를 의미한다. 내면의 결핍은 영혼을 가둬 놓는 다. 이것이 악마의 본질이다. 왜냐하면 인간의 영혼은 하나님이 창조하실 때 영원과 관련되도록 만드셨기 때문이다. "그러므로 내면은 영원이거나 인간 안에 내재한 영원성의 구성 요소이다."(CA, 151) 그러나 죄 많은 인간은 그들 내 면의 성장을 피하려고 한다. 죄 많은 인간은 그들의 영원성을 '죽이기' 위해 노 력하지만, 그것은 불가능하다.(CA, 152) "인간은 영원에 대해 진지하게 생각하지 않고 단지 그것에 대해 불안해하며, 그 불안은 영원성을 피할 백 가지 방법을 고안해 낸다. 이것이 바로 악마이다."(CA, 154)[10]

---

9   로날드 홀(Ronald L. Hall)은 이 주제에 대해서 자세히 논한다. Ronald L. Hall, "Language and Freedom: Kierkegaard's Analysis of the Demonic in *The Concept of Anxiety*," in *The Concept of Anxiety*, ed. Perkins, International Kierkegaard Commentary 8 (Macon: Mercer University Press, 1985). 153-166.

10   입센이 쓴 "피어 귄트"의 번역자인 롤프 필데(Rolf Fjelde)는 "트롤(troll)"의 성격 유형을 다음과 같이 묘사했는데, 이는 악마에 대한 키르케고르의 이해와 거의 일치한다.
트롤이 된다는 것은 무엇인가?…사실 그는 가장 다양한 형태로 존재한다. 최근 역사에서 그는 죽음의 수용

'선'은 하나님이 각 개인의 삶의 목적으로 의도하신 인간 인격의 온전성을 의미한다. 선은 구원, 치유, 그리고 성숙으로 나아가는 것을 의미한다.(《기독교의 실천》에서 말하는 "높은 곳에서 그가 모든 사람을 그에게로 이끌리라."라는 의미에서). 선을 마주하는 불안 속에서 사는 것은 영적인 성장의 가능성을 제거하는 것이다. 불안에 시달리는 성격은 미래를 두려워하며, 자기 계발 과정에서 수반되는 고통을 피하려고 한다. "우리를 멸하러 왔느냐?"고 외치는 목소리는 하나님이 그 안에서 창조를 계속해 나가시는 진정한 자아의 목소리가 아니다. 그것은 칼 바르트가 '무 (nothingness)'라고 지칭했던 비창조의 목소리, 공포에 사로잡힌 미성숙한 자아의 목소리다.(Church Dogmatics, III/3.3.305-306) 독일 국민을 파괴하려는 '유대인'의 욕망에 관한 히틀러의 편집증적 망상 속에, 이 목소리가 들린다. 키르케고르에게 악마란 하나님의 은혜를 가로막는 것을 최우선 과제로 하는 사람이다. 미성숙한 사람에게는 하나님의 은혜가 파괴하는 힘으로 보일 뿐이다. 그러나 하나님의 은혜는 창조로의 이끄심이다. 은혜를 피하려는 노력 속에서, 악마는 자신의 우주 속에서 신이 되려고 한다. 그 자신이 신이 되어, 그는 선과 악을 자기 식대로 정의하고, 자기 자신을 보호하기 위해서 온 세상을 재배치하려고 시도한다.

한 사회가 악마적 심미주의자들로 구성될 때, 그 사회는 미래로부터의 도피를 촉진하는 '지도자'를 요구한다. 그 사회는 자신들이 원하는 것이 무엇인

소를 운영했다. 입센의 시대와 마찬가지로, 오늘날 그는 최고에 대한 인정을 거부하며 악의적이고 은밀하게 계획을 꾸미거나, 안일한 민족주의를 외친다. 그는 본능적으로 열린 것을 싫어하고 동굴, 뒷방, 닫힌 생각과 느낌에 끌린다. 그러나 그는 어두운 곳을 좋아하면서도 가장 어두운 곳, 그 자신은 외면한다. 그곳에서 그는 진리와 자유 안에서 자신을 실현하기 위해서 고통스러운 투쟁을 하기보다는 게으르고, 유행을 따르며, 타협 속에서, 관습과 습관을 따라 자신을 그저 수용한다. 뚜렷한 형체도 없고 중심에서 방종한 그의 정신은 왜곡시키는 프리즘과 같다. 그리고 순응에 대한 열정을 가지고, 다른 모든 사람들에게 자신의 편견에 따라 사물을 보도록 강요해야 직성이 풀린다. 무엇보다도, 그는 어떤 위장을 하든지 간에, 그 위장 뒤에 숨은 자신의 생각, 자신의 편견, 자신의 삶의 방식, 그의 씨족, 그의 계급, 그의 민족국가를 발견할 수 있다. (Foreword to Henrik Ibsen, *Peer Gynt* (Minneapolis: University of Minnesota Press, 1980), xvii-xviii)

지를 알고, 목표를 명확히 하고, 그것을 성취할 수 있는 카리스마 있는 인물을 지도자로 원한다. 키르케고르는 이 현상을 잘 알고 있다.

> 군중은 거짓이다. 그러므로 군중을 이끄는 것을 직업으로 삼는 사람들만큼 인간이라는 존재를 경멸하는 사람은 없다. 군중을 구원삶는 것은 그리 대단한 속임수가 아니다. 약간의 재능과 어느 정도의 거짓, 그리고 인간의 감성에 대한 약간의 지식만 있으면 된다.(PV, 108-109)

이 글이 쓰인 지 약 100년이 지난 후에, 이것이 실현되었다. 아돌프 히틀러는 바로 이런 방식으로 군중을 끌어모으는 데 명수였다. 《나의 투쟁》(Mein Kampf)의 다음에 나오는 구절에서 알 수 있듯이 그는 자신이 무엇을 하고 있는지 정확히 알고 있었다.

> 대중 모임은 필요하다. 왜냐하면 그 속에서 새로운 운동의 지지자가 되는 동안, 외로움을 느끼고 혼자라는 두려움에 쉽게 굴복하는 개인이 처음으로 사람들을 격려하고 힘을 불러넣는 더 큰 공동체의 그림을 보게 되기 때문이다.…군중 속에서 그는 항상 다소 안정감을 느낀다.…그가 매우 작게 느껴지는 그의 작은 작업실 또는 큰 공장에만 있다가, 대중 회의에 처음으로 발을 내딛고, 그의 주위에 같은 의견을 지닌 수천의 사람들과 유대감을 가지게 된다. 그때, 그는 암시적 도취와 열정의 강력한 효과에 휩쓸린다. 눈에 보이는 성공과 수천 명의 동의는 그에게 새로운 교리의 옳음을 확인시켜주고 처음으로 이전에 가졌던 확신에 대해 의심하기 시작한다.—그러면 그는 우리가 '대중 암시'(mass suggestion)라고 부르는 마법적인 영향력에 굴복하게 된다.[11]

히틀러가 지라르를 읽었다고 생각할 정도로 통찰력 있는 논평이다. 이와 같은 구절은 히틀러가 냉소적으로 자신의 목적을 달성하기 위해 독일 국민을

---

11 Veith, *Modern Fascism* (St. Louis: Concordia, 1993), 149.

조종하고 있었다는 것을 암시한다. 그는 군중의 대중심리를 이해했고 그의 지식을 매우 효과적으로 활용했다. '군중을 구워삶기 위해' 어떤 '계략'이 필요한지 알고 있었다.

히틀러는 군중을 동원하는 열쇠가 죽도록 맞서 싸울 '적'을 던져주는 것임을 아주 분명히 알고 있었다. 미성숙한 심미주의자들은 그들의 원망과 폭력을 배설할 출구를 찾고 있다. 리더는 바로 그들이 원하는 것을 준다.

> 많은 대중을 얻기 위해서는 그들의 마음의 문을 여는 열쇠를 알아야 한다. 그것은 객관성이 아니다. 객관성은 약점일 뿐이다. 그 열쇠는 의지력과 힘이다.
> 자신의 목표를 위해 자신의 싸움을 하는 것과 동시에 그 반대의 것을 지지하는 자들을 파멸시켜야 한 민족의 영혼을 사로잡는 데 성공할 수 있다.
> 사람들은 적에 대한 무자비한 공격을 항상 자신의 옳음에 대한 증거로 삼는다. 그런 공격을 포기하면, 자신의 잘못에 대한 징후는 아니더라도 자신의 옳음에 대한 불확실성이 있는 것으로 여긴다.…
> 사람들을 위한 싸움을 해나가면서, 또한 국제적인 적들도 제거해야, 비로소 국가는 대중을 사로잡는 데 성공한다.[12]

히틀러의 이런 언급은 나치 폭력 계획의 핵심적인 측면을 가리킨다. 유대인들은 돌이킬 수 없는 악(irreversibly evil)으로 보여야 한다. 그들은 개혁되거나 교육될 수 없고, 그들의 '병'은 치유될 수 없다. 토마스 머튼이 지적한 바와 같이 그들은 그저 근절되어야 한다.

> 무력을 사용할 때, 사람들은 극복해야 할 악이 분명하고, 확실하며, 되돌릴 수 없다고 가정함으로써 상황을 단순화한다. 그러면 오로지 남는 한 가지, 그것은 악을 제거하는 것이다. 죄인과의 대화, 그의 행동에 대한 질문은 마음을 흔들고, 실패하게 만들 뿐이다. 악을 제거하지 못하는 것 자체가 패배다. 그러한 패배의

---

12   Mosse, ed., *Nazi Culture*, 8-9.

위험을 조금이라도 감수하는 것은 그 자체로 악에 굴복하는 것이다. 악을 돌이킬 수 없다는 것(irreversibility)은 자신이 제거하려는 적이 지닌 전적인 악을 순간적으로 의심하고 주저하려는 십자군의 관대한 생각마저 오염시키기 위해 손을 뻗친다.[13]

'악을 돌이킬 수 없다'는 개념은 희생자들의 진정한 본성에 관한 것이라고 이해되지만, 실제로 그것은 가해자의 영적 상태를 드러낸다. 악을 돌이키고 싶지 않은 이들은 가해자들이다. 그들은 다른 어떤 것보다 회개하고 돌이킬 수 있는 가능성을 두려워한다. 그들의 이러한 내면의 상태는 그들의 외부적 폭력 사태를 통해 세상에 명백하게 드러난다. 자신의 '적들'을 다루기 힘든 악으로 보는 사람들은 현재의 생존 상태를 유지하는 데 절대적인 헌신을 한다. 그런 사람들로 구성된 사회는 특정인을 동화할 수 없는 자이기 때문에 배제하는 유토피아적 이념을 만들어낸다.[14]

키르케고르는 정치적 폭력을 일으키는 엔진이 인간의 내적 소외라는 것을 알 수 있게 해준다. 이때 필요한 것은 아우구스티누스적 의미의 '안식', 즉 하나님과 대면하는 자신에게 편안함을 느끼는 것이다. 이 안식이 부족할 때, 그 쉼 없음이 개인의 마음과 사회의 조직을 찢어 놓을 때, 악마에 의해 채워지게 되는 공허함이 열린다. 사람들 간의 차이, 세상에 대한 악마적 비전의 토대

---

13 다음을 참조하시오. Thomas Merton's introduction to *Gandhi on Non-Violence* (New York: New Directions, 1965), 13.

14 지그문트 바우만(Zygmunt Bauman)은 이 상황을 매우 선명하게 묘사한다. 스탈린과 히틀러의 희생자들은 영토 식민지화를 위해 살해된 것이 아니었다. 종종 그들은 인간의 감정(증오의 감정도 포함해서)이 배제된 둔하고 기계적인 방식으로 살해되었다. 그들은 이런저런 이유로 완벽한 사회에 대한 구상에 맞지 않았기 때문에 살해되었다. 그들의 살인은 파괴의 일이 아니라 창조였다. 그들은 제거되었고, 그래서 객관적으로 더 나은 인간 세계, 즉 더 유능하고, 더 도덕적이고, 더 아름다운 세계가 세워질 수 있었다. 공산주의 세계 혹은 인종적으로 순수한 아리아인의 세계가 창조된 것이다. 두 경우 모두, 분쟁 없이, 질서정연하고, 통치자들의 손에 순종적이며, 조화롭게 통제된 세계였다. 그들의 과거나 혈통에 지울 수 없는 병마 때문에 오염된 사람들은 그렇게 흠잡을 데 없고, 건강하고, 빛나는 세계에 적응할 수 없었다. 잡초처럼, 그들의 본성은 바뀔 수 없었다. 그들은 개선되거나 재교육될 수 없었다. *Modernity and the Holocaust* (Ithaca: Cornell University Press, 1989). 92-93.

가 되는 이 차이는 자신을 다르게 느끼는 영적 상태의 표현이다. 그것은 통합되지 않고 자기 안에서 안식하지 못하는 영적 상태다.

키르케고르의 종교 심리학을 토대로, 우리는 존재의 심미적 측면과 관련하여 희생양에 대한 이해를 명확히 할 수 있다. 악마적인 심미주의자는 현재의 자신과 다른 존재가 되는 것을 피하려고 한다. 더 구체적으로, 그는 윤리적이고 종교적인 자기가 되는 것을 피하려고 한다. 그가 피하고자 하는 또 다른 존재는 과거의 그림자가 아니라 미래의 그림자인 자신의 미래이다. 그는 자신의 그림자를 외부 물체에 투사하여 공격할 필요성을 느낀다. 그는 자신을 성숙한 사람으로 표상하는 희생양을 (무의식 중에) 찾는다. 사회 전체가 자신의 미래를 회피하는 심미주의자들로 구성될 때 희생양을 식별하고 죽이는 것이 사회를 지탱하는 중심이 될 것이다.

그것은 하나님 앞에서 진정한 개인이 될 가능성을 외면하는 사람들을, 즉, 아무 인격도 아닌(non-persons) '군중'을 만들어 낼 것이다. 군중이라는 존재의 핵심에 놓여 있는 비인격성은 사회적 상대방을 비인격적인 존재로, 즉 죽은 존재로 만드는 폭력을 통해 자신을 표현한다. 다른 사람을 죽이는 이 행동은 심미주의자가 자신의 영적 성장의 가능성을 없애려는 기본적 욕망을 명백히 드러낸다.

장 폴 사르트르와 리처드 로티와 같은 사상가들은 만약 나치즘이 승리했다면 "파시즘이 인간을 위한 진리가 되었을 것"이라고 말한다.[15] 그들이 이렇게 말할 수 있는 것은 그들 자신이 계몽주의가 파괴한 서구 정신문화의 잔해 속에 갇혀 있기 때문이다. 서구 문화를 구현한 키르케고르나 지라르 같은 사

---

15 Jean-Paul Sartre. *L'Existentialisme est un Humanisme* (Paris: Nagel, 1946), 53-54; Richard Rorty. *Consequences of Pragmatism* (Minneapolis: University of Minnesota Press, 1982), lxii.

상가들로부터 우리는 파시즘은 그것의 세속적인 성공 여부와 상관없이 인간이 만들어낸 거짓에 불과하다는 것을 단적으로 배울 수 있다.

스탈린주의

키르케고르는 그의 글에서 심미적 측면과 대조될 수 있는 존재의 윤리적 측면을 묘사한다.[16] 윤리적인 사람은 눈앞의 순간에만 사는 것이 아니라 시간이 지남에 따라 확대되는 의무를 지닌 주체로서 자신을 의식한다. 그런 사람은 유아론자(solipsist)가 아니며, 자신이 책임감을 가져야 하는 공동체의 일원이라는 것을 알고 있다. 윤리주의자는 전반적으로 도덕적이고 정당하게 살 수 있는 자신의 능력에 자신감을 가지고 삶을 살아간다. 그는 자신의 성숙함에 근거해서 미성숙한 사람들을 지도할 수 있는 위치에 있는 유능한 사람이라고 생각한다. 그는 심미주의자들을 분별하고 가르쳐서 그들을 성숙하고 안정감 있게 만들 수 있다고 여긴다.

존재의 심미적 측면이 사회적 원리가 될 수 있듯이, 윤리적 측면도 사회에서 구현될 수 있다. 윤리적 측면의 본질적인 특성을 감안할 때 이것은 자연스럽고 정상적이다. 도덕에 대한 비슷한 이해와 자신감의 정도가 비슷한 사람들은 도덕의 진실성을 자부하는 그룹으로 모일 것이다. 그들은 자신들을 미성숙한 삶의 방식에 따라 사는 다른 집단이나 개인들보다 우월하다고 본다. 윤리적 측면에 사는 사람들은 하우프니엔시스가 말하는 "악을 마주하는 분노"(CA, 113-118)로 특징지어지는 성격 구조를 발달시킬 수 있다. 심미적 측면에 사는

---

16   *Either/Or*, vol. 2, and *Stages on Life's Way*, 87-184.

사람들에게도 그렇듯이, 자기(self)의 발달은 불안으로 인해 방해받고 정체될 수 있다. 이 경우 윤리주의자는 자신보다 '열등한' 다른 사람들과 지속적으로 비교함으로써 창조의 과정을 통제하려고 한다. 그는 다른 사람들의 '악'에 집착하게 되고, 무엇보다도 자신의 잘못에 대한 자각, 즉 모든 불완전한 인류와의 연대에 대한 자각을 두려워한다.[17]

우리 시대에, 마르크스주의/레닌주의/스탈린주의는 존재의 윤리적 측면의 극단적이고 악마적인 형태를 나타낸다. 여기서 인간의 '진보'에 관한 철학적 이데올로기는 일부 사람들을 반혁명분자로 분류하는 이분법적 세계관의 기초가 된다. 따라서 이기적이고 심미적인 개인들은 제거되어야 한다. 사회가 유토피아 국가로 나아가려면 부정적인 요소들을 없애야 하기 때문이다. 이 주제는 마르크스의 저술에 매우 분명하게 언급되어 있다.

부르주아 계급은, 그들이 우위를 점하는 곳이라면 어디서든, 모든 봉건적, 가부장적, 목가적 관계를 종식시켰다. 그들은 농노들이 주인에게 묶였던 잡다한 봉건적 종속을 끊고, 냉담한 '현금 지불' 외에 인간과 인간 사이의 연결고리를 남기지 않았다. 그것은 종교적 열의, 기사도적 열정, 세속적인 감상주의가 지녔던 천상적 황홀함을 이기주의적 계산의 얼음물에 잠기게 했다. 한 마디로, 종교적, 정치적 환상으로 가려졌던 착취를 벌거벗겨서, 파렴치하고, 직접적이며, 잔인한 착취로 대체했다.[18]

물론, 마르크스 자신은 잔인하게 착취하지 않고, 윤리적이고 정의롭다고 생각한다. 정치사상에 접근하는 마르크스의 기본적 독선은 레닌에 의해 모방

---

17 칼 바르트(Karl Barth): "보수주의자들보다 혁명가는 훨씬 더 악을 극복했다. 왜냐하면 그의 '아니오'로 인해 그는 묘하게도 하나님 가까이에 서 있기 때문이다. 그러나 이것은 혁명의 비극이다. 악은 악에 대한 진정한 해답이 아니다." *The Epistle to the Romans*, trans. Edwyn C. Hoskyns (London: Oxford University Press, 1968), 480.

18 *The Marx-Engels Reader* (New York: Norton, 1978), 475.

되었고, 다음의 인용문에서 보듯이 레닌이 소련을 지배하면서 그 실질적인 효과를 나타낸다.

부자들, 악당들, 그리고 게으름뱅이들을 살피고 통제하는 수천 가지의 실용적인 형태와 방법들이 고안되어야 하고, 마을과 국가의 작은 단위별로, 코뮌 공동체들 스스로 그 방법들을 실험해야 한다. 다양성은 이 실험에 활력을 주며, 목표를 성취하는 데 필수적이다. 한 곳에는 열 명의 부자들, 사기꾼 열두 명, 일을 기피하는 여섯 명의 노동자들이⋯감옥에 갇히게 될 것이다. 다른 곳에서 그들은 화장실 청소에 투입될 것이다. 세 번째 장소에서는 그들이 복역을 마친 후 그들에게 '노란 표'가 주어지며, 다른 사람들은 그들이 개조될 때까지 그들을 해악자로 감시하게 될 것이다. 네 번째 장소에서는 열 명의 게으름뱅이 중 한 명이 현장에서 총살된다. 다섯 번째 장소에서는 혼합된 방법이 채택될 수 있다. 예를 들어, 교정 가능한 부자, 부르주아 지식인, 사기꾼, 훌리건에게 빠르게 개혁될 수 있는 기회가 주어질 것이다. 더 다양한 실험을 할수록, 우리의 일반적인 경험이 더 풍부해지고, 사회주의의 성공이 더 확실하고 더 빠를 것이며, 최선의 방법과 수단을 고안하는 것이 더 쉬워질 것이다.[19]

악마같은 존재가 된 윤리주의자도 역시 자신에게 낯선 다른 자아가 되는 것을 피하려고 한다. 그는 자신의 죄악성을 자각하는 것을 회피하려고 한다. 그가 피하려고 하는 낯선 다른 자아는 그의 '그림자'이다. 악마같은 '심미주의자'가 미래의 그림자(미래에 성숙해지고 새로워질 자기)를 공격하는 반면, 악마같은 '윤리주의자'는 과거의 그림자, 즉 이제는 극복한 자기중심적인 자신의 과거의 그림자를 공격한다. 그는 자신의 그림자를 외부의 대상처럼 공격할 필요성을 느낀다. 그는 자신을 미성숙하고 이기적인 사람으로 표상하는 희생양을 찾는다. 이 희생양을 죽임으로써, 그는 자신의 실수, 즉 자신의 인간성을 자각하는

---

19   The Lenin Anthology (New York: Norton, 1975), 431-432.

것을 막으려고 애쓰고 있다.[20]

이 시점에서 스탈린 정권이 수백만 명을 살해한 이야기를 거론할 필요가 있다. 내가 그 이야기를 자세히 다시 말할 필요는 없을 것이다.[21] 이 주제에 대한 교과서적인 역사 연구 저작들 중 하나인 로버트 콘퀘스트(Robert Conquest)의 《대테러》(The Great Terror)는 1932년부터 1933년까지의 테러 기근으로 인해 600만 명에서 700만 명이 사망했다고 추정한다.[22] 1937년에서 1938년 사이에는 약 100만 명의 사람들이 즉각 처형되었고, 약 200만 명이 수용소에서 사망했으며, 약 800만 명이 수용소에 수용되었고, 그 중 10%만이 살아남았다. 스탈린의 통치로 인한 총 사망자 수는 보통 2천만 명으로 추정되는데, 이는 아마도 보수적인 수치일 것이다.[23] 우리는 정확한 숫자를 결코 알 수 없을 것이다. 왜냐하면 스탈린 정권은 자신들의 살해 활동에 대한 자세한 기록을 보관하지 않았기 때문이다.

스탈린 전기 작가 아이작 도이처(Isaac Deutscher)는 숙청의 기본 동기는 스탈린의 강렬한 편집증이었다고 주장한다. 스탈린은 자신의 독재에 대한 대안

---

20 *Fritz Künkel's In Search of Maturity* (New York: Charles Scribner's Sons, 1948) 이 책은 우리가 고찰해 왔던 사회 심리의 역동성(the social-psychological dynamics)에 대한 통찰력을 제공한다. 예를 들어, 다음 인용문은 나치즘과 스탈린주의를 잘 조명해 준다: "대부분의 인류에게 두 집단 모두 똑같이 우스꽝스럽다. 그러나 그들 자신의 눈으로 볼 때 그들은 세계에서 유일하게 '의로운' 민족이다. 서로에게 그들은 최대의 숙적이고 혐오스러운 존재이다. 심리학적 관점에서 볼 때, 그들이 공존하면서, 서로를 구원할 수 없다는 바로 그 사실이 둘 모두의 비극적 운명을 가늠하게 해준다."(175). 그는 이어서 다음과 같이 언급한다: "각각의 우상숭배 그룹들은 그 그룹들의 잠재적 붕괴의 위험에 처해있다.⋯그러므로 그들은 자신의 우상을 변호할 때 자신의 미성숙함을 변호하는 것이고, 반항하는 불신자들을 저주할 때 자신의 미성숙함이 다시 성숙의 과정으로 들어가지 않도록 노력한다. 그러므로 그는 인생의 마지막 기회를 잡으려는, 물에 빠진 사람처럼 무자비하다." (177) 이어서 그는 집단적 자기중심성을 "그들의 창조적 가능성으로부터 집단을 보호하기 위해 무의식적으로 설계된 죽은 기계 장치"로 묘사한다 (183-184). 우리가 논의해 온 관점에서 볼 때, 그는 정곡을 찔렀다.

21 숙청에 대한 전체적인 설명은 아이작 도이처(Isaac Deutscher)가 다음의 글에서 잘 제시해 주고 있다. "The Gods Are Athirst" in *Stalin: A Political Biography* (New York: Oxford University Press, 1966). 345-385.

22 Robert Conquest. *The Great Terror: A Reassessment* (New York: Oxford University Press, 1990), 20.

23 Ibid., 485-486.

이 될 수 있는 아주 작은 가능성에도 강한 편집증을 보였다.[24] 따라서 그는 노쇠한 핵심 볼셰비키들뿐만 아니라 그들과 접촉한 적이 있는, 거의 모든 사람을 죽이도록 명령했다. 이것은 내가 논의를 전개하고 있는 주제의 다른 예시이다. **폭력의 가장 기본적인 동기는 심리적 자아 보호이다.** 스탈린이 자신의 범죄를 인정하고 권력의 고삐를 풀었다면 그는 거의 심리적인 붕괴에 다다랐을 것이다. 그는 이 가능성을 무엇보다도 두려워했다. 그는 심적으로 내몰려서, 다른 사람들의 죽음을 요구하기에 이르렀다. 그렇게 함으로써, 자신에 낯선 존재, 즉 성숙한 인간이 되는 것을 피할 수 있었다. 키르케고르에게 성숙해지는 것은 다름 아닌 자기 잘못을 돌이키는 것이다.[25]

뉘우칠 가능성이 희박하다는 것은 니콜라이 부카린(Nikolai Bukharin) 중앙위원에게서 확인할 수 있다. 1930년대 초 스탈린의 '급속한 사회화'(rapid socialization)에 대한 잔혹한 노력이 있은 후, 부카린은 부도덕한 행동이 당을 비인간적으로 만들고 있다는 것을 깨닫기 시작했다. 그는 다음과 같이 진술한다. "1919년에 우리는 생명의 위험을 무릅쓰고 사람들을 처형했다. 그러나 나중에 가서 우리는 완전히 무방비 상태의 남자들과 그들의 아내, 자식들을 대량으로 섬멸했다."[26]

부카린은 테러를 하는 사람들에게 나타나는 심리적 부작용에 대해 우려했다. 그는 어떤 사람들은 자살했고 또 미쳐버린 사람들도 있다는 것을 알게

---

24 *Stalin*, 375. 로버트 터커(Robert Tucker)는 스탈린의 "최고의 목표"는 팽창하는 소련 제국의 통치자로서 자신의 "영광"을 증진시키는 것이라고 주장했다. 이 "영광"에 대한 강박적인 추구의 어두운 면은 희생자들의 고통에 대한 스탈린의 완전한 무관심이었다. Tucker's Foreword to *Stalin's Letters to Molotov 1925-1936*, ed. Lars Lih et al. (New Haven: Yale University Press, 1995), xi-xii.

25 다음을 참조하라. UDVS, 15: "Repentance and regret belong to the eternal in a human being." Gül Bailie echoes this idea in *Violence Unveiled* (New York: Crossroad, 1995): "Contrition is the specific Christian form of lucidity" (40).

26 Boris Nicolaevsky, *Power and the Soviet Elite*, ed. Janet D. Zagoria (Ann Arbor: University of Michigan Press, 1975), 18.

되었다. 부카린의 말에 따르면, 제정신으로 남아 있던 사람들에게도 영향은 있었다. 그들은 "테러를 일상적인 행정 수단으로 여기고, 위에서 내려온 명령은 어떤 것이든 따르는 행정관료"가 되었다.[27] 부카린은 1938년 숙청 재판에서 처형되었는데, 자신이 만든 볼셰비키 체제의 희생자였다.

이 역사적 에피소드의 중심적인 아이러니는 윤리적인 목표에서 영감을 받은 마르크스주의 이데올로기가 대규모로 일어난 심각한 비윤리적인 행동을 정당화시키는 방식이다. 그 아이러니는 근본적으로 수단과 목적을 분리하는 결정에서 나온다. 즉 정의롭고 평화로운 사회를 만들기 위해서는 살인도 할 수 있다는 결정이다. 이 문제에 대해서도 키르케고르는 선견지명이 있었다.

당신의 일을 수행하기 위해 어떤 수단들을 사용하는가? 그 수단들은 목적만큼이나 당신에게 중요한가? 그렇지 않다면, 당신이 한 마음을 품는 것은 불가능하다. 이런 경우, 방어불가능하고, 무책임하고, 이질적인 수단들이 흘러들어온다. 혼란과 타락을 부추기면서 말이다.(UDVS, 141)

불신앙으로서의 정치 종교

나치즘과 스탈린주의는 단순한 정치적 사건이 아니라 그 근본에 있어서는 종교적 현상이었다.[28] 이러한 역사적, 사회학적 주장은 니콜라이 베르디예프(Nikolai Berdyaev), 에릭 뵈겔린(Eric Voegelin), 자크 엘룰(Jacques Ellul) 등 여러 학자

---

27   Ibid. 그리고 다음의 책도 참조하라. Robert Conquest. The Great Terror, 22.
28   이 세부항목의 제목은 바르트가 《교회 교의학》에서 말한 "불신앙으로서의 종교"를 차용한 것이다. 바르트는 종교를 변덕스럽고 자의적인 신 앞에서 인간이 자기 자신을 정당화하고 성스럽게 하려는 것으로 이해한다.

가 명료하게 잘 제시해 주고 있다.

우리는 키르케고르가 예견했던 이 주제를 매우 분명하게 인식할 수 있다. 그는 종교개혁이 종교운동으로 시작되어 정치화되었고, "이제 모든 것이 정치로 보이지만 결국 종교운동으로 판명될 것"이라고 평했다.(JP 6:6256[1848]) 키르케고르는 진정한 기독교 목회자들이 등장해서 "군중을 해체하고 독립된 개인으로 만들기"를 희망한다. 그런 목회자들은 "누구도 섣불리 막아서기 어려운 병자들의 무례함"을 감내해야 할 것이다. 왜냐하면 "사람들이 죽음에 이를 정도로 영적으로 아프기 때문이다." 사람들은 그들의 문제들이 새로운 정부가 등장하면 해결될 것이라고 생각하지만, 실제로 "필요한 것은 영원에 관한 것"이다.

키르케고르가 마르크스의 저술에 대해 개인적으로 어느 정도 알고 있는지 분명하지 않지만, 마르크스와 같은 사회주의자들이 주장하는 사상을 확실히 인지하고 있었다. 공산당 선언(Communist Manifesto)이 작성된 것과 거의 같은 시기에 키르케고르는 "사회주의에서 언급되는 끔찍한 한숨, 지옥에서 오는 한숨"에 대해서 논평했다. 그 한숨은 "신은 악이다. 그를 없애기만 하면 우리는 안도하게 될 것"이라는 주장이다. 그의 논평은 이어진다.

> 흔히 생각하는 것보다 훨씬 가까이에 있는 위험, 모든 위험들 중 가장 중대한 위험과 관련해서 '기독교' 목사들이 필요하게 될 것이다. 다름 아닌, 재앙이 확산되어 종교 운동으로 변할 때 그렇다. (그리고 공산주의의 힘은 분명히 종교—심지어 기독교도 포함하여—안에 내재하는 악마적인 잠재력과 같다.) 비 온 뒤의 버섯처럼, 주제넘게 '사도들'과 동등한 사도가 되려고 하는 악마같은, 오염된 인물들이 나타날 것이다. 그들 중 몇몇은 기독교를 완성하는 것을 자신의 임무로 삼고, 얼마 지나지 않아 심지어 그들 자신이 종교의 창시자, 시대와 세계를 만족시킬 새로운 종교의 발명가가 될 것이다.…가장 위험한 공격은 악마들이 스스로 사도가 될 때 다가온

다. 이것은 도둑들이 경찰 행세하는 것과 같은 것이다.(JP. 6: 6257 [1848])

우리는 키르케고르가 현대의 정치권력이 종교화 될 가능성을 분명히 알고 있었다는 사실을 알 수 있다. 20세기에 히틀러와 스탈린과 같은 악마들이 그들의 '지지자들'에 의해 숭배되었을 때, 정확히 이런 현상이 일어났다.

러시아 철학자 니콜라이 베르디예프는 그의 작품 《러시아 혁명》(The Russian Revolution)에서 소련 공산주의를 종교적 현상으로 예리하게 분석한다. 그는 공산주의를 단순한 사회적 또는 정치적 실체가 아니라 근본적으로 영적 운동이라고 묘사한다. 그는 공산주의가 현실에 의미를 부여하는 그들의 주장, 그들 자신의 교리와 도덕, 그리고 교리문답서와 열렬 추종자들을 지닌 대안적 종교로서, 기독교를 반대하는 것이라 주장한다.[29] 마르크스주의 경제학의 전문적인 용어와 논리만으로는 사람들이 정치적 행동을 하도록 자극할 수 없다.

열정을 불러일으키는 것은 마르크스의 메시아적 믿음이다. 그것은 프롤레타리아 계급의 메시아적 소명이라는 발상에서 찾아볼 수 있다. 미래의 사회주의 사회를 고대하고, 프롤레타리아의 거대한 사명을 기대하는 마르크스주의는 과학과는 결이 다르다. 그것은 "바라는 것들의 실상이요 보이지 않는 것들의 증거"[30]인 믿음이다. 마르크스의 '프롤레타리아'와 그의 완벽한 사회주의 사회는 "보이지 않는 것들," 즉 믿음의 대상이다. 여기서 우리는 종교적인 차원을 접하게 된다.(63-64)

마르크스는 선과 악에 대한 기독교의 전통적인 관념이 시대에 뒤떨어지고 억압적이라고 주장했다. 그러나 그의 생각에서 선과 악의 개념은 사라진

---

29 The Russian Revolution (Ann Arbor: University of Michigan Press, 1961), 55-56.

30 역주, 성경의 히브리서 11장 1절의 구절을 차용한 것이다. "믿음은 바라는 것들의 실상이요 보이지 않는 것들의 증거니"(히 11:1)

것이 아니라 단지 '프롤레타리아'와 '부르주아' 계급으로 옮겨졌을 뿐이다. 이런 식으로 그는 선택받은 자와 저주받은 자에 대한 종교적 관념틀을 이어받는다. 베르디예프에 따르면, 이는 혁명적 이데올로기의 전형인 "마니교의 이원론적 경향"이 "무의식적으로 생존"한 예이다. 더 나아가, 폭력적인 대격변에 자본주의 사회의 종말을 보여주는 마르크스주의 이론은 종말론적 세계관의 한 예이다.(69-70)

1938년 에릭 뵈겔린은 나치즘의 종교적 본질에 대한 해석을 명확히 했다. 그는 이 주제에 대해 깊은 지식을 가지고 있었는데, 그가 목숨을 걸고 미국으로 도피해야 했다는 사실이 이를 증명한다. 베르디예프와 마찬가지로, 그는 정치 종교들은 자신들이 대항해서 전투를 벌일 '악마'같은 인물을 지정할 필요를 가지고 있다고 지적했다.

> 우리는 이미 가톨릭교회를 리바이어던에 해당하는 사탄이라고 말했다. 칸트의 악마는 인간의 본능이다. 피히테는 나폴레옹을 괴물 같은 모습의 사탄으로 그렸다. 종교와 형이상학은 실증주의자들에게 대재앙이며, 부르주아 계급은 프롤레타리아 계급에게 재앙이다. 유대 민족은 말할 것도없고, 소수자들은 '반대되는 인종'으로서 선택된 인종주의자들에게 대재앙인 것이다.(Political Religions, 61)

뵈겔린은 나치즘을 아케나톤 치하의 고대 이집트인들의 종교에 빗대어 설명한다. 두 경우 모두, '신'은 파라오나 총통의 중재를 통해 사람들에게 말한다. 신성한 영웅은 사람들에게 신의 뜻을 전하는 유일한 대변자이다.(70)

에큐메니컬 시대에, 뵈겔린은 표면적으로는 무신론적인 마르크스주의를 타락한 종교의 또 다른 형태로 분석한다.

'역사'에서 혁명은 현실에서의 신적 현현의 사건(the theophanic event)을 대체하기 위해 만들어진다. 신과 인간의 만남이 빚어내는 격동은 인간과 인간의 만남 속에서 폭력으로 변환된다. 이데올로기의 신봉자들이 지지하는 상상의 현실에서, 혁명의 과정 속에서 발생하는 살인은 인간의 본성을 바람직한 방향으로 변형시키고 전이시키는 '역사'의 사건으로 간주된다. 마르크스는 이 지점에 대한 분명한 입장을 가지고 있다. 혁명적인 살육은 일종의 피에 도취되는 블뤼트라우슈(살의[殺意] Blutrausch)를 유도할 것이며, 이로부터 '인간'은 '수퍼맨'이 되어, "자유의 영역"으로 들어가게 된다. 블뤼트라우슈의 마법은 부활에 대한 바울의 시각과 아이디어 차원에서는 동일하다.(253-254)

뵈겔린은 베르디예프처럼 정치 종교는 참된 신앙에 반대하는 "하나님과 멀어지는 것"이라고 신랄하게 비판한다. 그는 인간이 선이 무엇인지 분별할 수 있고, 세상을 변화시키는 내재적인 능력이 있다는 근대적 사상 자체가 '반(反)기독교적'이라고 주장한다. 그는 정치 종교를 "하나님의 실재로 가는 길을 막는" 세속적인 영성(spirituality)으로 묘사한다.(Political Religions, 79)

자크 엘룰은 또한 그의 작품《새로운 악마》(The New Demons)에서 이러한 사유에 중요한 기여를 했다. 그는 20세기에 들어와서, 극복의 대상이었던 원시적 종교 질서와 정확히 맥을 같이하는 정치 운동이 부상했다고 주장한다. 그는 이러한 유사점들을 주목하는 것은 단지 저널리즘적 직관이 아니라 현대 사회학의 분명한 결론이라고 주장한다. 그는 다음과 같은 현상을 지적한다.

레닌의 치적들, 예수회 수도회와 칼기사단을 본뜬 정당의 설립, 프롤레타리아 계급의 역할의 강조와 마르크스의 저작들의 추앙, 스탈린의 치적들, 의례와 교리의 확립, 이단에 대한 심판—이런 것들이 신속하게 이 종교를 확증하는 역할을 하였다. 이런 과정은 기독교가 밟아왔던 과정과 동일하다. 정치 종교로서 소련 공산주의는 "로마 카톨릭과 형태적으로 유사한 유물론적 복제(materialistic *replica)"*가 되었다.(168)

　　소련 공산주의 외에도, 그는 또한 나치즘과 모택동주의를 그의 주요 사례로 내세웠다. 그는 히틀러가 '전능하신 자로부터' '천년' 동안 지속될 제국을 세우기 위해 파견되었다고 주장했을 때 아무도 웃지 않았다고 지적한다. 그의 충실한 추종자들은 그를 '초월적인 구세주로서의 신'으로 보았고, 목숨바쳐 헌신할 대상으로 보았다.(171) 독일 학생들은 식사 전에 이 '은혜'를 암송했다.

> 총통님, 총통님, 당신은 주님께서 제게 보내주신 분이십니다.
> 내가 살아 있는 동안, 나를 보호하고 지켜주소서!
> 당신은 독일을 깊은 고통의 구덩이에서 구해주었습니다.
> 오늘의 일용할 양식을 주셔서 감사합니다.
> 언제까지나 나와 함께하여 주시고, 나를 버리지 마소서.
> 총통님, 총통님, 나의 믿음과 나의 빛이신! 총통님!
> 평안하소서![31]

　　지라르는 키르케고르, 베르디예프, 뵈겔린, 그리고 엘룰에 의해 이미 명확하게 표현된 이 생각을 확인하고 심화시켰다. 지라르는 폭력 행위에서 문화의 기원에 대한 이론을 발전시키고 있다. 따라서 그는 카리스마적 지도자들이 천년 왕국이나 공산주의 유토피아와 같은 새로운 문화를 확립하려고 시도하는 바로 그런 때에 살육의 필요성이 증가하고 있음을 이해할 수 있게 해준다. 예를 들어, 소련에 대해 언급하면서 지라르는 희생 제의적 문화의 원시성을 다음과 같이 분석한다.

31　Mosse, ed., *Nazi Culture*, 241.

스탈린 치하에서 오래동안 지속되었던 희생양 시스템은 비이성적인 원시사회를 떠올리게 한다. 예를 들어, 《수용소 군도》(The Gulag Archipelago)에서 솔제니친은 모스크바의 한 건물에 용의자가 출현한 것 때문에, 그 건물 모든 세입자와 때로는 그 길 주변에 사는 모든 주민이 체포되기도 한다고 말한다. 그것은 쌍둥이의 탄생에서 모방적 폭력이 가지고 있는 전염성의 징후를 보는 사회와 사뭇 비슷하다. 사람들은 논리적 추론을 통해 쌍둥이의 어머니가 간통을 저질렀을지도 모른다고 생각하는데, 적어도 최소한 어떤 사회적 금기를 어겼다는 데는 확신한다. 때때로 폭력에 대한 두려움 때문에, 가족 전체나 주변 사람들, 더 나아가 한 지역 전체가 의심받게 된다. 전 세계를 수용소로 보내는 대신, 한 사람이 정화 의식을 치러야 했는데, 이것이 훨씬 선호되었다. 스탈린주의는 또한 콜럼버스 이전에 아메리카 대륙에서 인간 희생 제의가 광적으로 많이 행해진 사실을 떠올리게 한다.[32]

그는 나치즘은 원시적인 희생 제의적 문화를 옹호하면서, 기독교에 노골적으로 반기를 든다고 주장한다.

마르틴 하이데거가 《형이상학 개론》(Introduction to Metaphysics)에서 인상 깊게 표현하는, 진정한 "국가 사회주의의 웅장함"은 희생양이나 희생 제의의 피해자가 없는 사회와의 투쟁에서 엿볼 수 있다. 희생양이 없는 사회는 기독교적이고 다분히 근대적이며, 역설적이게도 니체가 처음 알아챘다. 국가사회주의는 이 희생양 없는 사회를 되돌리려고 했다. 그들은 고의적으로 희생 제의적 사회 시스템으로 돌아갔다. 고대 사회들이 무의식의 수준에서 희생 제의를 행한 것에 비해, 그들은 고의적으로 행했기에 더 책임이 무겁다. 새로운 이교도주의(Neopaganism)는 오직 이런 식으로만 행동할 수 있다. 그들은 유대인을 희생자로 삼아 신화가 다시 작동되게 하고, 게르만의 숲에서 억압받았던 원시 신화도 새롭게 되살리고 싶어 한다.[33]

지라르의 사상은 정치, 문화, 종교가 모두 불가분의 관계에 있음을 보여

---

32   *Quand Ces Choses Commenceront* (Paris: Arléa, 1994), 17-18.
33   Ibid., 19.

준다. 이것은 단순히 고대 세계뿐만 아니라 '근대' 세계에서도 마찬가지다. 지라르는 우리가 흔히 생각하는 '근대성'은 본질적으로 환상이라는 것을 보여준다. 우리는 종교 이후의 시대에 살고 있는 것이 아니라 종교가 다른 형태를 취하고 있는 시대에 살고 있다. 인간은 본질적으로 종교적이다. 따라서, 어떤 특정한 시대에 지배적인 종교 형태가 어떠하냐가 문제일 뿐이다.

'근대성'은 단순히 시간적 차원에서, 즉 가까운 과거로 정의될 수 있다. 그러나 근대성에 대해서 우리의 원시적이고 미신적인 조상들과 대조되는 근대 인류의 성숙과 관련하여 보다 실질적인 정의를 내린다면, 우리는 진정한 성숙이 무엇인지 물어봐야 한다.

성숙함은 과학과 기술의 '진보'와 동일시되어야 하는가? 우리가 텔레비전, 컴퓨터, 정밀 유도 핵탄두를 생산할 수 있다면, '성숙'해지는 것인가? 성숙함은 청교도들의 억압적인 도덕적 신념과는 다른 '자유로운' 행동 방식과 동일시되어야 하는가? 성숙함은 역사상의 모든 인류의 99퍼센트보다 '높은 생활 수준'을 갖는 것과 동일시되어야 하는가? 성숙함은 고급 학위와 동일시되어야 하는가? 성숙이 다수당이 대의원 선거를 통해 통치하는 정치 체제인가?

지라르의 관점에서는, 기술 능력, 정치적 형태, 개인적 행동양식 등의 변화는 사회가 모방 욕망의 작동원리에 지배되는 한 전혀 중요하지 않다. 희생양 메커니즘은 아즈텍 시대와 마찬가지로 우리 시대에도 강력하다. 히틀러와 스탈린은 우리 시대에 희생 제의의 주요 사제들이다. 지라르는 성숙의 개념은 인간이 모방적 경쟁의 체계에서 벗어나 진정한 주체(키르케고르가 말하는 단독자)가 될 수 있는 가능성과 동일시되어야 한다고 제안한다.

근대성(modernity)이 원시 세계의 미성숙한 문화적 폭력과는 구별되는 인간의 지적, 도덕적 성숙을 의미하는 것이라면, 기독교는 근대성에 속한다고 키르케고르와 지라르는 한목소리로 말한다.

히틀러, 스탈린, 그리고 복음서

이 책의 기본적인 전제는 인간의 무질서는 납득할 수 있는 질서를 가지고 있다는 것이다. 악의 궁극적인 원천은 항상 미스터리로 남아있을지라도, 인간적 병리 현상은 최대한 이해될 수 있다. 그러므로 우리는 히틀러와 스탈린과 같은 역사적 인물들을 이해할 수 있는 가능성을 저버릴 필요가 없다. 폭력을 이해하기 위한 범주는 부족하지 않다. 이 논점은 에릭 뵈겔린이 쓴 "독일 대학교와 독일 사회의 질서: 나치 시대에 대한 재고"라는 제목의 에세이를 통해 매우 설득력 있게 제시되었다.[34]

뵈겔린은 히틀러나 스탈린을 이해하기 위해 특정한 역사적 사건들을 겪으며 살 필요는 없다고 주장한다. 그 당시에 무슨 일이 일어나고 있었는지 전혀 알지 못한 채, 누군가는 독일에서 히틀러의 동시대인으로 살았을 것이다. 하지만 다른 시간과 다른 장소에 사는 사람일지라도 히틀러와 홀로코스트에 대해 매우 깊은 이해를 할 수 있다. 그런 이해를 위해서, 뵈겔린은 "지식, 지적 훈련, 성품, 그리고 이해력이 필요할 뿐"이라고 주장한다.[35] 키르케고르와 지라르가 바로 이러한 지적 통찰력을 지닌 두 작가라는 것이 나의 한결같은 주장이다.

뵈겔린은 **나치즘의 도덕적 질병을 하나님의 영으로부터 소외됨의 외적 발**

---

34   Eric Voegelin, *Published Essays 1966-1985* ed. Ellis Sandoz (Baton Rouge: Louisiana State University Press, 1990), I-35.
35   *Published Essays 1966-1985*. 2.

현이라고 분석한다. 이 소외의 본질은 "존재가 바뀌기를 원하지 않는 것"이다.[36] 그는 여기서 내가 하나님의 창조 과정에 대한 저항으로 묘사해 온 것과 같은 현상을 지적하고 있다. 뵈겔린의 이 말은 《죽음에 이르는 병》(The Sickness unto Death)의 핵심 내용을 전해준다.

> 영혼에 의해, 우리는 인간이 인간 존재의 신적 토대에 개방되어 있음을 알게 된다. 영혼의 소외에 의해, 신적 토대에 대한 반란과 폐쇄도 인식한다. 영혼을 통해, 인간은 신성에 참여할 수 있는 자신의 잠재력을 실현한다. 그는 그렇게 해서 그의 궁극적 종착지인 신적 형상에 다다른다.[37]

뵈겔린은 인간 영혼이 신적 부름에 응하지 않게 되면, 인간은 인간 존재의 또 다른 토대를 필요로 하게 된다고 말한다. 실재를 지탱하는 신적인 토대에 대한 저항은 철학적 나르시시즘을 초래하며, 이는 도덕적 '문맹'으로 이어진다.

뵈겔린의 에세이와 키르케고르와 지라르의 사상에서 도출해 낸 주제를 염두에 두면서, 나는 나치즘과 스탈린주의에 대한 신학적 해석을 다음과 같이 제시하고자 한다. 많은 면에서 서로 다르고, 서로 전쟁도 치렀지만 나치즘과 스탈린주의는 20세기에 영원의 부름을 거부하는 거대한 반란을 일으켰다는 점에서는 하나였다. 영원의 부름에 대한 저항을 뒷받침하는 가장 기본적인 믿음은 그리스도가 과거의 사람이라는 것이다. 그는 뒤에 남겨졌으며, 그는 더 이상 필요 없고, 방해만 된다는 것이다. 그러나 20세기의 사건들은 그리스도를 뒷전에 두고 있다고 생각하는 사람들이 실제로 그리스도를 앞에 두고 있다는 것을 보여주었다. 그들이 살해를 행할 때 그리스도는 그 희생자들 안

---

36 Ibid., 6.
37 Ibid., 7.

에 있었다. 영적 회피의 사회적 메커니즘에 의해 희생양이 살해될 때마다, 어디서든 그리스도의 십자가는 재현되고 있다. 따라서 20세기 악마들의 폭력은 잊혀진 과거의 그리스도를 지우려는 목표를 결코 달성할 수 없다. 폭력은 그리스도의 이야기를 다시금 가져올 뿐이고, 인간의 죄악이 결코 간과될 수 없는 수준에 도달할 때까지 수십 만 배로 확대할 뿐이다.[38] 인간 폭력의 뿌리에 대한 복음서의 계시는 시간이 지날수록 더욱 분명해진다. 이것은 지라르의 핵심 통찰들 중 하나이다.

키르케고르는 소외된 개인을 분열되고, 통일되지 않은 존재로 묘사한다. 그는 스스로 무한과 유한, 영원한 것과 일시적인 것, 은혜와 참회를 통합적으로 수용하지 못한다. 그리스도안에서는 이런 역설이 하나로 통합되고, 해체되었던 것들이 통합된다.[39] 여기서, 우리는 키르케고르의 사상의 심장부를 들여다 볼 수 있다. 《죽음에 이르는 병》(The Sickness unto Death)은 인간 내면의 무질서의 질서를 분석하지만, 동시에 그리스도와의 관계 안에서 인간 영혼이 잠재적으로 완전성에 이를 수 있는 비전을 던져준다. 인간은 무한을 배제한 채 유한한 곳에 살거나, 필연을 배제한 채 자유를 추구하거나, 영원을 무시한 채 순간 속에 살 때, 좌로나 우로나 치우치게 된다. 따라서 인간의 삶의 목표는 이러한 역설적인 요소들을 창조적인 통합을 통해 결합시키는 어려운 작업이다. 인생에서 가장 높고 진실한 길은 좁은 산등성이를 따라 걷는 것과 비교할 수 있다. 능선에서 언제든지 오른쪽이나 왼쪽으로 떨어질 수 있다. 하지만, 성공적인

---

38 Gil Bailie, *Violence Unveiled,* 274: "인류 역사에서 교회의 인류학적 역할은 다음과 같이 단순화되었다: 예수님이 어떻게 죽임을 당했는지 기억하여 성스런 폭력의 구조를 약화시키는 것 그리고 예수님께서 어떻게 사셨는지 기억하여 성스런 폭력의 구조 없이 어떻게 살아가는지 세상에 보여주는 것."

39 Picard, *Hitler in Our Selves,* trans. Hernrich Hauser (Hinsdale: Henry Regnery, 1947), 264-265. 니버는 다음과 같이 말한다: "그리스도는 창조 질서의 계시를 넘어서서 그의 구원의 역동성 속에서 하나님을 드러내는 구원자이시다. 사실, '그로 인해 세상이 지음을 받았다.' 그는 창조의 로고스, 창조의 모범이다. 그는 또한 타락한 세상을 창조의 모범으로 회복시키려는 구원 의지를 드러내는 계시이다." Reinhold Niebuhr, *The Nature and Destiny of Man* (New York: Charles Scribner's Sons, 1941). 1: 28:

여행자는 균형을 유지하며 앞으로 계속 나아간다.

성숙한 인간의 기독교적 비전은 루터의 말대로, 의인이면서 동시에 죄인인 자신의 모습을 인정할 것을 요구한다. 기독교의 메시지는 청자들이 하나님 앞에서 그들의 죄를 인정하도록 이끈다. 그것은 참회과 회개를 요구한다. 그것은 인간의 자기의(self-righteousness)를 철저히 무너뜨린다. 또한 동시에, 기독교의 메시지는 죄인인 우리에게 용서와 치유를 가져다준다. 그것은 죄의 무게를 덜어 주고, 참회하는 개인을 새로운 삶으로 부른다. 기독교의 메시지는 과거와 관련해서는 정직함을, 미래와 관련해서는 개방성을 가져다주는 메시지다.[40] 나치즘과 스탈린주의는 그들의 의도와는 반대로 기독교 신학의 근본적인 변증법을 드러낸다는 것을 확인할 수 있다. 나치의 가장 큰 두려움은 은혜, 구원, 변화이다. 공산주의자의 가장 큰 두려움은 인류 역사의 부도덕함에 자신이 참여한 사실을 인정하는 것이다.[41] 그러나 그들은 모두 하나님의 용서와 재창조의 말씀에 귀를 닫은 결과를 드러낸다.

영적 청각장애의 전형은 나치즘이나 스탈린주의와 같은 역사적 현상에서 볼 수 있는데, 그들은 죽기까지 싸워야 하는 적들로 인해 공황 상태에 빠진 모습을 보여준다. 그러한 "적들"의 존재는 증오하는 대상에 관해서보다 그 적들을 두려워하는 주체에 대해서 더 많은 것을 알려준다. 그러므로 기독교 윤리

---

40   유진 로즈(Eugene Rose)는 비슷한 논점을 주장한다: "잠시 동안 영향력있고 성공적일지라도 또 다른 프루동, 또 다른 바쿠닌, 또 다른 레닌 그리고 또 다른 히틀러는 결국 실패할 것이 분명하다. 심지어 그들은 자신들의 의도와 반대로 그들이 무너뜨리려는 진리를 증언하게 될 것이다. 세상을 무(nothingness, 세상은 무로부터 창조되었다.)로 되돌림으로써, 창조를 허무하게 만들고 하나님의 창조의 행위를 무효화하려는 그들의 노력은 하나님의 창조를 뒤집은 패러디에 지나지 않는다" (*Nihilism* [Forestville: Fr. Seraphim Rose Foundation, 1994], 70).

41   역주, 저자는 나치를 심미적 측면에 속한 것으로 분류하기 때문에, 선을 마주하는 불안을 가지며, 따라서 은혜, 구원, 변화를 거부한다고 보는 것이다. 이것은 미래적 개방성의 거부이며, 하나님의 재창조의 말씀에 귀를 닫는 것이다. 스탈린주의자들이나 공산주의자들은 윤리적 측면에 속하고, 악을 마주하는 불안을 가지기 때문에, 과거 자신의 비윤리성이나 비도덕성을 혐오한다는 것이다. 이것은 과거에 대해 정직하지 못하는 태도를 빚어내며, 하나님의 용서의 손짓에 눈감는 것이다.

의 핵심과 기독교 메시지의 진정한 힘은 그리스도가 사람들을 지옥, 적을 증오하는 지옥에서 벗어나게 하고, 타인들 역시 또 다른 하나님의 피조물이라는 사실을 깨닫도록 하는 데에 있다. 《카라마조프의 형제들》에 나오는 조시마 (Zossima) 장로의 말대로, 지옥이란 그 누구도 사랑할 수 없는 고통이다.[42] 그리스도의 삶과 메시지는 우리가 영적인 도피를 끝내고 창조주의 부름에 응하여, 낯선 타인을 우리의 이웃으로 변화시키도록 한다.

---

42   Fyodor Dostoyevsky, *The Brothers Karamazov*, trans. Constance Garnett (New York: Macmillan, 1928). 343.

9. 결론: 영혼의 치유

너희는 가서 내가 긍휼을 원하고 제사를 원하지 아니하노라 하신 뜻이 무엇인지 배우라. 나는 의인을 부르러 온 것이 아니요 죄인을 부르러 왔노라 하시니라.(마 9:13)

하나님은 특별히 나의 아버지가 되시거나 어떤 사람의 아버지가 되시는 게 아니다(끔찍한 무례와 광기!). 아니, 그분은 모든 사람의 아버지가 되신다는 의미에서만 아버지이시다. 내가 누군가를 미워하거나 하나님이 그의 아버지도 되심을 부인할 때, 그가 아닌 내가 잃어버리게 된다. 그때, 나는 아버지가 없다.(JP. 2:1413[1850])

죄의 본질은 인간과 하나님 사이의 소외이며, 죄의 대립항은 인간과 하나님 사이의 조화롭고 사랑스런 관계이다. 소외에서 조화로운 관계로의 전환을 가능하게 하는 것은 인간과 하나님 사이의 화해인 속죄다. 기독교의 전통적인 신학은 이 화해가 그리스도께서 십자가에 못 박히시고 죽은 자 가운데서 살아나셨을 때 확실하게 일어났다고 가르친다. 그러나 인간 역사의 오랜 시간 동안 인간은 여전히 속죄의 현실과 동떨어져 살고 있다는 것은 명백하다. 십자가에서 구체적으로 어떤 일이 일어났든, 속죄의 의미가 어떻게 이해되든, 분명한 것은 우리가 하나님과의 조화로운 관계 속에서 변화된 모습으로 속죄의 현실을 살고 있지는 못하고 있다는 사실이다. 지난 2천년의 역사가 우리에게 가르쳐 준 것이 있다면 그것은 인간 마음의 완고함과 사악함이다.

나는 지금 "속죄의 의미가 어떻게 이해되든"이라고 말했다. 왜냐하면 기독교 전통 내에는 속죄의 의미에 대한 여러 견해가 있기 때문이다. 구스타프 아울렌(Gustav Aulén)의 《승리자 그리스도》(Christus Victor)가 1930년에 출판된 이래로 속죄의 배상 이론은 서구 신학에서 논쟁의 전면에 등장했으며, 이 이론은 늘 이레네우스(Irenaeus)와 그레고리우스(Gregory)와 같은 교부들 위에 세워진 동방 정교회 전통의 기초이다.[1] 이 관점은 인간의 타락이 인간을 마귀의 올무인 죄와 사망의 덫에 빠뜨리는 것을 수반한다고 주장한다. 인류를 구원하시기 위한 하나님의 사역은 "죄를 멸하시고 사망을 이기고 인간에게 생명을 주기 위하여"[2] 그리스도 안에서 하나님이 사람이 되신 것을 포함한다. 그리스도의 십자가 사역을 통하여, 성부 하나님은 인간들이 마귀의 올무에서 벗어나고 영원한 생명을 얻게 하셨다. "사람들을 사로잡았던 마귀는 하나님께 사로잡혔고, 사로잡혔던 사람들은 이 정죄의 속박에서 벗어났다."[3] 속죄에 대한 이러한 견해의 주요 강조점은 원수인 사탄에 대한 하나님의 승리에 있다.

속죄에 대한 다른 서구의 주요한 이론 중의 하나는 11세기에 안셀름(Anselm)에 의해 공식화되었다. 《하나님이 사람이 되신 이유》(Cur Deus Homo)라는 책에서, 안셀름은 속죄의 만족 이론에 관해서 기술하고 있다. 안셀름은 보조(Bozo)라는 대담자와의 대화에서 다음과 같이 주장한다.

하나님의 소중한 작품인 인류가 타락으로 인해 완전히 파괴된 상황에서, 무언가를 행하시는 분은 하나님이여야 한다는 것을 우리는 확신을 가지고 말할 수 있다. 인류에 대한 하나님의 계획이 소멸되는 것은 상상할 수 없고, 또한 그 하나님의 계획은 창조주 하나님에 의해 인류가 구원되기 전에는 실행될 수 없

---

1   Gustaf Aulén, *Christus Victor: An Historical Study of the Three Main Types of the Idea of the Atonement*, trans. A. G. Hebert (New York: Macmillan, 1969).

2   *Irenaeus, Adversus Haereses*, III, 18.7, quoted in Aulén, 19.

3   *Irenaeus, Adversus Haereses*, III, 23.1, quoted in Aulén, 20.

다는 것도 분명하다.[4]

여기서 주목할 만한 점은 보조와 안셀름 모두 십자가에서 하나님이 "죄인을 위하여 무죄한 자를 죽음에 내주셨다."[5]고 말하는 것이 정확한 표현이 아니라는 점에 동의한다는 것이다. 즉, 이것은 형벌대속 이론과는 다르다.

"정의로운 혹은 올바른 의지"란 "이성적 피조물"이 항상 하나님의 뜻에 순종하려는 의향이라고 안셀름은 정의한다. 죄는 이것과 정확히 정반대이다. 죄는 하나님의 뜻에 대한 인간의 지속적인 불순종이다. 이 불순종은 "하나님에게서 그에게 속한 것을 빼앗고 하나님을 욕되게"[6] 한다. 잃어버린 하나님의 영광을 회복하는 것은 인간이 해야 할 일이지만 인간이 할 수 없는 일이다. 또한 인간은 그들이 창조될 때 지녔던 본래의 선함과 정의를 스스로 회복할 수도 없다. 그러므로 하나님의 창조는 좌절과 소멸의 위협을 받고 있다. 안셀름은 이 상황이 "적합하지 않고," 부적절하며," "조화롭지도 못하다"고 주장한다. 하나님은 그리스도의 몸으로 사람이 되셔서 이 상황을 되돌려야 했다. 오직 하나님만이 그의 영광을 회복하실 수 있는데, 그 일은 인간에 의해서 행해져야 했다. "그렇지 않으면 인간은 만족할 수 없다."[7] 그리스도는 죽음에 이르기까지 하나님의 뜻에 완전히 순종함으로 이러한 만족을 성취하셨다. 안셀름은 마음 한구석에 겟세마네 동산을 회상하면서, 이렇게 주장한다. "의무가 아닌 자유로이, 인간이 하나님의 영광을 위해 겪을 수 있는 고통 중에 죽음보다 더 쓰라리거나 힘든 것은 없다. 또한 인간이 하나님의 영광을 위해 목숨을 바

---

4   Eugene R. Fairweather, ed., *A Scholastic Miscellany: Anselm to Ockham* (Philadelphia: Westininster Press, 1956), 105.

5   Ibid., III, 118.

6   Ibid., 119.

7   Ibid., 151.

칠 때보다 더 온전히 하나님께 자신을 드릴 수는 없다."[8] 그리스도는 하나님의 영광을 회복하고 인류의 빚을 탕감하는 데 필요한 대가를 치뤘다. 그의 죽음은 하나님의 공의를 충족시키고 구원의 길을 열었으며, 우주의 질서를 올바르게 되돌려 놓았다.

속죄의 형벌 대속이론은 간혹 혼동되기는 하지만, 안셀름의 이론과는 사뭇 다르다. 대속이론은 죄 없으신 그리스도가 인간이 마땅히 치뤄야 할 죄값을 자신이 대신 치르신 점을 강조한다. 존 칼뱅은 이 견해를 지지했다. 그는 인간의 죄성을 강조하는 것부터 시작한다.

> 우리의 타락한 본성과 그에 따르는 죄악된 삶으로 인해, 우리 모두는 하나님을 기쁘시게 하지 못했고, 하나님의 눈에 죄악이 만연했으며, 지옥의 저주의 운명으로 타고났다. 그러나 주님은 우리 안에 있는 그의 소유된 것들을 잃지 않으려고 하시기에 긍휼이 많으신 그는 여전히 우리 안에서 사랑하실 만한 것들을 발견하신다.[9]

빌라도 앞에서 심문 받는 그리스도의 모습은 칼뱅에게 중요한 의미를 갖는다. 빌라도는 그리스도의 무죄를 알았지만, 그에게 죽음을 선언한다. 이 장면에서 우리는 죽음이라는 형식이 선택될 수 밖에 없었다는 것을 알 수 있다. "그리스도는 우리의 죄악을 몸소 담당하시고 우리의 저주를 그가 취함으로써 우리를 자유케 하실 뜻이 있었던 것이다."[10] 칼뱅은 성경에서 이와 유사한 구절들을 정리하고 있다.

---

8   Ibid., 161.
9   John Calvin, *Institutes of the Christian Religion* (Philadelphia: Westminster Press, 1960), 1:505.
10   Ibid., I:509.

그리스도의 공로로 은혜가 우리에게 전달되었다고 말할 때, 그리스도의 피로 우리가 깨끗해 졌고, 그의 죽음이 우리의 죄값이 되었다는 것을 의미한다. "그의 피가 우리를 모든 죄에서 깨끗케 한다."(I John 1:7) "이것은 나의 피다. … 우리의 죄의 용서를 위해서 … 흘린 피다."(Matt. 26:28; cf. Luke 22:20) 만약 그의 피흘림으로 인해, 우리의 죄가 우리에게 돌려지지 않는다면, 그것은 하나님의 심판이 그 피흘림의 댓가로 충족되는 것을 의미한다. 이 지점에서 침례(세례) 요한의 말이 들어맞는다. "보라 세상 죄를 지고 가는 하나님의 어린 양이다."(John 1:29)[11]

속죄에 대한 칼뱅의 견해는 이 문장으로 가장 잘 요약된다. "형언할 수 없는 방식으로 하나님은 인간을 사랑하고 또한 그와 동시에 그리스도 안에서 인간과 화해하기까지는 여전히 인간에게 진노하신다."[12] 성부 하나님의 노하심은 우리에게서 십자가 상의 그의 아들에게로 옮겨졌다.

이 견해는 오늘날까지 많은 이들의 호응을 받고 있다. 특히 종교개혁가들부터 조나단 에드워드 그리고 빌리 그래함에 이르기까지 개신교 설교자들의 설교들 속에 많이 등장한다. 이것은 헨델 메시아의 신학적인 중추를 이룬다. 특히 코러스 부분에서 확인할 수 있다. "우리는 다 양 같아서 각기 제길로 갔다. 그리고 주님은 우리의 불의를 자신에게 담당케 하셨다."

속죄에 대한 주관적인 이론이라는 소제목 아래에 아울렌은 또 다른 속죄 이론을 설명하고 있다. 이 견해는 안셀름보다 조금 젊은 동시대인인 아벨라르에 의해서 체계화되었다. 아벨라르는 인간을 지배하는 정당한 권리나 권위를 마귀가 가진다는 입장을 거부하면서 배상 이론을 배척한다. 그는 또한 형벌 대속이론도 배척한다. 왜냐하면, 형벌 대속이론은 하나님이 어떤 댓가를 위해서 무죄한 자의 피를 요구하거나 자신의 만족을 위해서 무죄한 자가 처형되

---

11   Ibid., I:531.
12   Ibid., I:530.

기를 원한다고 여기기 때문이다. 적어도 하나님은 세상과 화해하기 위해서 자신의 아들의 죽음에 동의했다는 것이다. 아벨라르는 속죄에 대한 올바른 이해를 제시하고자 한다. 십자가에서의 그리스도의 죽음은 우리를 향한 하나님의 무한한 사랑을 보여준다고 주장한다. 우리가 그 하나님의 사랑을 보게 되면, 우리는 내면으로부터 변화되고 구원받고, "하나님의 은혜로 불타오르게 된다"[13]고 말한다. 그리고 이 견해는 근대 자유주의 신학자들에 의해서 환영받는다. 자유주의 신학자들은 배상 이론은 너무 원시적이고 신화적이며, 안셀름의 이론은 봉건적이고, 법률적 사고에 치우치며, 형벌 대속이론은 미심쩍다고 말한다. 왜냐하면 형벌 대속이론은 하나님을 피의 희생을 요구하는 가학적이고 율법적인 분으로 그리기 때문이다.

이 네 가지 이론들(배상 이론, 만족이론, 형벌 대속이론, 주관적 이론)이 가능한 모든 이론들은 아니다. 기독교 역사 속에서 속죄에 대한 매우 다양한 관점들이 있어왔고, 또한 그 많은 이론들에서 파생되는 하위 이론들이 있다. 각각의 입장에 대한 지지자들은 주요한 성경 구절들을 근거로 내세우고 있지만, 성경은 속죄에 대해 단순히 하나의 이론을 지지하지 않는다. 성경은 씨줄과 날줄이 중첩되고 교차되는 다채로운 태피스트리 모습을 보여준다. 조지 린드벡은 그 반대를 상정하는 것은 근대적인 편견이라고 지적한다. 전근대적인 성경 해석자들은 다양한 역사적 컨텍스트 하에서 십자가의 의미에 대한 다채로운 관점들을 전개하는 것을 더 편하게 여겼다. 린드벡은 "동방교회든 서방교회든, 로마 카톨릭이든 개신교든 그리스도의 구원의 사역에 관한 견해의 차이로 서로를 파문하지는 않았다."[14]고 언급한다.

---

13 이 부분과 이전 인용들은 다음의 책에서 옮겨졌다. Fairweather, ed., *A Scholastic Miscelany*, 283.

14 George Lindbeck, "Atonement and the Hermeneutics of Social Embodiment." *Pro Ecclesia* 5 (1996): 160.

기독교인들은 다른 신학적인 주제들에 대해서는 견해 차이로 서로를 파문하고 서로를 죽이기도 했다. 물론 이런 사태는 이들이 성경을 제대로 이해하지 못했기 때문이다. 어떤 사람이 자신이 그리스도에 순종하며 살고 있다고 믿으면서 동시에 다른 사람을 죽이고 있다면 그는 깊은 망상에 빠져 살고 있는 것이다. 우리가 성경을 이해함에 있어서 겸손함을 갖춘다면 우리는 이런 망상을 피할 수 있다. 평화주의자와 비평화주의자가, 유아 세례에 대한 지지자와 반대자가, 또한 속죄에 대한 서로 다른 견해를 지지하는 사람들이 같은 성경을 인용하고 있다는 사실을 유념한다면, 우리는 모두 흐릿한 거울을 통해 희미하게 바라보고 있다는 사실을 깨달을 수 있다. 우리의 인식이 이렇게 제한되어 있다면, 다른 견해를 지지하는 사람들을 섣불리 죽이기까지 하려는 시도를 해서는 안된다.

아마 독자들은 "그렇다면 키르케고르의 속죄에 대한 견해는 무엇인가?" 하고 물을 것이다. 나는 7장에서 키르케고르는 그리스도가 세상에 순응하기를 거부했기 때문에 십자가에 못 박혔다고 말했다는 사실을 언급했다. 우리는 세상 속에 그리고 우리 마음 속에 있는 악을 솔직하게 인정하려 하지 않기 때문에, 그리스도 자신이 그리고 하나님의 섭리가 그리스도의 속죄를 결정하고 승인한 것으로 여긴다.(JP. I: 305 [1847]) 예수님의 십자가 처형은 정의를 충족시키기 위해 하나님이 정하신 것이라는 견해를 거부하는 것처럼 보인다. 그러나 키르케고르의 이런 입장은 키르케고르가 형벌대속론을 지지하는 것처럼 보이는 다른 구절들과 상충된다. 예를 들어, "대제사장"이라는 글에서 그는 이렇게 말한다.

만약 구원자의 고난과 죽음이 당신의 죄를 보상하는 만족이라면, 그것이 만족이라면, 그는 당신을 위하여 당신을 대신하는 것이다. 만족을 이루는 그는 당신의 자리에 나아오는 것이고, 당신의 자리에서 죄의 형벌을 받음으로 당신은 구원받고 당신의 자리에서 그가 대신 죽음을 당함으로 당신은 살게 되는 것이다. 그가 온전히 당신을 대신한 것이 아닌가?

그러므로 이 세상의 형벌의 정의나 내세의 심판이, 죄인인 나와 이런 나의 모든 죄, 그리고 이 많은 죄와 함께 내가 서 있는 자리를 찾을 때, 찾지 못한다. 나는 더 이상 그 자리에 있지 않기 때문이다. 다른 누군가가 내 대신 내 자리에 서 있는 것이다.(WA, 123)

대속의 모티프를 이보다 더 명료하고 간결하게 재해석하는 것은 상상하기 어렵다. 《스스로 판단하라》(Judge for Yourself!)의 두 번째 부분의 기도는 이 아이디어를 재차 드러낸다.

오 구세주여, 당신의 거룩한 고통과 죽음으로 모든 사람과 모든 것을 만족시키셨습니다. 영원한 구원은 불가능하고 가당치도 않은 것이었습니다. 그러나 당신은 모든 인류와 각각의 개인을 위한 거룩한 원형인 당신의 발자취를 남겼습니다. 그리하여 구원받은 사람들은 당신의 속죄를 통해 매순간 당신을 따르고자 하는 확신과 담대함을 발견하게 되었습니다.(JFY, 147)

우리는 여기에서 키르케고르가 오직 은혜에 의한 구원에 대한 루터교의 강조를 재확인하고 있으며, 이 교리가 영적, 윤리적 게으름으로 이어지지 않는다는 그의 확신을 볼 수 있다. 다시 말해, 그리스도의 죽음이 그리스도인들로 하여금 그리스도가 살았던 것처럼 최선을 다해서 살라는 신성한 부르심을 잊게 해서는 안된다는 것이다.(방금 인용된 것과 유사한 관점에 대해서는CD, 298-299; JFY, 209; SUD, 100; WA, 64-65, 158-159를 참조하라.)

칼 바르트(Karl Barth)의 《교회 교의학》(Church Dogmatics) IV/1권에는 신학계에서 잘 알려진 속죄 교리에 대한 진술이 포함되어 있다. 바르트는 "우리의 자리에서 심판받는 재판관"(The Judge Judged in Our Place)이라는 장에서 키르케고르의 사상에서 볼 수 있는 궤적을 따라 만족 이론을 계속 발전시켜 나가고 있다.

> 모든 죄의 존재 그 자체와 근원은 인간이 자기 자신의 재판관이 되기를 원한다는 사실에 있다. 그리고 그렇게 되기를 원하고 그에 따라 생각하고 행동함으로써 인간과 인간 세계는 하나님과 충돌한다. 그것은 화해할 수 없는 세계, 따라서 고통받는 세계, 파괴에 내버려진 세계다.(교회 교의학 IV/1, 220)

"자기 자신의 재판관이 되고자 하는 인간"이라는 개념은 내가 이 책에서 설명한 것을 표현하는 또 다른 방식이다. 인간은 죄인이기에 창조의 과정에서 물러서며 하나님의 음성에 귀를 닫으려고 한다. 이것은 자신의 신념과 행동을 확고히 한다는 의미에서 자기 자신의 재판관이 되는 것을 의미하며, 결국 그는 변화될 수 없다는 것을 보여준다. 바르트는 더 나아가 이렇게 말한다.

> 이처럼, 결점과 악은 인간 삶에 지대한 영향을 미칠 만큼 충분히 크고 깊다. 이러한 이유로 하나님 자신은 인간의 몸으로 오셔서 예수님과 인간 사이의 인격적 만남을 통하여 인간을 직접 대면해야 했다. 그제서야 하나님은 자기 자신을 재판관으로 느끼고 받아들이는 사람에게 합당한 판단을 내릴 수 있기 때문이다. 이 심판은 하나님의 의에 굴복하지 않고 하나님에 대하여 자기 권리를 주장하는 자가 잘못임을 보여준다. … 스스로를 판단할 수 있고 또 그래야 한다고 생각하는 사람들이 스스로를 높이는 가운데, 예수님은 참 심판관의 모습을 보여주신다. 예수님께서 당신 자신을 인간의 지위로 낮추시고 인간의 형제로서 겸손하게 하나님께 순종하신 것은, 모든 사람에 대한 신성한 비난이며, 동시에 신성한 정죄이다.(IV/1, 220)

바르트는 여기에서 복음서에 묘사된 십자가의 사역에 담긴 의미의 풍부함을 풀어 놓으려고 한다. 그리스도께서는 겟세마네에서 "내 원대로 마옵시고 아버지의 원대로 되기를 원하나이다."라고 기도했다. 아버지의 뜻이 무엇인가? 인간이 구원을 받는 것이고, "(인간들이) 자기가 하는 것을 알지 못하기"에 죄를 용서받는 것이다. 그리스도께서 친히 우리의 죄와 허물과 강포를 드러내어 고난을 당하심은 우리로 하여금 우리 자신의 실제 모습과 하나님의 자비를 보게 하려 하심이다. 아버지의 뜻에 순종함으로 그리스도는 우리가 우리 자신의 재판관이 되는 각본을 불가능하게 만들었다. 이제 우리가 현실을 진정으로 이해할 수 있는 유일한 방법은 하나님이 연출하고 계신 드라마에서 우리 자신을 제대로 인식하는 것뿐이다.

> 인간이시면서 하나님이신 예수 그리스도께서 모든 사람을 대신하셨다. 그는 모든 사람의 존재 내면의 깊은 곳까지 침투했다. 이 성소는 사람의 것이 아니라 이제 그분께 속한 것이다. 그는 그곳에서 해야 할 일을 해야 한다. 이 사역의 대상은 누구를 말하는 것인가? 박탈당한 사람, 추방된 사람, 실향민들이다. 그들은 이제 말이 없다. 그들의 선악에 대한 지식은 더 이상 가치가 없다. 그들은 이제 더 이상 그들 자신의 심판자가 아니다. 심판자는 예수 그리스도다.(IV/1, 232)

인간에게 내려진 선고는 구원이다.

> 예수 그리스도의 고난과 죽음은 하나님이 짊어진 자기 부인이며, 인간의 공간과 시간 안에서 그분이 결정하고 선언하신 소망, 인간에게 주시는 소망이다. 예수 그리스도는 인간의 역사 가운데 말씀하신 하나님의 소망이시고, 그 자체가 세계사의 한 부분이 되시기 때문에, 또한 그 만큼 하나님은 우리를 위하여 예수 그리스도 안에 계시는 것이다. 왜 하나님은 인간이 되신 것인가? 왜냐하면 그의 아들 안에서 사람이 되신 하나님께서 이 소망 가운데서 그의 이 일을 하기 원하셨기 때문이다. 이는 또한 인간으로서 하신 일이기 때문에 모든 인간들에게 효력을 발휘하여 세상과 화해할 수 있게 되는 것이다.(IV/1, 257)

바르트는 그리스도의 죽음이 성부 하나님의 진노를 진정시켰다고 주장하지 않고, 죄로 인해 파괴된 인간 존재의 올바른 질서를 회복시키는 하나님의 자비를 표현한다고 주장하지만, 대속 이론의 본질적인 개요는 여기에서 재확인된다. 바르트는 "하나님은 사람과 화목할 필요가 없으나 사람은 하나님과 화목할 필요가 있다."(IV/1, 74)라고 분명하게 진술한다.

하나님의 진노를 누그러뜨리기 위해 그리스도의 죽음이 요구되었다는 생각은 오늘날 많은 사람들에게 잊혀져야할 이론으로 여겨지고 있다. 나 역시 그 중의 한 사람으로서 이 이론을 되살릴 생각이 전혀 없다. 아마도 이 이론에 대한 가장 강력한 최근의 타격은 '희생'과 신성한 폭력에 대한 르네 지라르의 사회학적 비판일 것이다. 인간 역사에서 신적 존재들의 진노에 대한 대부분의 개념들은 희생양 메커니즘을 낳은 인간 실존의 무질서의 결과라는 것을 지라르는 보여주고 있다. 신적 존재들이 희생양의 죽음을 명령하고 있다는 생각은 가장 최악의 의미로 '원시적인' 생각이다. 개인적, 사회문화적 차원에서 분별 있는 모습으로 나아가려면, 우리는 성경을 통해 그리스도 안에서 계시된 하나님의 진리와 자비와 사랑의 제자가 되어야 한다. 레이문드 슈워거는 지라르의 이런 생각을 잘 드러낸다.

> 따라서 인간이 선을 행할 수 없는 자신의 무능력에서 해방되고 자유케 되려면 구속이 필요하다. 하나님이 배상을 필요로 하는 것은 아니지만, 값없이 제공되는 순수한 사랑을 인간 자신이 받아들일 수 있으려면 자신의 감옥에서 출소해야 한다. 그러므로 바울은 회중에게 "너희는 하나님과 화목하라."(고후 5:20)고 간청한 것이다. 하나님의 진노가 진정되어야 하는 것이 아니라 인간의 마음이 증오로부터 해방되어야 하는 것이다. 인간은 더 이상 완고하게 저항하지 말고 하나님의 구애하는 사랑에 자신을 맡기고 원한에서 벗어나야 한다.[15]

---

15 Raymund Schwager, *Must There Be Scapegoats?* trans. Maria L Assad (San Francisco: Harper

지라르의 생각은 속죄의 교리에 대한 강력한 질문들을 제기했으며, 수십 년 안에 기독교의 설교와 가르침이 과거 수세기 동안의 것과 크게 달라질 것이라고 나는 믿는다.[16]

우리가 앞서 제시한 속죄의 개념에 대한 일종의 역사적 검토는 우리를 상대론적 결론으로 이끌 수 있다. 로버트 젠슨(Robert Jenson)은 그러한 요약을 제시하고 난 후 독자들에게 이러한 유혹에 대해 경고한다.

> 우리가 방금 훑어본 좌절된 역사를 살펴보면, 많은 후기 근대적 성찰은 당연한 것으로 여기고 그 시대의 상대주의로 물러났다. 속죄는 표현 불가한 신비라고 한다. 제시된 다양한 교리는 '그림' 또는 '은유'이며, 각각은 신비의 한 측면을 붙잡고 있을 뿐이라는 것이다. 따라서 우리가 속죄가 가지는 의미의 다채로움을 즐거움으로 받아들이되, 인지적 측면에서 진지하게 여겨서는 안된다는 것을 의미한다. 그러나 이 권고가 의미하는 바는 실제로 하나님께서 십자가에서 행하신 일을 우리는 말할 수 없고, 따라서 그가 실제로 뭘 했는지도 말할 수 없다는 것이다. 이것은 절망적 조언이다.[17]

젠슨이 제기한대로 우리가 상대주의에 함몰될 가능성에서 벗어나는 방법은, 속죄를 원인과 결과의 공식으로 생각할 필요성에 의문을 제기하는 것이다. 그리스도의 죽음이 하나님에게나 우리에게 어떤 영향을 미쳤다고 주장하는 것은 배후에서 무슨 일이 일어나고 있는지 보고 싶은 욕망에서 비롯된 것

& Row, 1987), 209.

16 한스 우르스 폰 발타자르(Hans Urs von Balthasar), T. F. 토렌스 (T. F. Torrance), 그리고 칼 바르트(Karl Barth)에 대해서 논의하는 조지 헌싱거(George Hunsinger)의 지라르에 대한 논평을 참조하시오. . George Hunsinger, "The Politics of the Nonviolent God: Reflections on René Girard and Karl Barth," *Scottish Journal of Theology* 51 (1998): 61-85.

17 Robert W. Jenson, *Systematic Theology*, vol. 1: The Triune God (New York: Oxford University Press, 1997), 188.

일 수 있다. 그러나 이것은 십자가 사건 그 자체에서 무슨 일이 일어나고 있는지에 대한 관심 부족 때문 일 수도 있다. 다시 말해, 십자가에 못 박히심에 대한 복음서의 이야기는 그 자체로 하나님께서 우리에게 하신 속죄의 말씀이라는 것이다. 따라서 우리는 이 이야기에 대한 정교한 설명을 고안해 내지 않아도 된다는 것이다. 젠슨이 권고하는 바는 우리가 복음을 진지하게 읽고, 하나님이 누구이며 우리가 누구인지를 깨닫는 것이 가장 중요하다는 것이다.

> 복음서들은 십자가 사건에 대해 강력하고도 성경적으로 통합된 이야기를 전한다. 이 이야기는 하나님께서 스스로 댓가를 치루면서 우리와 관계를 회복하고 우리의 존재를 회복시키는 일에 대한 것이다. 그 이상, 혹은 그 너머에 또 다른 이야기가 있는 것이 아니다. 그 어떤 신화적 전투나 하나님과 예수님 사이의 거래에 관한 이야기는 없는 것이다. 복음서의 수난 이야기는 하나님과 우리의 삶에서 일어난 사건으로서 하나님의 화해의 사역과 우리의 화해에 대한 진실하고도 완전한 설명이다. 그러므로 십자가 사건에 대한 바른 해석으로서 우선적으로 그리고 기본적으로 요구되는 것은, 하나님과 우리에 관한 이 이야기를 우리가 서로에게 전하고 또한 하나님께 고백하는 것이다.[18]

이 이야기를 나눌 만한 적절한 상황은 성금요일과 부활 주일 사이에 교회에서 드리는 예배 시간일 것이다. 성도들이 이 예배에 참여함으로 얻어지는 깨달음은 또한 세상 속에서 살아가는 삶의 모습을 형성해 나가야 한다.

속죄 교리에 대한 앞으로의 발전 방향에 대해 나의 개인적인 견해로 끝을 맺고자 한다. 물론, 이 주제를 제대로 다루려면 책 한권의 분량이 더 필요하지만, 여기에서는 앞으로 진전될 논의를 위해 대략적인 밑그림만 제공하려고 한다.

우선, 폭력의 심리학에 대한 깊고 세밀한 이해가 이제서야 명확하게 표현

---

18   Ibid., 189.

되고 있다는 점이다. 기독교 사상사에서 지금까지 제시되었던 속죄 이론들이 미처 고려하지 못한 부분이기에 더욱 의의가 있다. 인간성에 대한 이해가 없이는 하나님과 인간 사이의 화해에 대해 명료하고 설득력 있는 설명을 제시할 수 없다. 달리 말하면, 자기 자신과 자신이 속한 사회에 대한 이해가 없는 사람이 어떻게 하나님의 존재와 사역의 가장 깊은 비밀을 안다고 주장할 수 있겠는가? 하나님에 대한 지식과 인간에 대한 지식은 불가분의 관계에 있음을 강조한 칼뱅의 말은 전적으로 옳다. 그러나 칼뱅과 다른 신학자들은 하나님과 인간에 대해서 충분히 이해한다고 지나치게 확신했다. 이 책에서 내가 밝히려던 것은 인간성 안에 잠재된 모습에 대한 이해이다. 독자들은 내 노력이 실패했다고 결론지을지도 모르지만, 내가 의도한 요점 하나는 부인할 수 없을 것이다. 하나님과 화해 중인 죄인들에 대한 충분한 이해 없이는 속죄의 의미를 밝힐 수 없다는 것이다. 이것은 모래 위에 성을 짓는 것과 다르지 않다. 신학이 아래(인간과 함께)에서 시작하여 위로(하나님께로) 나아가야 한다고 제안하는 것이 아니다. 오히려, 나는 성경에 표현된 신성한 계시 덕분에 우리가 인간성을 이해할 수 있다고 주장한다. 그러나 진부한 답변들에 만족한 나머지 인간의 조건을 해석하는 작업을 경시하거나 회피해서는 안된다. 우리는 계시에 비추어 계속해서 우리 자신에 대한 이해를 더욱 넓혀가야 한다.

아이러니하게도 속죄의 특정 교리에 대한 믿음이 실제로 하나님의 음성을 듣지 못하게 하는 안일한 안전지대가 될 수 있다. 다시 말해, 영적 성장의 요구로부터 피난처를 찾으려는 보편적인 인간의 경향은 기독교 신앙 체계에 의해 부추겨지고 방조될 수 있다. 많은 교회에서 흔히 볼 수 있듯이 기독교가 단순히 "죄를 관리하는 복음"(gospel of sin management)[19]이 되고 있다는 달라

---

19   Dallas Willard, *The Divine Conspiracy: Rediscovering Our Hidden Life in God* (San Francisco:

스 윌라드의 우려에 나는 동의한다. 속죄의 특정 이론에 대한 믿음은 많은 기독교인들에게 천국으로 가는 필수적인 티켓이 되었다. "예수님은 십자가에서 내 죄를 위해 돌아가셨다. 나는 그를 나의 구세주로 받아들였다. 그것이 중요한 전부이다." 여기에 드러난 기본적인 나르시시즘(자기애)에 유의해야 한다. 여기서는 오직 한 가지에 집중한다. 하나님은 나를 섬기시는 분이시며 모든 것을 나에게 유리하게 만드시니 나는 행복하다라는 것이다. 오늘날 우리가 살아가는 방식에 대해 그리스도께서 하실 말씀(즉, 모든 것에 대해)이 있으실 것이라는 생각은 이런 사고방식에 불편함을 준다. 하나님의 나라가 죄 많은 이 세상에서 끊임없이 우리를 변화시키는 하나님의 임재라기보다는, 미래에나 있는 지복의 상태로 어떤 이들은 이해하고 있다. 즉, 그리스도의 삶과 사역 전체의 의의가 그의 죽음에 대한 특정한 해석 때문에 무시된다. 이에 대한 대안으로 나는 그리스도가 치유자라는 비전을 제시하고자 한다.

우리가 스스로 자초한 하나님과 창조 사건으로부터의 소외는, 다양한 질병이나 부상이 우리 몸에 청각장애를 만들 수 있는 방식과 유사하게 우리 안에 영적인 청각장애를 만들어낸다. 그러나 하나님으로부터 부여받은 그리스도의 사명이 우리의 영적 청각장애를 치유하는 것이다. 요한복음의 시작부분에서 천명했듯이, 그리스도는 우리에게 하나님의 말씀이다. 하지만 우리 귀가 안 들린다면 이 말씀을 어떻게 들을 수 있을까? 바르트는 이 어려움을 다음과 같이 설명한다.

> 성경에서 제시된 하나님의 말씀은, 인간을 일컬어, 피조물로서의 자신과 창조주로서의 하나님 사이의 교제를 포기했으며, 하나님과의 교제가 불가능한 곳으로 가버린 반역자라고 말한다. 인간은 자기 자신의 주인이 되길 원하여, 하나

HarperCollins, 1998), 42-50.

님을 배신했고, 하나님의 진노의 영역으로 들어가 하나님과 대적하게 되었다. 그것은 하나님이 창조하셨을 때 의도했던 인간의 운명과 반대되는 것으로, 인간은 하나님을 거스르고 하나님 말씀을 듣지 않는 존재가 된 것이다. 성경은 인간이 하나님의 말씀을 도무지 듣지 않는다고 말한다. 인간의 삶이 불순종적이라고 하는 것이다.(*Church Dogmatics*, I/1, 407-408)

"왜 하나님은 인간이 되셨는가(*Cur Deus Homo*)?"라는 안셀름의 질문에 인간의 치유를 위해서 성부 하나님이 그의 아들을 보내신 것이라고 우리는 대답할 수 있다. 그래서 속죄의 교리는 골고다가 아니라 베들레헴에서 시작되어야 한다. 그리스도의 사역은 잃어버린 자를 회복하고, 귀신을 내쫓고, 절름발이들을 걷게 하고, 맹인을 보게 하고, 마음이 상한 자들을 치료하고, 죄인들을 용서하는 것이다. 왜 이런 사역이 그렇게 많은 분노와 거부감을 일으키는가? 왜냐하면 인류는 치유되기를 원하지 않기 때문이다. 하나님도 이것을 아신다. 하나님은 사람들에게 하나님의 형상으로 창조된 그들의 진정한 자유와 존엄성을 돌려주고 싶어 하신다. 하지만 인간들은 모든 힘을 다해 하나님의 이런 뜻에 저항한다. 우리는 하나님과의 사랑스런 교제 속에 존재하도록 창조되었지만, 하나님과 분리되어 원한과 절망 속에서 살고자 하는 것이다. 가족의 한 부분, 공동체의 일부가 되기 위해 창조된 우리는 오히려 청각장애와 소외, 폭력을 강화하기 위한 목적으로만 사회적 관계를 맺으며, 극단적인 고립와 박탈 속에 살고 있다.

그리스도는 우리에게 필요한 단 한 명의 진정한 치유자이시다. 그는 우리에게 오셨고, 우리를 사랑하시고, 우리를 용서해 주셨다. 그의 치유약은 은혜다. 삶을 변화시키는 그의 사역은 우리를 하나님과 화해시키고, 우리의 영적 청각장애를 없애주며, 우리를 참된 가족, 신적 피조물의 공동체로 돌아오게 한다. 그리스도는 우리에게 창조의 음성을 다시 한 번 듣고 믿음으로 그에 응답할 수 있는 능력을 주신다. 그리스도 안에서 우리는 하나님이 의도하신 진정한 인간이 되기 위해 나아갈 수 있다.

그리스도는 마냥 순진하지 않다. 그는 자신이 무엇에 대항하고 있는지 알고 있다. 그리스도는, 단순히 치료받고 싶지 않기 때문에 자신을 죽이고 싶어하는 환자들이 자신을 죽이도록 허락한 치유자다. 왜냐하면, 그리스도는 인간들이 스스로 자유로운 거절을 통해 존재에 활력을 불어넣는 자유를 보게 함으로써 인간들을 치유하고자 했기 때문이다. 인간으로서의 진정한 존엄성은 우리가 자기중심적 정체 상태 속에서 거부했던 창조주와의 관계를 회복함으로써만 다시 찾을 수 있을 것이다. 십자가에서 우리를 위해 하신 기도를 통하여, 우리는 정작 우리 자신을 해할 때에도 하나님은 우리를 위한다는 것을 그리스도께서 보여주신다. 그의 은혜, 항상 우리를 감싸는 그의 은혜는 우리를 "하늘에 계신 우리 아버지..."께로 회복시킨다.

참고 문헌

Alford, C. Fred. *What Evil Means to Us. Ithaca.* N.Y.: Cornell University Press, 1997.

Alison, James. *Raising Abel: The Recovery of the Eschatological Imagination.* New York: Crossroad, 1996.

Aquinas, St. Thomas. *On Law, Morality. and Politics.* Ed. William P. Baumgarth and Richard J. Regan. Indianapolis: Hackett, 1988.

Aulen, Gustav. *Christus Victor: An Historical Study of the Three Main Types of the Idea of Atonement.* Trans. A. G. Hebert. New York: Macmillan, 1969.

Bailie, Gil. *Violence Unveiled: Humanity at tire Crossroads.* New York: Crossroad, 1995.

Barfield, Owen. *History, Guilt, and Habit.* Middletown: Wesleyan University Press, 1981.

Barth, Karl. *Christ and Adam: Man and Humanity in Romans 5.* Trans. T. A. Smail. New York: Macmillan, 1957.

_____. *The Christian Life.* Trans. G. W. Bromiley. Grand Rapids: Eerdmans, 1981.

_____. *Church Dogmatics.* Ed. G. W. Bromiley and T. F. Torrance. Edinburgh: T. & T. Clark, 1956-1969.

_____. *The Epistle to the Romans.* Trans. Edwyn C. Hoskyns. London: Oxford University Press, 1968.

_____. "Kierkegaard and the Theologians." *Canadian Journal of Theology* 13/1 (1967): 64-65.

_____. "A Thank You and a Bow: Kierkegaard's Reveille." *Canadian/Journal of Theology* II/I (1965): 3-7.

Bauman, Zygmunt. *Modernity and the Holocaust.* Ithaca: Cornell University Press, 1989.

Beabout, Gregory R. *Freedom and Its Misuses: Kierkegaard on Anxiety and Despair.* Milwaukee: Marquette University Press, 1996.

Becker, Ernest. *The Denial of Death.* New York: The Free Press, 1973.

_____. *Escape from Evil.* New York: The Free Press, 1975.

Bellinger, Charles K. "'The Crowd is Untruth': A Comparison of Kierkegaard and Girard." *Contagion: A Journal of Violence, Mimesis, and Culture* 3 (1996): 103–119.

_____. "Kierkegaard's Either/Or and the Parable of the Prodigal Son: Or. Three Rival Versions of Three Rival Versions." *International Kierkegaard Commentary: Either/Or.* part II. Ed. Robert L. Perkins. Macon: Mercer University Press, 1995. 59–82.

_____. "Toward a Kierkegaardian Understanding of Hiller. Stalin. and the Cold War." *Foundations of Kierkegaard's Vision of Community: Religion, Ethics, and Politics in Kierkegaard.* Ed. George Connell and C. Stephen Evans. Atlantic highlands: Humanities Press International, 1992. 218–230.

Berdyaev, Nikolai. *The Russian Revolution.* Ann Arbor: University of Michigan Press, 1961.

Berger, Peter L. *The Sacred Canopy: Elements of a Sociological Theory of Religion.* Garden City: Anchor Books, 1969.

Bonhoeffer, Dietrich. *Creation a1nd Fall: Temptation: Two Biblical Studies.* Trans. John C. Fletcher and Knthleen Downham. New York: Macmillan, 1967.

Brunner, Emil. *Man in Revolt: A Christian Anthropology.* Trans. Olive Wyon. Philadelphia: Westminster Press, 1947.

Buber, Martin. *Between Man and Man.* Trans. Ronald Gregor Smith. New York: Macmillan, 1965.

_____. *The Way of Man: According to the Teaching of Hasidism.* Secaucus: Citadel Press, 1966.

Caffara, Carlo. *Living in Christ: Fundamental Principles of Catholic Moral Teaching.* Trans. Christopher Ruff. San Francisco: Ignatius Press, 1987.

Calvin, John. *Institutes of the Christian Religion.* Philadelphia: Westminster Press, 1960. Cauchy, Venant, ed. Philosophy and Culture, vol. 5. Montreal: Editions Montmorency, 1988.

Clive, Geoffrey. "The Sickness unto Death in the Underworld: A Study in Nihilism." *Harvard Theological review* 51 (1958): 135–167.

Conell, George, and C. Stephen Evans, eds. *Foundations of Kierkegaard's Vision of Community: Religion, Ethics, and Politics in Kierkegaard.* Atlantic Highlands: Humanities Press International, 1992.

Conquest, Robert. *The Great Terror: A Reassessment*. New York: Oxford University Press, 1990.

Cotta, Sergio. *Why Violence: A Philosophical Interpretation*. Trans. Giovanni Gullace. Gainsville: University Presses of Florida, 1985.

Davis, Russell H. "Kierkegaard and Community." *Union Seminary Quarterly Review* 36/4 *(1981)*: 205-222.

Deutscher, Isaac. *Stalin: A Political Biography*. 2nd ed. New York: Oxford University Press, 1966.

Dostoyevsky, Fyodor. *The Brothers Karamazov*. Trans. Constance Garnett. New York: Macmillan, 1928.

Dowley, Tim. ed. *Introduction to the History of Christianity*. Minneapolis: Fortress Press, 1995.

Dunning, Stephen N. *Kierkegaard's Dialectic of Inwardness: A Structural Analysis of the Theory of Stages*. Princeton: Princeton University Press, 1985.

Eller, Vernard. *Kierkegaard and Radical Discipleship: A New Perspective*. Princeton: Princeton University Press, 1968.

Ellul, Jacques. *The New Demons*. Trans. C. Edward Hopkin. New York: Seabury Press, 1975.

Elrod, John W. *Kierkegaard and Christendom*. Princeton: Princeton University Press, 1981.

_____. "Kierkegaard on Self and Society." *Kierkegaardiana* II *(1980)*: 178-196.

Evans, C. Stephen. "Human Persons as Substantial Achievers." *Philosophia Reformata* 58 *(1993)*: 100-112.

_____. *Søren Kierkegaard's Christian Psychology*. Grand Rapids: Zondervan, 1990.

Fairweather, Eugene R., ed. *A Scholastic Miscellany: Anselm to Ockham*. Philadelphia: Westminster Press, 1956.

Ferguson, Harvie. *Melancholy and the Critique of Modernity: Søren Kierkegaard's Religious Psychology*. London and New York: Routledge, 1995.

Ferreira, M. Jamie. "Religion's 'Foundation in Reason': The Common Sense of Hume's Natural History." *Canadian Journal of Philosophy* 24 *(1991)* : 565-582.

_____. *Transforming Vision: Imagination and Will in Keirkegaardian Faith*. Oxford: Oxford University Press, 1991.

Fjelde, Rolf. *"Foreword"* to Henrik Ibsen, *Peer Gynt*. Trans. Fjelde. Minneapolis: University of Minnesota Press, 1980.

Frei, Hans. *The Eclipse of Biblical Narrative: a Study in Eighteenth and Nineteenth*

Century Hermeneutics. New Haven: Yale University Press, 1974.

Gilligan, James. *Violence: Reflections on a National Epidemic*. New York: Vintage Books, 1996.

Girard. Rene. *Deceit, Desire, and the Novel: Self and Other in Literary Structure*. Trans. Yvonne Freccero. Baltimore: The Johns Hopkins University Press, 1965.

_____. "Dionysus versus the Crucified." *MLN* 99/4 (1984): 816-835.

_____. To Double Business Bound: Essays on Literature, Mimesis, and Anthropology. Baltimore: Johns Hopkins University Press, 1978.

_____. *The Girard Reader*. Ed. James G. Williams. New York: Crossroad, 1996.

_____. *Job: The Victim of His people*. Trans. Yvonne Preccero. Standford: Standford University Press, 1987.

_____. *Quand Ces Choses Comenceront: Entretiens avec Michel Treguer*. Paris: Arlea. 1994.

_____. *Resurrection from the Underground: Feodor Dostoevsky*. Trans. James G. Williams. New York: Crossroad, 1997.

_____. *The Scapegoat*. Trans. Yvonne Freccero. Baltimore: Johns Hopkins University Press, 1986.

_____. "Superman in the Underground: Strategies of Madness-Nietzsche, Wagner and Dostoevsky." *MLN* 91/6 (1976): 1161-1185.

_____. *Things Hidden since the Foundation of the World*. Trans. Stephen Bann and Michael Metteer. Stanford: Stanford University Press, 1987.

_____. *Violence and the Sacred*. Trans. Patrick Gregory. Baltimore: Johns Hopkins University Press, 1977.

_____. *Girand, Rene, Walter Burkert, and Jonathan Z. Smith. Violent Origins: Ritual Killing and Cultural Formation*. Ed. Robert G. Hamerton-Kelly. Stanford: Stanford University Press, 1987.

Gouwens, David J. *Kierkegaard as Religious Thinker*. Cambridge: Cambridge University Press, 1996.

Gunton, Colin. *The Actuality of Atonement: A Study of Metilphor, Rationality, and the Christian Tradition*. Grand Rapids: Eerdmans, 1989.

Hamerton-Kelly, Robert G. *The Gospel and the Sacred: Poetics of Violence in Mark*. Minneapolis: Fortress Press, 1994.

_____. *Sacred Violence: Paul's Hermeneutic of the Cross*. Minneapolis: Fortress Press, 1992.

Hume, David. *The Natural History of Religion*. Ed. H. E. Root. Stanford: stanford University Press, 1957.

Hunsinger, George. "The Politics of the Nonviolent God: Reflections on Rene Girard and Karl Barth." *Scottish Journal of Theology* 51 *(1998)*: 61-85.

Jenson, Robert W. *Systematic Theology Vol. 1: The Triune God*. New York: Oxford University Press, 1997.

Johnson, Howard A., and Niels Thulstrup, eds. *A Kierkegaard Critique*. Chicago: Henry Regnery, 1967.

Jones, L. Gregory. *Transformed Judgment: Toward a trinitarian Account of the Moral Life*. Notre Dame: University of Notre Dame Press, 1990.

Jung, Carl. *Aion: Researches into the Phenomenology of the Self* Trans. R. F. C. Hull. The Collected Works of Carl Jung 9, part 2. New York: Pantheon, 1959.

_____. *Civilization in Transition*. Trans. R. F. C. Hull. The Collected Works of Carl Jung 10. New York: Pantheon Books, 1964.

Kee, Alistair. *Constantine versus Christ: The Triumph of Ideology*. London: SCM Press, 1982.

Keen, Sam, ed. *Voices and Versions*. New York: Harper & Row, 1974.

Khan, Abrahim H "Kierkegaard's Conception of Evil." *Journal of Religion and Health* 14/1 *(1975)*: 63-66.

Kierkegaard, S ø ren. [CA] *The Concept of Anxiety: A Simple Psychologically Orienting Deliberation on the Dogmatic Issue of Hereditary Sin*. Trans. Reidar Thomte in collaboration with Albert B. Anderson. Kierkegaard's writings, vol. 2. Princeton: Princeton University Press, 1980.

_____. [CD] *Christian Discourses*. Trans. Howard V. Hong and Edna H. Hong. Kierkegaard's Writings, vol. 17. Princeton: Princeton University Press, 1997.

_____. [COR] *The Corsair Affair*. Trans. Howard V. Hong and Edna H. Hong. Kierkegaard's Writings, vol. 13. Princeton: Princeton University Press, 1982.

_____. [EUD] *Eighteen Upbuilding Discourses*. Trans. Howard V. Hong and Edna H. Hong. Kierkegaard's Writings, vol. 5. Princeton: Princeton University Press, 1990.

_____. [EO] *Either/or.*Trans. Howard V. Hong and Edna H. Hong. Kierkegaard's Writings, vols. 3-4. Princeton: Princeton University Press, 1987.

_____. [FSE and JFY] *For Self-Examination and Judge for Yourself!* Trans. Howard V. Hong and Edna H. Hong. Kierkegaard's Writings, vol. 21. Princeton: Princeton University Press, 1990.

_____. [JP] *Søren Kierkegaard's Journals and Papers*, I-VII. Ed. and trans. Howard

V. Hong and Edna H. Hong. asisted by Gregor Malantschuk Bloomington: Indiana University Press, 1967-1978.

_____. [LD] *Letters and Documents*. Trans. Henrik Rosenmeier. Kierkegaard's Writ-ings, vol. 25. 1978; rpt. Princeton: Princeton University Press, 1999.

_____. [PV] *The Point of View*. Trans. Howard V. Hong and Edna H. Hong. Kierkegaard's Writings, vol. 22. Princeton: Princeton University Press, 1998.

_____. [PC] *Practice in Christianity*. Trans. Howard V. Hong and Edna H. Hong. Kierkegaard's Writings. vol. 20. Princeton: Princeton University Press, 1991.

_____. *The Present Age and Two Minor Ethico-Religious Treatises*. Trans. Alexander Dru and Walter Lowrie. London: Oxford University Press, 1940.

_____. [SLW] *Stages on Life's Way: Studies by Various Persons*. Trans. Howard V. Hong and Edna H. Hong. Kierkegaard's Writings, vol. II. Princeton: Princeton University Press, 1998.

_____. [SUD] *The Sickness unto Death: A Christian Psychological Exposition for Upbuilding and Awakening*. Trans. Howard V. Hong and Edna H. Hong. Kierkegaard's Writings, vol. 19. Princeton: Princeton University Press, 1983.

_____. [TA] *Two Ages: A Literary Review*. Trans. Howard V. Hong and Edna H. Hong. Kierkegaard's Writings. vol. 14. Princeton: Princeton University Press, 1978.

_____. [TM] *The Moment and Late Writings*. Trans. Howard V. Hong and Edna H. Hong. Kierkegaard's Writings. vol. 23. Princeton: Princeton University Press, 1998.

_____. [UDVS] *Upbuilding Discourses in Various Spirits*. Trans. Howard V. Hong and Edna H. Hong. Kierkegaard's Writings. vol. 15. Princeton: Princeton University Press, 1993.

_____. [WA] *Without Authority*. Trans. Howard V. Hong and Edna H. Hong. Kierkegaard's Writings. vol. 18. Princeton: Princeton University Press. 1997.

_____. [WL] *Works of Love*. Trans. Howard V. Hong and Edna H. Hong. Kierkegaard's Writings, vol. 16. Princeton: Princeton University Press, 1995.

Kirmmse. Bruce H. *Kierkegaard in Golden Age Denmark*. Bloomington: Indiana University Press, 1990.

Kirmmse, Bruce H. ed. *Encounters with Kierkegaard: A Life as Seen by His Contemporaries*. Princeton: Princeton University Press. 1996.

Kunkel, Fritz. *Creation Continues: A Psychological Interpretation of the First Gospel*. New York: Charles Scribner's Sons, 1947.

_____. *How Character Develops*. New York: Charles Scribner's Sons. 1940.

_____. *In Search of Maturity: An Inquiry into Psychology, Religion, and Self-Education.* New York: Charles Scribner's Sons. 1948.

Lenin, Vladimir I. *The Lenin Anthology.* Ed. Robert C. Tucker. New York: W.W. Norton, 1975.

Levenson, Jon D. *Creation and the Persistence of Evil: The Jewish Drama of Divine Omnipotence.* Princeton: Princeton University Press, 1988.

Lindbeck, George. "Atonement and the Hermeneutics of Social Embodiment." *Pro Ecclesia* 5 (1996): 144-160.

Lindstrom, Valter. "The First Article of the Creed in Kierkegaard's Writings." *Kierkegaardiana* 12 (1982): 38-50.

Livingston. Paisley. *Models of Desire: Rene Girard and the Psychology of Mimesis.* Baltimore: Johns Hopkins University Press, 1992.

Luther, Martin. *Sermons on the Gospel of St. John Chapters 1-4. Ed. Jaroslav Pelikan.* Luther's Works XXII. St. Louis: Concordia, 1957.

MacIntyre, Alasdair. *After Virtue.* Notre Dame: University of Notre Dame Press, 1984.

Mackey, *Louis. Kierkegaard: A Kind of Poet.* Philadelphia: University of Pennsylvania Press, 1971.

Maiclenbaum, Aryeh, and Stephen A. Marlin, eds. *Lingering Shadows: Jungians, Freudians, and Anti-Semitism.* Boston and London: Shambala, 1991.

Malantschuk, Gregor. *The Controversial Kierkegaard.* Trans. Howard V. Hong and Edna H. Hong. Waterloo: Wilfrid Laurier University Press, 1980.

_____. "Kierkegaard and the Totalitarians." *American-Scandinavian Review* 34/3 (1946): 246-248.

_____. *Kierkegaard's Thought.* Trans. Howard V. Hong and Edna H. Hong. Princeton: Princeton University Press, 1971.

_____. *Kierkegaard's Way to the Truth.* Trans. Mary Michelsen. Minneapolis: Augsburg, 1963.

Marsden, George M. *The Outrageous Idea of Christian Scholarship.* New York: Oxford University Press, 1997.

Marx, Karl. *The Marx-Engels Reader.* 2nd ed. Ed. Robert C. Tucker. New York: W. W. Norton, 1978.

McCarthy, Vincent A. "'Psychological Fragments': Kierkegaard's Religious Psychology." *Kierkegaard's Truth: The Disclosure of the Self.* Ed. Joseph 1-1. Smith. Psychiatry and the Humanities 5. New Haven: Yale University Press, 1981. 235-265.

McCracken, David. "Scandal and Imitation in Matthew, Kierkegaard, and Girard." *Contagion* 4 (1997): 146-162.

_____. *The Scandal of the Gospels: Jesus, Story, and Offense.* New York: Oxford University Press, 1994.

McManners, John, ed. *The Oxford Illustrated History of Christianity.* Oxford: Oxford University Press, 1990.

Merton, Thomas. *"Introduction"* to Mahatma Gandhi. *Gandhi on Non-Violence.* Ed. Merton. New York: New Directions, 1965.

Milbank, John. *Theology and Social Theory: Beyond Secular Reason.* Cambridge: Basil Blackwell. 1991.

_____. *The Word Made Strange: Theology, Language, Culture.* Cambridge: Blackwell, 1997.

Miller. Alice. *For Your Own Good: Hidden Cruelty in Child-Rearing and the Roots of Violence.* Trans. Hildegarde Hannum and Hunter Hannum. New York: Farrar. Straus, Giroux. 1984.

Miller, Libuse Lukas. *In Search of the Self: The Individual in the Thought of Kierkegaard.* Philadelphia: Muhlenberg Press, 1962.

Moore, Sebastian. *The Crucified Jesus Is No Stranger.* Minneapolis: Seabury Press, 1977.

Moore, Stanley R. "Religion as the True Humanism: Reflections on Kierkegaard's Social Philosophy." *Journal of tire American Academy of Religion* 37 (1969): 15-25.

Mosse, George L., ed. *Nazi Culture: Intellectual. Cultural, and Social Life in the Third Reich.* New York: Grosset & Dunlap, 1966.

Murphy, Nancey, and George F. R. Ellis. *On the Moral Nature of the Universe: Theology, Cosmology, and Ethics.* Minneapolis: Fortress Press, 1996.

Neumann, Erich. *Depth Psychology and a New Ethic.* Trans. Eugene Rolfe. New York: Harper & Row, 1973.

Nicolaevsky, Boris. *Power and the Soviet Elite.* Ed. Janet D. Zagoria. Ann Arbor: University of Michigan Press, 1975.

Niebuhr, Reinhold. *The Nature and Destiny of Man.* Vol. I. New York: Charles Scribner's Sons, 1941.

Nietzsche, Friedrich. *On the Genealogy of Morals and Ecce Homo.* Trans. Walter Kaufmann and R. J. Hollingdale. New York: Vintage Books, 1989.

_____. *Thus Spake Zarathustra.* Trans. Walter Kaufmann. New York: Viking, 1966.

Nordentoft, Kresten. *Kierkegaard's Psychology.* Trans. Bruce H. Kirmmse. Pittsburgh: Duquesne University Press, 1978.

Palaver, Wolfgang. "Hobbes and the Kat☐chon: The Secularization of Sacrificial Christianity." *Contagion* 2 (1995): 57-74.

Pattison, George. *Kierkegaard: The Aesthetic and the Religious.* London: Macmillan, 1992.

Peck. M. Scott. *People of tlie Lie: The Hope for Healing Human Evil.* New York: Simon & Schuster, 1983.

_____. *The Road Less Traveled: A New Psychology of Love, Traditional Values, and Spiritual Growth.* New York: Simon & Schuster, 1978.

Perkins, Frances. *The Roosevelt I Knew.* New York: Viking, 1946.

Perkins. Robert L., ed. *The Concept of Anxiety.* International Kierkegaard Commentary 8. Macon: Mercer University Press, 1985.

_____. *The Corsair Affair.* International Kierkegaard Commentary 13. Macon: Mercer University Press, 1990.

_____. *Either/Or.* International Kierkegaard Commentary 3, 4. Macon: Mercer University Press. 1995.

_____. *The Sickness unto Death.* International Kierkegaard Commentary 19. Macon: Mercer University Press. 1987.

_____. *Two Ages.* International Kierkegaard Commentary 14. Macon: Mercer University Press, 1984.

Peters, Ted. *God-The World's Future: Systematic Theology for a Postmodern Era.* Minneapolis: Fortress Press, 1992.

_____. *Sin: Radical Evil in Soul and Society.* Grand Rapids: Eerdmans. 1994.

Picard, Max. *The Flight from God. Trans. Marianne Kuschnitzky and J. M. Cameron.* Washington: Regnery Gateway, 1989.

_____. *Hitler in Our Selves.* Trans. Heinrich Hauser. Hinsdale: Henry Regnery, 1947.

Plekon, Michael. "'Anthropological Contemplation': Kierkegaard and Modern Social Theory." *Thought* 55 (1980): 346-369.

_____. "'Introducing Christianity into Christendom': Reinterpreting the Late Kierkegaard." *Anglican Theological Review* 64/3 (1982): 327-352.

_____. "Kierkegaard the Theologian: The Roots of His Theology in Works of Love." *Foundations of Kierkegaard's Vision of Community: Religion, Ethics, and Politics in Kierkegaard.* Ed. George Connell and C. Stephen Evans.

Atlantic Highlands: Humanities Press International. 1992. 2-17.

_____. "Moral Accounting: Kierkegaard's Social Theory and Criticism." *Kierkegaardiana* 12 (1982): 69-80.

_____. "'Other Kierkegaards': New Views and Reinterpretations in Scholarship." *Thought* 55 (1980): 370-375.

_____. "Prophetic Criticism, Incarnational Optimism: On Recovering the Late Kierkegaard." *Religion* 13 (1983): 137-153.

_____. "Protest and Affirmation: The Late Kierkegaard on Christ. the Church, and Society." *Quarterly Review* 2/3 (1982): 43-62.

Porter, J.M., ed. *Luther: Selected Political Writings*. Philadelphia: Fortress Press, 1974.

Roberts, Robert C. *Taking the Word to Heart: Self and Oilier in an Age of Therapies*. Grand Rapids: Eerdmans, 1993.

Rose, Eugene. *Nihilism: The Root of the Revolution of the Modern Age*. Forestville: Fr. Seraphim Rose Foundation, 1994.

Rosenbaum, Ron. "Explaining Hitler." *The New Yorker, May* I. 1995. 50-70.

_____. *Explaining Hitler: The Search for the Origins of His Evil*. New York: Random House. 1998.

Sartre, Jean-Paul. *Anti-Semite and Jew*. Trans. George J. Becker. New York: Schocken, 1948.

Sayers, Dorothy L. *The Mind of the Maker*. San Francisco: Harper & Row, 1987.

Schmemann, Alexander. *For the Life of the Wodd*. Crestwood: St. Vladimir's Seminary Press, 1973.

Schwager, Raymund. *Must There Be Scapegoats? Violence and Redemption in the Bible*. Trans. Maria L. Assad. San Francisco: Harper & Row, 1987.

Sobosan, Jeffrey G. "Kierkegaard and Jung on the Self." *Journal of Psychology and Theology* 3 (1975): 31-35.

Staub, Ervin. *The Roots of Evil: The Origins of Genocide and Other Group Violence*. Cambridge: Cambridge University Press, 1989.

Steiner, George. *In Bluebeard's Castle: Some Notes towards the Redefinition of Culture*. New Haven: Yale University Press, 1971.

Suchocki, Marjorie Hewitt. *The Fall to Violence: Original Sin in Relational Theology*. New York: Continuum. 1994.

Thiele, Leslie Pau I. *Friedrich Nietzsche and the Politics of the Soul: A Study of Heroic Individualism*. Princeton: Princeton University Press, 1990.

Thompson. Josiah, ed. *Kierkegaard: A Collection of Critical Essays.* Garden City: Anchor Books, 1972.

Tinder, Glenn. "Can We Be Good Without God?" *Atlantic Monthly,* Dec. 1989, 69-85.

_____. *The Political Meaning of Christianity: An Interpretation.* Baton Rouge: Louisiana Stale University Press, 1989.

Tolstoy, Leo. *The Law of Love and The Law of Violence.* Trans. Mary Koutouzow Tolstoy. New York: Holt. Rinehart and Winston, 1970.

Tucker, Robert C. *"Foreword"* to *Stalin's Letters to Molotov 1925-1936.* Ed. Lars Lih, Oleg V. Naumov, and Oleg V. Khlevniuk. New Haven: Yale University Press, 1995.

Veith, Gene Edward. *Modem Fascism: Liquidating the Judea-Christian Worldview.* St. Louis: Concordia, 1993.

Viallaneix, Nelly. Ecoute, *Kierkegaard: Essai sur la Communication de la Parole.* Paris: Cerf. 1979.

Voegelin, Eric. *Autobiographical Reflections.* Ed. Ellis Sandoz. Baton Rouge: Louisiana State University Press, 1989.

_____. "The Eclipse of Reality." *In Phenomenology and Social Reality.* Ed. Maurice Natanson. The Hague: Martinus Nijhoff, 1970. 185-194.

_____. *The Ecumenic Age, Order and History 4.* Baton Rouge: Louisiana State University Press, 1974,

_____. *The New Science of Politics.* Chicago: University of Chicago Press, 1952.

_____. *Political Religions.* Trans. T. J. DiNapoli and E. S. Easterly. Lewiston: Edwin Mellen Press, 1986,

_____. *Published Essays 1966-1985.* Ed. Ellis Sandoz. The Collected Works of Eric Voegelin 12. Baton Rouge: Louisiana State University Press, 1990.

_____. *Science, Politics, and Gnosticism.* Washington: Regnery Gateway, 1968.

Walsh, David. *The Growth of the Liberal Soul.* Columbia: University of Missouri Press, 1997.

Ward, Keith. *Religion and Creation.* Oxford: Oxford University Press, 1996.

Webb, Eugene. "Mimesis, Evolution, and Differentiation of Consciousness." *Paragmna* 4 *(1995):* 151-165.

_____. *Philosophers of Consciousness: Polanyi, Lonergan, Voegelin. Ricoeur, Girard, Kierkegaard.* Seattle: University of Washington Press, 1988.

_____. *The Self Between: From Freud to the New Social Psychology of France.* Seattle: University of Washington Press, 1993.

Westermann, Claus. *Creation*. Trans. John J. Scullion. Philadelphia: Fortress Press, 1974.

Westphal, Merold. *Kierkegaard's Critique of Reason and Society*. Macon: Mercer University Press, 1987.

Wilken, Robert L. *Remembering the Christian Past*. Grand Rapids: Eerdmans, 1995.

Willard, Dallas. *The Divine Conspiracy: Rediscovering Our Hidden Life in God*. San Francisco: HarperCollins, 1998.

Williams, George Hunston, ed. *Spiritual and Anabaptist Writers*. Philadelphia: Westminster Press, 1957.

Williams, James G. *The Bible, Violence, and The Sacred: Liberation from the Myth of Sanctioned Violence*. San Francisco: HarperCollins, 1991.

Windass, Stanley. *Christianity versus Violence: A Social and Historical Study of War and Christianity*. London: Sheed and Ward, 1964.

Winter, Michael. *The Atonement*. Collegeville, Minn.: Liturgical Press, 1995.

Yoder, John Howard. *The Original Revolution: Essays on Christian Pacifism*. Scottdale: Herald Press, 1971.

_____. *The Politics of Jesus: Vicit Agnus Noster*. Grand Rapids: Eerdmans, 1972.

_____. "The Scapegoat by Rene Girard." *Religion and Literature* 19.3 (1987): 89-92.

색인